Word 2024 基礎

セミナーテキスト

JN213187

日経BP

はじめに

本書は、次の方を対象にしています。

■Microsoft Word 2024を初めて使用される方。
■日本語入力の操作ができる方。

文字の入力、書式設定などの基本的な操作から、さまざまなグラフィックスの追加、表の作成、印刷まで、Word 2024を使って文書を作成する方法を学習します。本書に沿って学習すると、Word 2024の基本的な操作ができるようになります。

制作環境
本書は以下の環境で制作・検証しました。

■Windows 11（日本語版）をセットアップした状態。
　※ほかのバージョンのWindowsでも、Office 2024が動作する環境であれば、ほぼ同じ操作で利用できます。
■Microsoft Office 2024（日本語デスクトップ版）をセットアップし、Microsoftアカウントでサインインした状態。マウスとキーボードを用いる環境（マウスモード）。
■画面の解像度を1366×768ピクセルに設定し、ウィンドウを全画面表示にした状態。
　※環境によって、リボン内のボタンが誌面と異なる形状で表示される場合があります。
■[アカウント]画面で[Officeの背景]を[背景なし]、[Officeテーマ]を[白]に設定した状態。
■プリンターをセットアップした状態。
　※ご使用のコンピューター、プリンター、セットアップなどの状態によって、画面の表示が本書と異なる場合があります。

おことわり
本書発行後（2025年3月以降）の機能やサービスの変更により、誌面の通りに表示されなかったり操作できなかったりすることがあります。その場合は適宜別の方法で操作してください。

表記

・メニュー、コマンド、ボタン、ダイアログボックスなどで画面に表示される文字は、角かっこ（[ ]）で囲んで表記しています。ボタン名の表記がないボタンは、マウスでポイントすると表示されるポップヒントで表記しています。

・入力する文字は「」で囲んで表記しています。

・本書のキー表記は、どの機種にも対応する一般的なキー表記を採用しています。2つのキーの間にプラス記号（+）がある場合は、それらのキーを同時に押すことを示しています。

・マウス操作の説明には、次の用語を使用しています。

用語	意味
ポイント	マウスポインターを移動し、項目の上にポインターの先端を置くこと
クリック	マウスの左ボタンを1回押して離すこと
右クリック	マウスの右ボタンを1回押して離すこと
ダブルクリック	マウスの左ボタンを2回続けて、すばやく押して離すこと
ドラッグ	マウスの左ボタンを押したまま、マウスを動かすこと

操作手順や知っておいていただきたい事項などには、次のようなマークが付いています。

マーク	内容
操作☞	これから行う操作
Step 1	細かい操作手順
❗重要	操作を行う際などに知っておく必要がある重要な情報の解説
💡ヒント	本文で説明していない操作や、知っておいた方がいい補足的な情報の解説
📖用語	用語の解説

実習用データ

本書で学習する際に使用する実習用データを、以下の方法でダウンロードしてご利用ください。

■ダウンロード方法

① 以下のサイトにアクセスします。

    https://nkbp.jp/050697

②「実習用データダウンロード/講習の手引きダウンロード」をクリックします。

③ 表示されたページにあるそれぞれのダウンロードのリンクをクリックして、ドキュメントフォルダーにダウンロードします。ファイルのダウンロードには日経IDおよび日経BOOKプラスへの登録が必要になります（いずれも登録は無料）。

④ ダウンロードしたzip形式の圧縮ファイルを展開すると［Word2024基礎］フォルダーが作成されます。

⑤［Word2024基礎］フォルダーを［ドキュメント］フォルダーまたは講師から指示されたフォルダーなどに移動します。

ダウンロードしたファイルを開くときの注意事項

インターネット経由でダウンロードしたファイルを開く場合、「注意——インターネットから入手したファイルは、ウイルスに感染している可能性があります。編集する必要がなければ、ほぼビューのままにしておくことをお勧めします。」というメッセージバーが表示されることがあります。その場合は、［編集を有効にする］をクリックして操作を進めてください。

ダウンロードしたzipファイルを右クリックし、ショートカットメニューの［プロパティ］をクリックして、［全般］タブで［ブロックの解除］を行うと、上記のメッセージが表示されなくなります。

実習用データの内容

実習用データには、本書の実習で使用するデータと章ごとの完成例、復習問題や総合問題で使用するデータと完成例が収録されています。前の章の最後で保存したファイルを次の章で引き続き使う場合がありますが、前の章の学習を行わずに次の章の実習を始めるためのファイルも含まれています。

講習の手引きと問題の解答

本書を使った講習を実施される講師の方向けの「講習の手引き」と、復習問題と総合問題の解答をダウンロードすることができます。ダウンロード方法は、上記の「ダウンロード方法」を参照してください。

目次

第1章 Wordの基本操作 — 1

Wordの特徴	2
Wordの起動	6
文書を開く	7
Wordの画面構成	10
最近使った文書の利用	12
画面の操作	14
画面スクロールと表示倍率の変更	14
文書表示モード	17
ステータスバーの利用	19
Wordの終了	20

第2章 新規文書の作成 — 23

作成する文書の確認	24
文書作成の流れ	25
新規文書の作成	26
ページレイアウトの設定	28
用紙サイズと印刷の向き	29
余白	30
フォントサイズと段落の初期設定	31
ページ設定	34
文字の入力	36
文書の保存と発行	43
文書の保存	43
互換性を残して保存	45
PDFファイルとして発行	48

第3章 文書の編集　55

文書編集の流れ　56

範囲選択　57

移動とコピー　60

文字の書式設定　63

　フォントサイズとフォント　64

　文字飾り　67

　書式のコピー/貼り付け　71

　文字の均等割り付け　72

段落の書式設定　76

　文字配置の変更　78

　インデントの設定　80

　タブの設定　83

　箇条書きの設定　86

　行間の変更　89

段落の並べ替え　91

第4章 表の作成と編集　97

表の概念と構成要素　98

表の挿入　99

表への文字の入力　102

表の編集　104

　行や列の挿入と削除　105

　列の幅と行の高さの変更　108

　セルの結合と分割　111

表のデザインと配置　113

　表のスタイルの利用　113

　文字の配置　116

　罫線の種類の変更　118

　表の配置　122

第5章	グラフィックスの利用	127

グラフィックス利用の効果		128
ワードアートの利用		129
	ワードアートの挿入	129
	ワードアートの編集	131
画像の利用		134
	画像の挿入	134
	画像の編集	136
図形の利用		144
	図形の挿入	144
	図形の編集	146

第6章	文書とはがきの印刷	155

印刷プレビューの確認		156
文書の印刷		159
はがきの作成		162
	はがきの宛名面の作成	163
	はがきの文面の作成	174

総合問題		181
	問題 1	182
	問題 2	185
	問題 3	187
	問題 4	190
	問題 5	192

索引	194

第1章

Wordの基本操作

- Wordの特徴
- Wordの起動
- 文書を開く
- Wordの画面構成
- 最近使った文書の利用
- 画面の操作
- Wordの終了

Wordの特徴

Wordは、優れた日本語処理能力と豊富な表現力を持ったワープロソフトです。さまざまな種類の文書を表現力豊かに、簡単かつスピーディに作成できます。ここでは、Word 2024の主な機能を紹介します（「応用」で学習する範囲も含まれています）。

■ 文字の入力と編集
Word 2024では、入力した文字の色や大きさ、フォントの種類といった書式を簡単に設定できます。また、文字の入力時に自動的に書式を設定する入力支援機能（「記」と入力すると文字が中央に配置され、文末に「以上」と自動的に入力されるなど）も用意されており、文字入力から編集まで簡単に行うことができます。

■ 文書の外観をすばやく設定
「テーマ」や「スタイル」を使用すると、文書全体の文字、表、グラフィックスを好みのスタイルや配色にすばやく変更できます。テーマとは、文書全体または特定のアイテムに設定できる色、フォント、線、効果がまとめて定義されたものです。スタイルはテーマに基づいて設定された定義済みの書式で、特定のアイテムに対して設定できます。あらかじめ多彩なテーマやスタイルが定義されており、それらをカスタマイズすることも可能です。

■ よく使うコンテンツを簡単に文書に追加
「文書パーツ」を使用すると、頻繁に使用するコンテンツを数回のクリックだけで文書に追加できます。あらかじめ定義されたギャラリーから表紙ページやヘッダー/フッターなどを追加できるほか、独自に会社情報や定型文などの文書パーツを定義して追加することもできます。

■ 結果指向型のインターフェイス
Word 2024では、結果指向型のリボンユーザーインターフェイスが採用されています。コマンドや機能がまとめられたタブを使用することで、それらを簡単に見つけられます。

■ ファイルに関する操作が集約されたビュー

［ファイル］タブをクリックすると表示されるビューには、ファイルを操作するためのコマンドや、ファイルに関する情報を参照するためのコマンドが集められています。各コマンドには説明が表示されており、数回のクリックで文書の新規作成、共有、印刷、エクスポートなどの操作を実行できます。

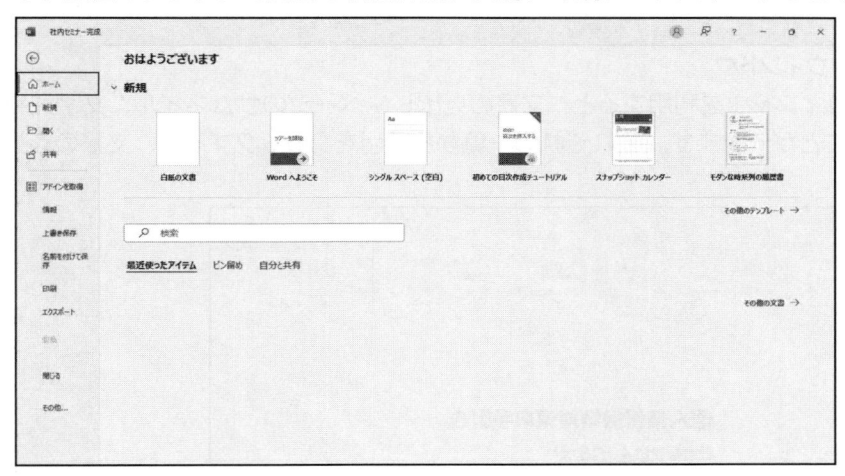

■ 多彩なグラフィックスの利用

ワードアート（飾り文字）、図形（長方形や円、ブロック矢印などの図）、画像（イラストや写真）、SmartArt（事前にデザインが定義されたリストや組織図など）といったグラフィックスが用意されています。また、ビデオを挿入してWord内で再生することができます。こうしたグラフィックスを利用してインパクトのある文書を作成することができます。

文書内の画像や図形の色やレイアウト変更する際、リアルタイムでプレビューが表示されます。また、移動する場合、移動先には配置ガイドが表示されるので思い通りの位置に配置できます。

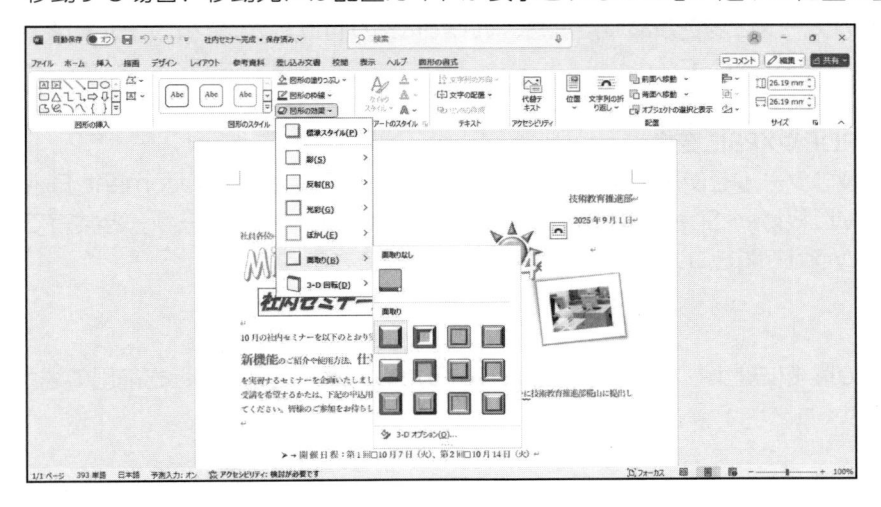

■ 表の作成

ボタンとドラッグ操作で、思い通りの列数、行数の表を簡単に文書に挿入できます。作成した表は、鉛筆や消しゴムを使うような感覚で編集できます。表の罫線の色や表内のセルの塗りつぶしの色を変更したり、タイトル行と表の要素の間の罫線のみ二重罫線にするといった部分的な変更も行えます。列や行の追加はボタンのほか表示されるガイドからも簡単に行えます。

■ 差し込み印刷機能

差し込み印刷機能では、AccessやExcelであらかじめ作成した住所録などのデータを使って宛先の印刷ができます。たとえば、宛名の入ったカタログや封筒に貼る宛名ラベルなどをウィザードに従って簡単に作成できます。

■ 長文作成機能

長文を作成する際に便利なヘッダー/フッター、目次、索引の作成機能があります。目次は、決まったスタイルが設定されている見出し項目を利用して作成できます。文書の内容を追加するなどしてページ数が変わった場合には、目次や索引を簡単に更新することができます。

■ ナビゲーションウィンドウ

ナビゲーションウィンドウを利用すると、文書の見出しやページのサムネイル、文字列を検索した結果を一覧表示することができます。それぞれの一覧から項目をクリックすると、文書の該当箇所にジャンプします。

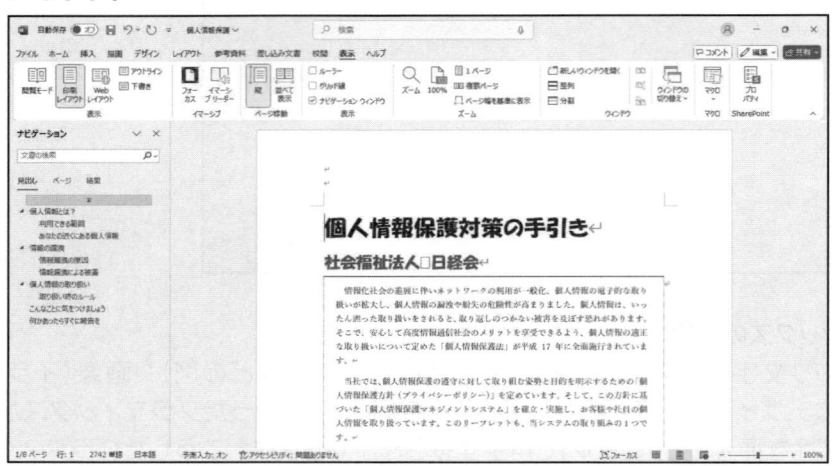

■ 他のアプリケーションとの連携

Word以外のアプリケーションで作成した表などのオブジェクトを、文書内に貼り付けることができます。貼り付け元のデータに変更があった場合、Wordに貼り付けたオブジェクトにも変更が反映されるように設定することもできます。

■ Word文書をPDFやXPSに変換

サードパーティ製のツールを使用しなくても、Adobe PDF (Portable Document Format) ファイルおよび XPS (XML Paper Specification) 形式で文書を保存し、他のユーザーと共有できます。また、PDFファイルをWordで開きコンテンツを編集することができます。

■ 閲覧の再開

Wordでは文書の最後に編集した場所を記録しているため、文書を開いたとき前回の場所から作業や閲覧を再開できます。

■ 機密情報の保護

「ドキュメント検査」機能を使用すると、文書から不要なコメント、変更履歴、メタデータ、およびその他の情報を検索して削除することができます。これにより、文書の公開時に個人情報や機密情報の漏洩を防ぐことができます。また、文書を暗号化することにより、文書のセキュリティを強化できます。

■ グループ作業に役立つ校閲機能

文書にコメントを挿入することができます。コメントには挿入したユーザー名が入力され、ユーザーごとに色分けして表示されます。また、文書の内容を変更する際に変更履歴を記録しておくと、だれがどの部分を変更したのかが他のユーザーにわかり、後から変更を元に戻すこともできます。さらに、コメントの内容に返信したり、処理が完了したコメントなどにリアクションを付けることができます。

■ 共同編集

Word文書を共有すると、複数のユーザーと同時に編集することが可能です。同じWord文書を同時に開いているユーザーは、右上にユーザーのアイコンが表示され、文書中にはユーザーごとに色付きのカーソルが表示されます。

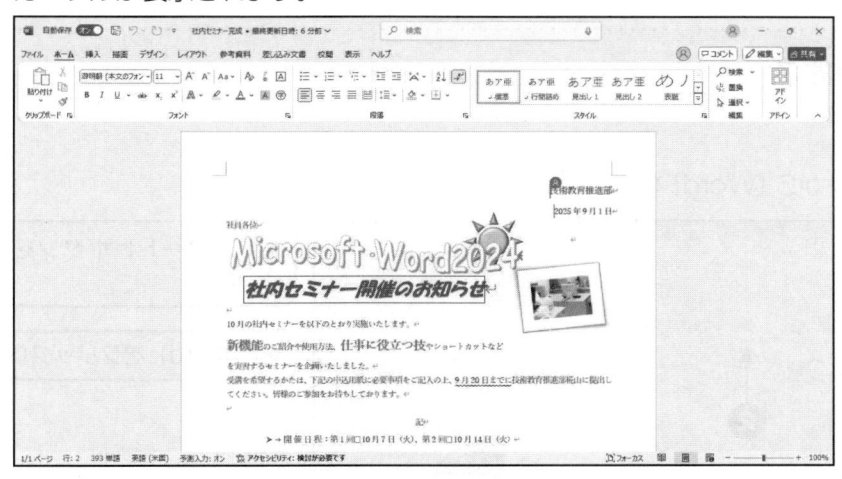

■ MicrosoftアカウントとOneDrive

OfficeにMicrosoftアカウントでサインインすると、OneDriveに文書を保存し、他のパソコンで同じOffice設定を使うことができます。OneDriveに文書を保存すると、インターネットに接続できる環境であれば、他のパソコンのWordやWebブラウザー、およびOneDriveアプリがインストールされたスマートフォンやタブレット端末から文書を開くことができます。また、Word Web Appを利用して、Webブラウザー上で文書を編集することもできます。

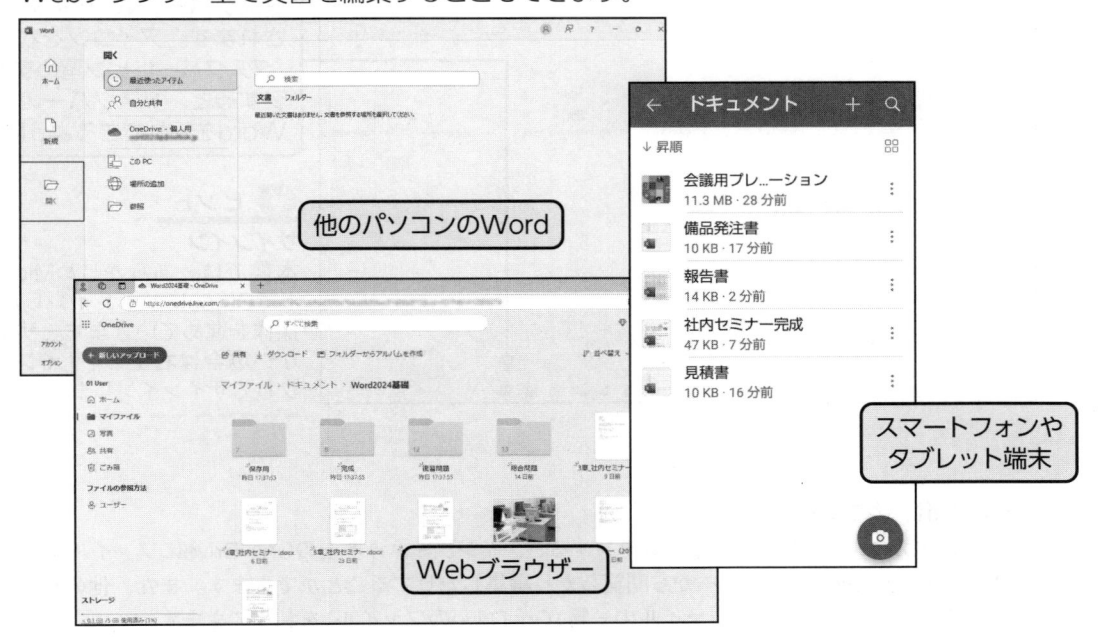

Wordの起動

Wordの起動の手順を学習します。Wordをはじめ、さまざまなアプリケーションを使用するときに必要になる操作です。しっかり覚えましょう。

操作 🔼 Wordを起動する

Step 1 [スタート] ボタンから [Word] をクリックします。

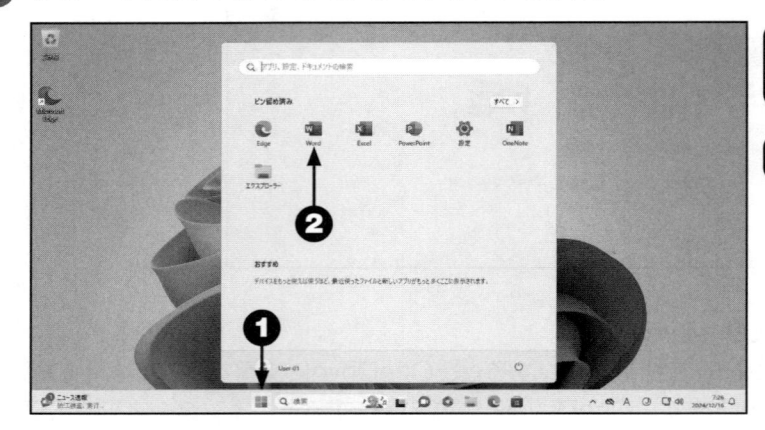

❶[スタート] ボタンをクリックします。

❷[Word] をクリックします。

Step 2 Wordが起動します。

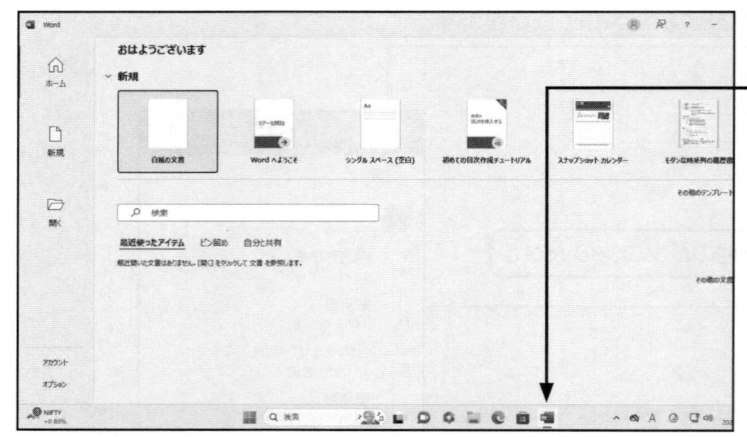

タスクバーにWordのアイコンが表示されます。アイコンを右クリックして [タスクバーにピン留めする] をクリックすると、タスクバーのアイコンからWordを起動できるようになります。

💡 ヒント
サインイン
本書では、あらかじめMicrosoftアカウントでOfficeにサインインした状態の画面で操作を進めていきます。サインインしていない場合は右上の [サインイン] をクリックしてサインインします。

💡 ヒント　Microsoftアカウント
MicrosoftアカウントでOfficeにサインインすると、インターネット上のOne Driveにファイルを保存して、他のパソコンのWordやWebブラウザーから閲覧したり編集したりすることができます。また、他のパソコンのOfficeで同じ背景の設定や最近使ったファイルの一覧（OneDriveのファイル）を利用できます。

文書を開く

すでに保存されている文書（Wordのファイル）を閲覧または編集するには、Wordウィンドウに対象の文書を開いて操作します。

操作☞ ファイルを開く

ドキュメントライブラリの中の [Word2024基礎] フォルダーに保存されているファイル「社内セミナー完成」を開きましょう。

Step 1 [開く] 画面を表示します。

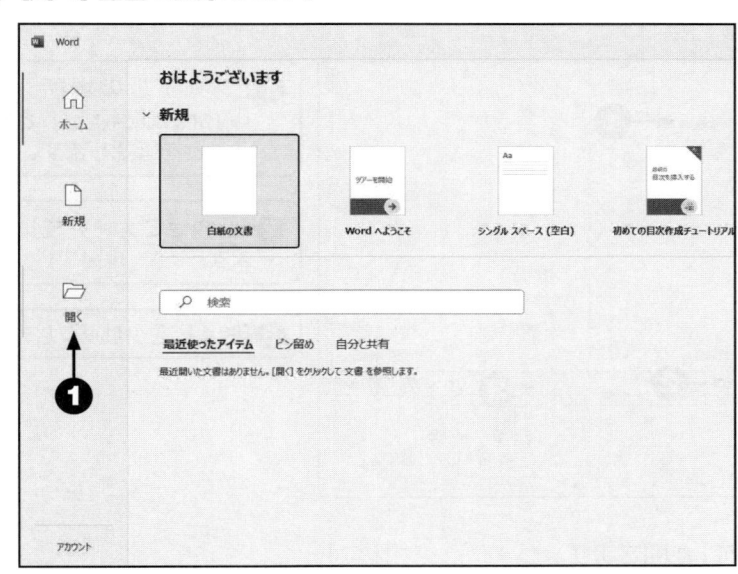

❶[開く] をクリックします。

💡 **ヒント**
最近使ったアイテム
以前にファイルを開いたことがある場合は [最近使ったアイテム] の一覧にファイル名が表示され、クリックして開くことができます。

💡 **ヒント**
ファイルを開いている場合
他のファイルを開いている状態から別のファイルを開くには、[ファイル] タブをクリックして [開く] をクリックします。

Step 2 [ドキュメント] フォルダーを開きます。

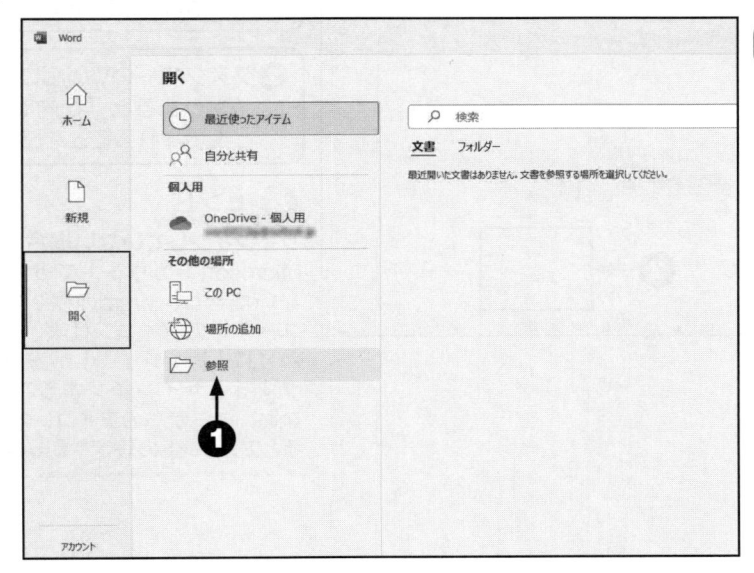

❶[参照] をクリックします。

Step 3 開くファイルが保存されているフォルダーを指定します。

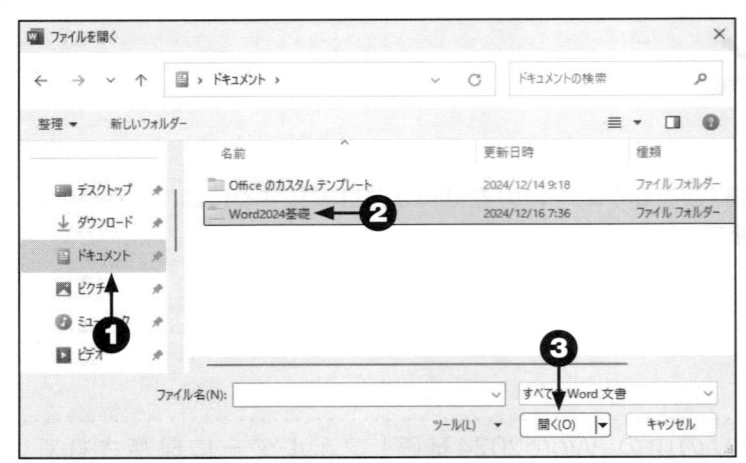

❶[ドキュメント] をクリックします。

❷[Word2024基礎] をクリックします。

❸[開く] をクリックします。

💡 ヒント
表示方法の変更
本書では表示方法として「詳細」が選択された状態の画面になっています。ツールバーの右側にある▼[その他のオプション] ボタンをクリックし、[詳細] をクリックして表示方法を変更します。

Step 4 開くファイルを指定します。

❶[ファイルの場所] ボックスに「Word2024基礎」と表示されていることを確認します。

❷[社内セミナー完成] をクリックします。

❸[開く] をクリックします。

Step 5 ファイル「社内セミナー完成」が開きます。

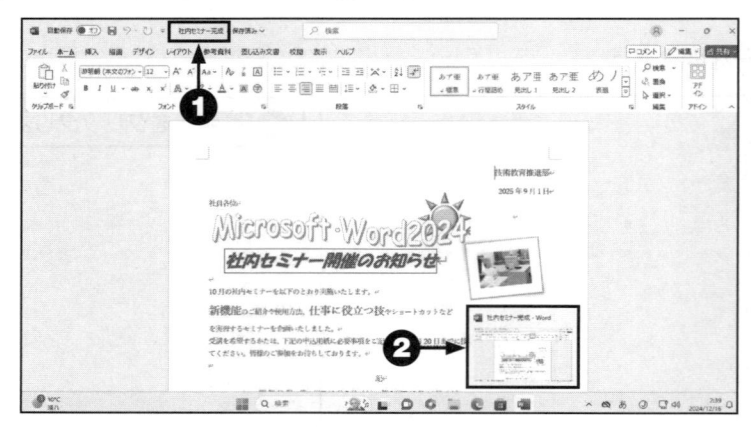

❶タイトルバーに「社内セミナー完成」と表示されていることを確認します。

❷タスクバーのWordのアイコンをポイントすると「社内セミナー完成」と表示されることを確認します。

💡 ヒント
サインインしていない場合
Microsoftアカウントでサインインしていない場合は、Wordのウィンドウの右上にユーザーのアイコンは表示されません。代わりに [サインイン] が表示され、クリックするとサインインすることができます。なお、ユーザーのアイコン部分をクリックするとアカウントの設定や切り替えができます。

💡 ヒント　**ファイルを開く際の表示**

ファイルを開くときに「保護ビュー　注意―インターネットから入手したファイルは、ウイルスに感染している可能性があります。編集する必要がなければ、保護ビューのままにしておくことをお勧めします。」というメッセージバーが表示されることがあります。その場合は、[編集を有効にする] をクリックして操作を進めてください。

💡 ヒント　**Wordが起動していない状態から文書を開く**

Wordが起動していない状態でも、ファイルを指定して開くことができます。デスクトップ上にある文書やエクスプローラーで開いたフォルダーにある文書をダブルクリックするか、右クリックして表示されるショートカットメニューの [開く] をクリックすると、Wordが起動して文書が開きます。

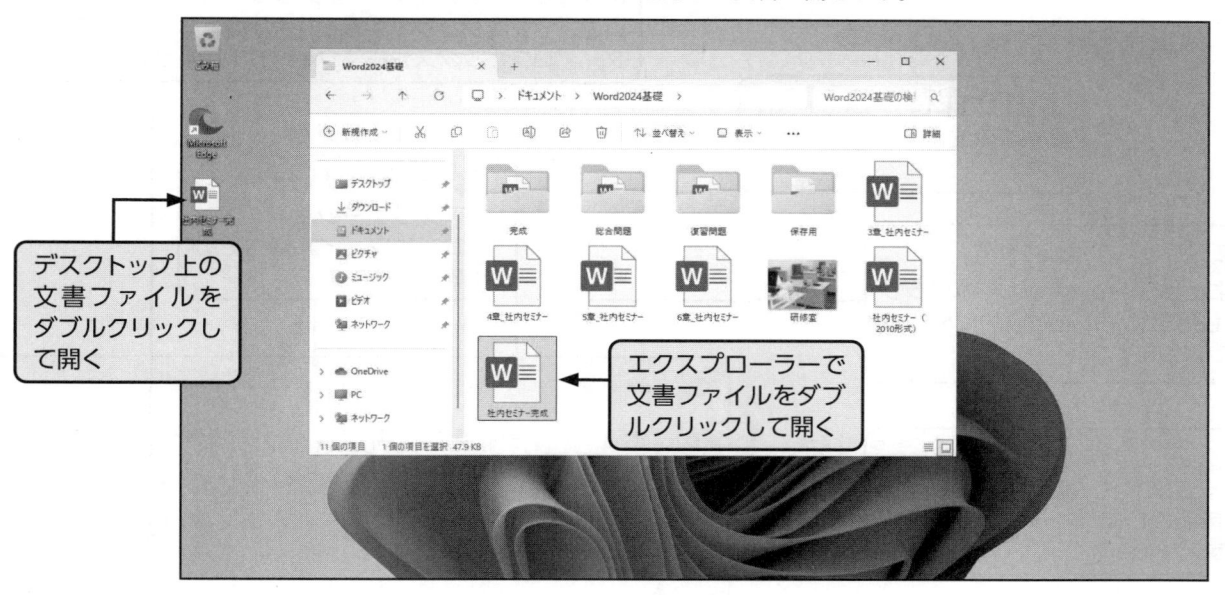

Wordの画面構成

ファイルを開いた時のWord 2024の画面の構成要素について紹介します。

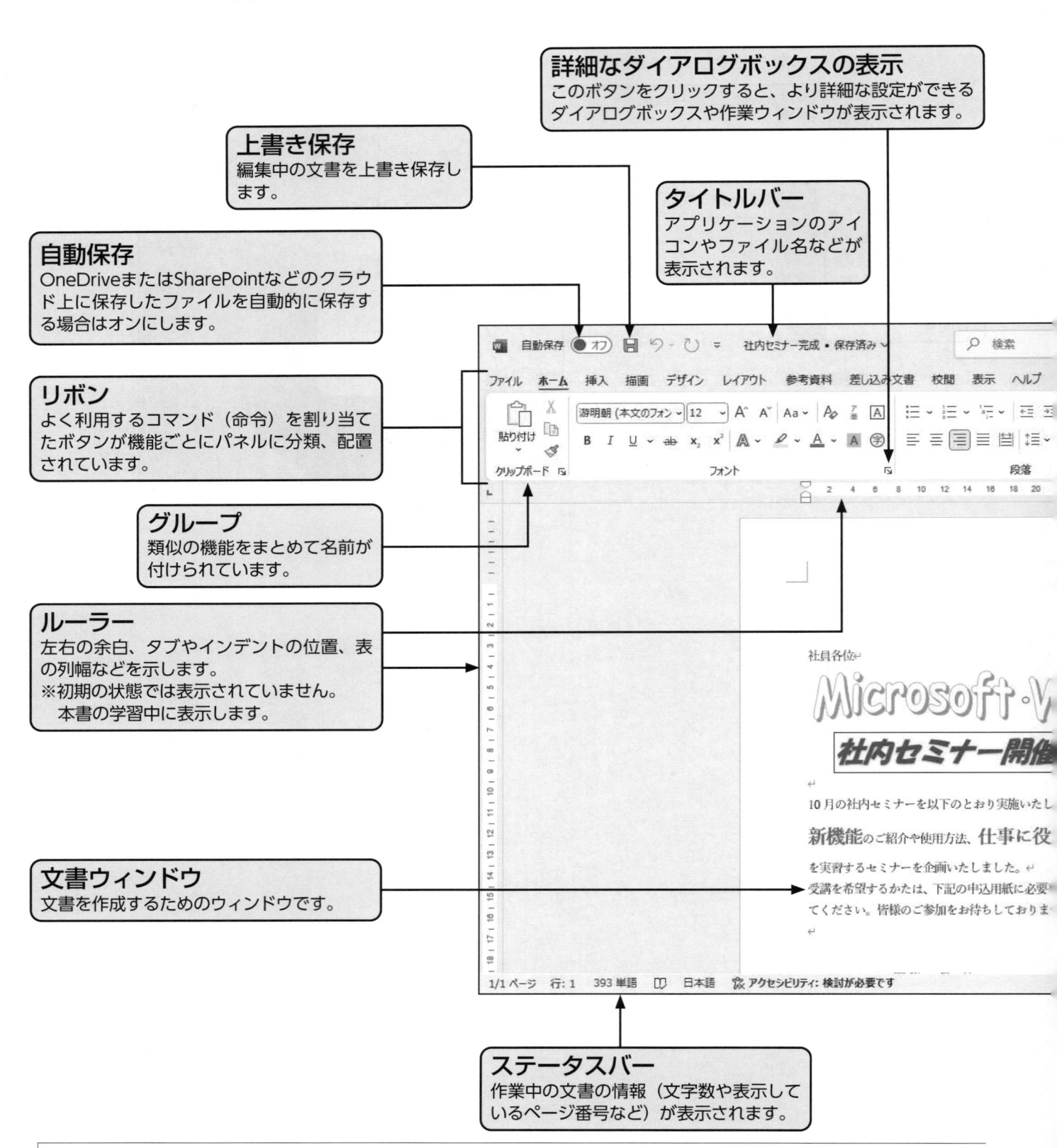

詳細なダイアログボックスの表示
このボタンをクリックすると、より詳細な設定ができる
ダイアログボックスや作業ウィンドウが表示されます。

上書き保存
編集中の文書を上書き保存します。

タイトルバー
アプリケーションのアイコンやファイル名などが表示されます。

自動保存
OneDriveまたはSharePointなどのクラウド上に保存したファイルを自動的に保存する場合はオンにします。

リボン
よく利用するコマンド（命令）を割り当てたボタンが機能ごとにパネルに分類、配置されています。

グループ
類似の機能をまとめて名前が付けられています。

ルーラー
左右の余白、タブやインデントの位置、表の列幅などを示します。
※初期の状態では表示されていません。本書の学習中に表示します。

文書ウィンドウ
文書を作成するためのウィンドウです。

ステータスバー
作業中の文書の情報（文字数や表示しているページ番号など）が表示されます。

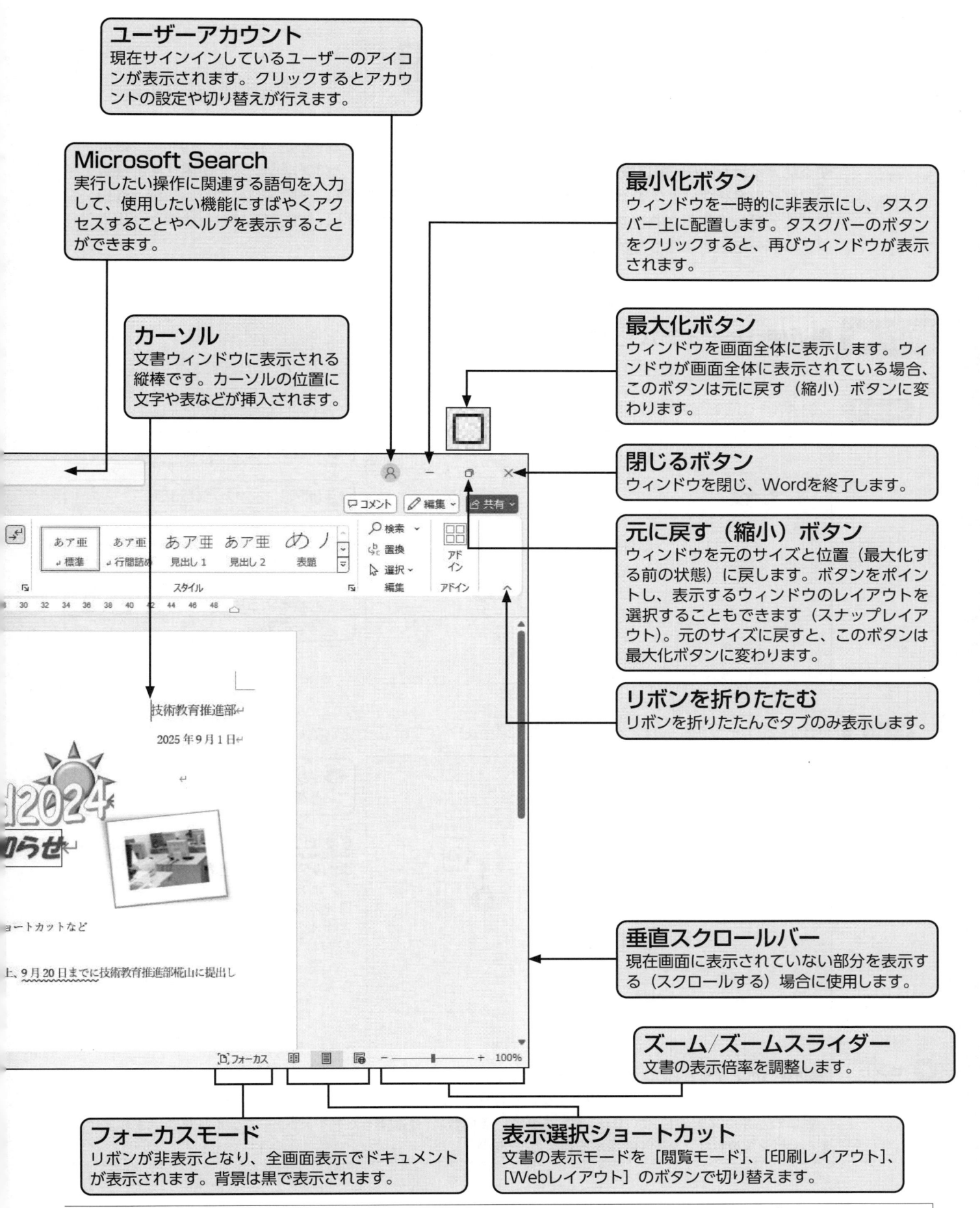

ユーザーアカウント
現在サインインしているユーザーのアイコンが表示されます。クリックするとアカウントの設定や切り替えが行えます。

Microsoft Search
実行したい操作に関連する語句を入力して、使用したい機能にすばやくアクセスすることやヘルプを表示することができます。

カーソル
文書ウィンドウに表示される縦棒です。カーソルの位置に文字や表などが挿入されます。

最小化ボタン
ウィンドウを一時的に非表示にし、タスクバー上に配置します。タスクバーのボタンをクリックすると、再びウィンドウが表示されます。

最大化ボタン
ウィンドウを画面全体に表示します。ウィンドウが画面全体に表示されている場合、このボタンは元に戻す（縮小）ボタンに変わります。

閉じるボタン
ウィンドウを閉じ、Wordを終了します。

元に戻す（縮小）ボタン
ウィンドウを元のサイズと位置（最大化する前の状態）に戻します。ボタンをポイントし、表示するウィンドウのレイアウトを選択することもできます（スナップレイアウト）。元のサイズに戻すと、このボタンは最大化ボタンに変わります。

リボンを折りたたむ
リボンを折りたたんでタブのみ表示します。

垂直スクロールバー
現在画面に表示されていない部分を表示する（スクロールする）場合に使用します。

ズーム/ズームスライダー
文書の表示倍率を調整します。

フォーカスモード
リボンが非表示となり、全画面表示でドキュメントが表示されます。背景は黒で表示されます。

表示選択ショートカット
文書の表示モードを［閲覧モード］、［印刷レイアウト］、［Webレイアウト］のボタンで切り替えます。

最近使った文書の利用

最近使用したファイルは、Wordの起動時または[ファイル]タブの[開く]をクリックすると[最近使ったアイテム]の一覧に表示されます。[ファイルを開く]ダイアログボックスを使用せず、一覧のファイル名をクリックするだけでファイルを開くことができます。一覧は時系列で、今日、昨日などに分類して表示されます。よく使うファイルをピン留めすると、常に表示させたいファイルやフォルダーを固定することができます。

操作☞ 最近使ったアイテムをピン留めする

Step 1 ファイル「社内セミナー完成」をピン留めします。

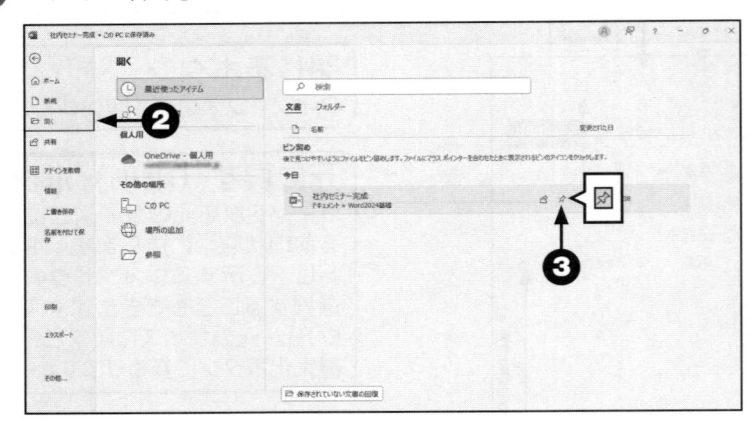

❶[ファイル]タブをクリックします。

❷[開く]をクリックします。

❸「社内セミナー完成」をポイントし、ファイル名の右にあるピンのアイコン（このアイテムが一覧に常に表示されるように設定します）をクリックします。

Step 2 「社内セミナー完成」が[ピン留め]の一覧に表示されていることを確認します。

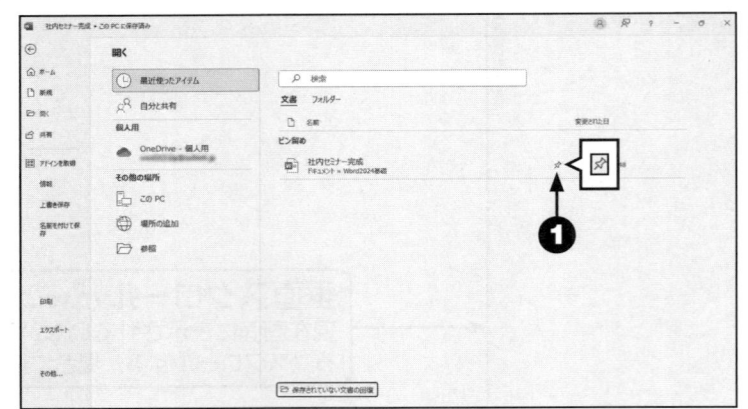

❶ピンのアイコンが表示されていることを確認します。

💡 ヒント
フォルダーのピン留め
[フォルダー]タブをクリックすると、フォルダー単位でピン留めすることができます。

💡 ヒント 「最近使ったアイテム」にファイルが表示されない
[ファイル]タブの[オプション]をクリックして[詳細設定]をクリックし、[表示]グループの[最近使った文書の一覧に表示する文書の数]が「0」に設定されている場合、[最近使ったアイテム]にファイルが表示されません。また、ピン留めしたファイルも表示されなくなります。

操作☞ 最近使ったアイテムのピン留めを解除する

Step 1 ファイル「社内セミナー完成」のピン留めを解除します。

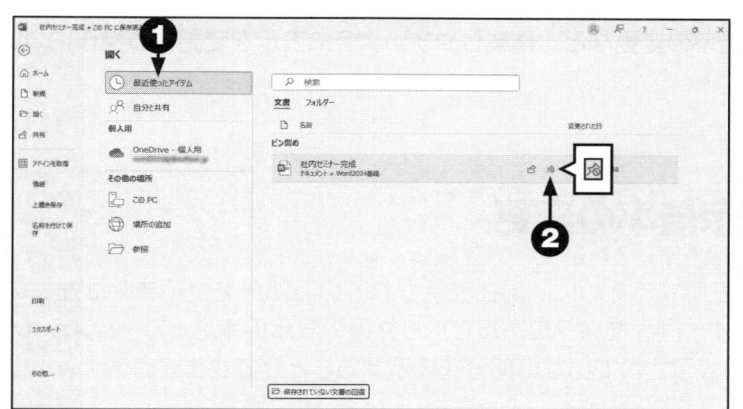

❶[開く]の[最近使ったアイテム]が選択されていることを確認します。

❷[ピン留め]の「社内セミナー完成」をポイントし、ファイル名の右のピンのアイコン（このアイテムが一覧に常に表示されるようにした設定を解除します）をクリックします。

Step 2 ファイル「社内セミナー完成」のピン留めが解除されたことを確認します。

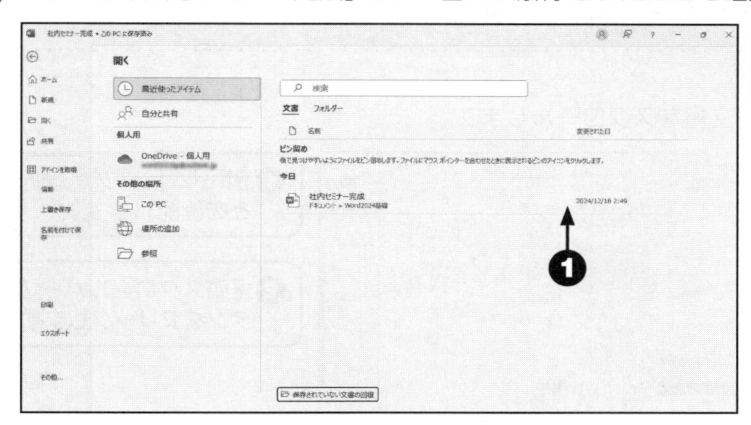

❶ピンのアイコンが非表示になったことを確認します。

Step 3 文書の表示に戻ります。

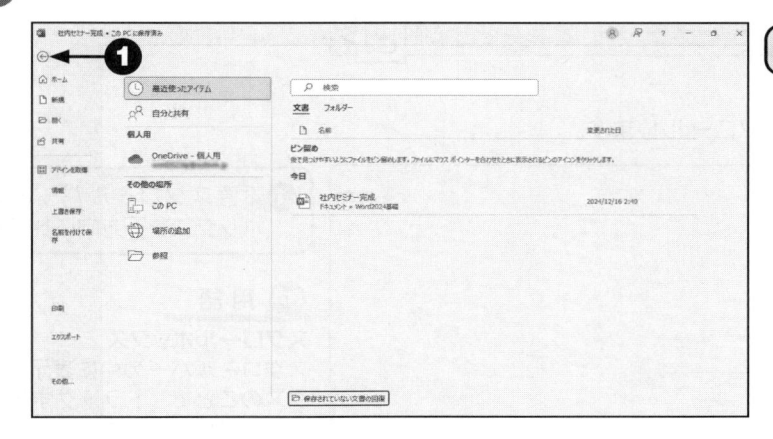

❶←をクリックします。

⚠ **重要** **[最近使ったアイテム]に表示されているファイルを移動した場合**

[最近使ったアイテム]に表示されているファイルを閉じた後にWindowsのエクスプローラーを使用してファイルを移動した場合、[最近使ったアイテム]からそのファイルを開くことはできません（「ファイルが見つかりませんでした。ファイルを移動、名前変更、または削除しましたか？」というメッセージが表示されます）。その場合は[ファイルを開く]ダイアログボックスを使用して移動先のフォルダーを開き、ファイルを開く必要があります。

画面の操作

文書のスクロールや表示倍率の変更など、作業しやすいように表示を変更する操作について学習します。

画面スクロールと表示倍率の変更

画面に表示されていない部分を表示するために、現在表示されている部分を上下または左右の方向に移動することを「スクロール」と呼びます。画面をスクロールしたり文書の表示倍率を「ズームスライダー」を使用して変更したりすることで、画面に表示されていない部分を表示することができます。

操作 ☞ 文書をスクロールバーでスクロールする

Step 1 文書を表示し、1行単位で文書をスクロールします。

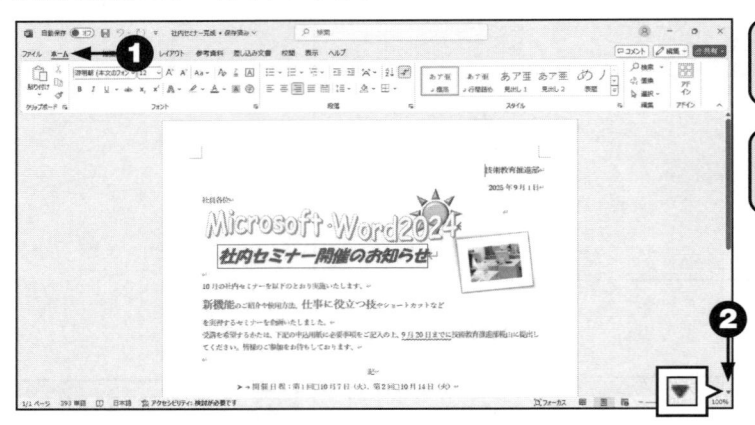

❶ [ホーム] タブが選択されていることを確認します。

❷ 垂直スクロールバーの下にある▼ボタンをクリックします。

Step 2 任意の位置まで文書をスクロールします。

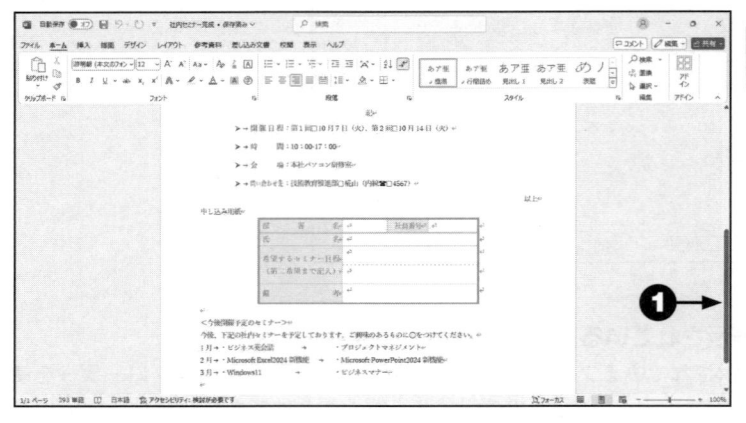

❶ 垂直スクロールバーのスクロールボックスを下方向にドラッグします。

📖 用語

スクロールボックス

スクロールバーの中に表示されているボックスのことで、ドラッグすると任意の位置までスクロールできます。スクロールボックスの上または下の部分をクリックすると、1画面単位でスクロールします。

ヒント **スクロールバーのボタン**

垂直スクロールバーの上下の位置にある三角ボタンまたは、水平スクロールバーの左右の位置にある三角ボタンをクリックすると、1行単位または約4文字単位で文書がスクロールします。また、マウスのボタンを押し続けると、連続してスクロールします。

ヒント **スクロールボックスの大きさと位置**

スクロールボックスの大きさは、文書全体の量と現在のウィンドウに表示されている部分の量に比例して変化します。また、スクロールボックスの位置は、文書全体の範囲に対して現在ウィンドウに表示されている部分の相対的な位置を示しています。

ヒント **ホイールマウスを使用したスクロール**

ホイールマウスの真ん中のホイールを使うと、スクロールバーまでマウスを移動しなくてもスクロールすることができます。

操作 ズームスライダーで表示倍率を拡大/縮小する

Step 1 表示倍率を拡大します。

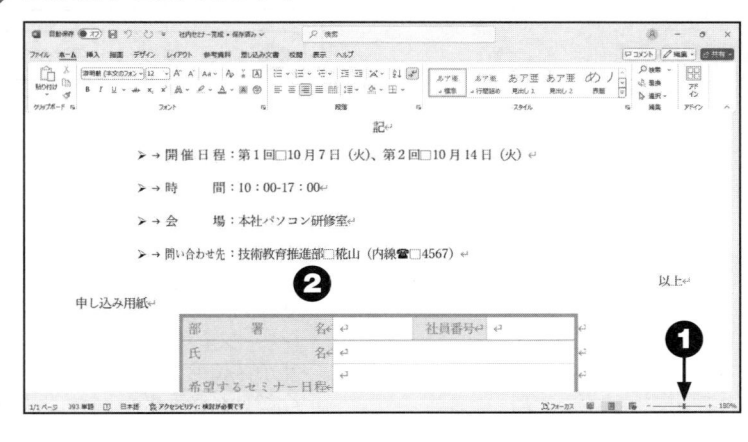

❶ズームスライダーのつまみを右側にドラッグします。

❷文書が拡大されたことを確認します。

ヒント
ズームスライダーの拡大/縮小ボタン
ズームスライダーの拡大/縮小ボタンをクリックすると、10%単位で表示倍率を変更できます。

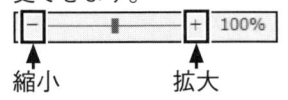

縮小　　　　　拡大

Step 2 表示倍率を縮小します。

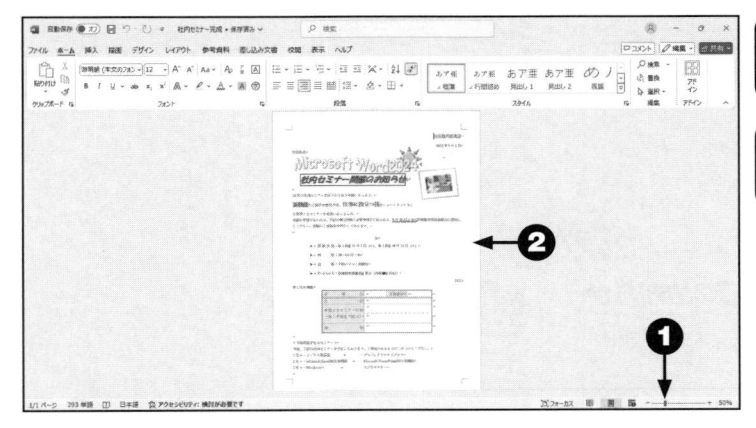

❶ズームスライダーのつまみを左側にドラッグします。

❷文書が縮小されたことを確認します。

操作 ページ幅に合わせて表示倍率を変更する

Step 1 [ズーム] ダイアログボックスを開きます。

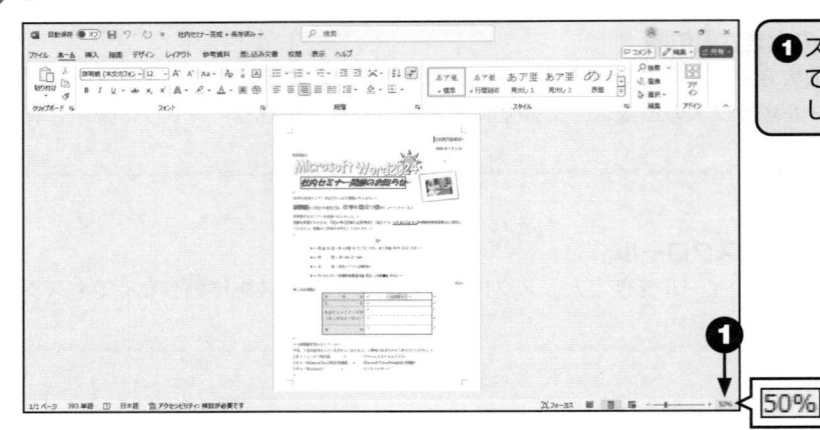

❶ ズームスライダーの右に表示され
ている現在の表示倍率をクリック
します。

Step 2 ページ幅に合わせて表示倍率を変更します。

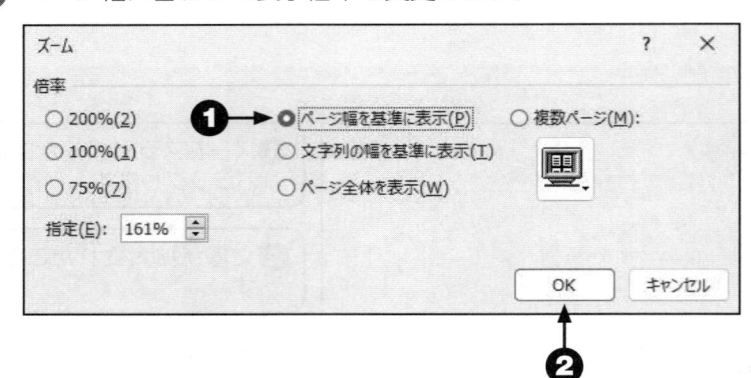

❶ [ページ幅を基準に表示] をクリッ
クします。

❷ [OK] をクリックします。

💡 ヒント

[ズーム] ダイアログボックス
[ズーム] ダイアログボックスの [指定]
ボックスは10％～500％の範囲で直接倍
率を設定することができます。また、[文
字列の幅を基準に表示] (余白を無視して
文字列の幅に合わせて表示) することや
[ページ全体を表示] (現在のウィンドウの
サイズに合わせてページ全体を表示) する
こともできます。

Step 3 自動的に倍率が計算され、ページ幅に合わせて文書が表示されます。

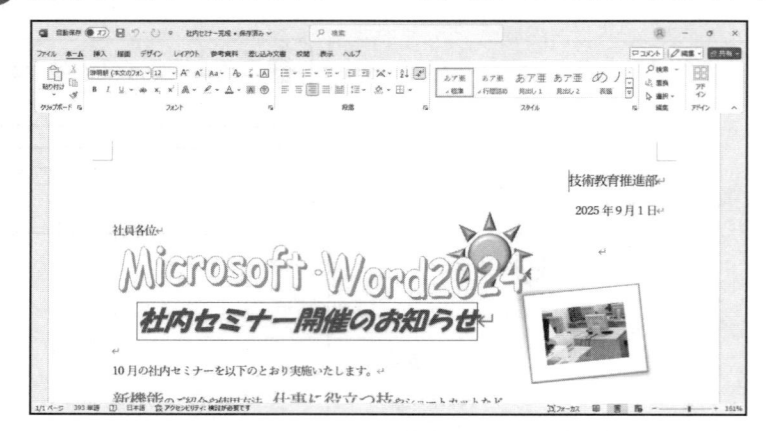

文書表示モード

Wordの表示モードは5種類あり、状況に合わせて表示モードを変更することで効率的に文書を作成できます。
通常は [印刷レイアウト] モードに設定されています。

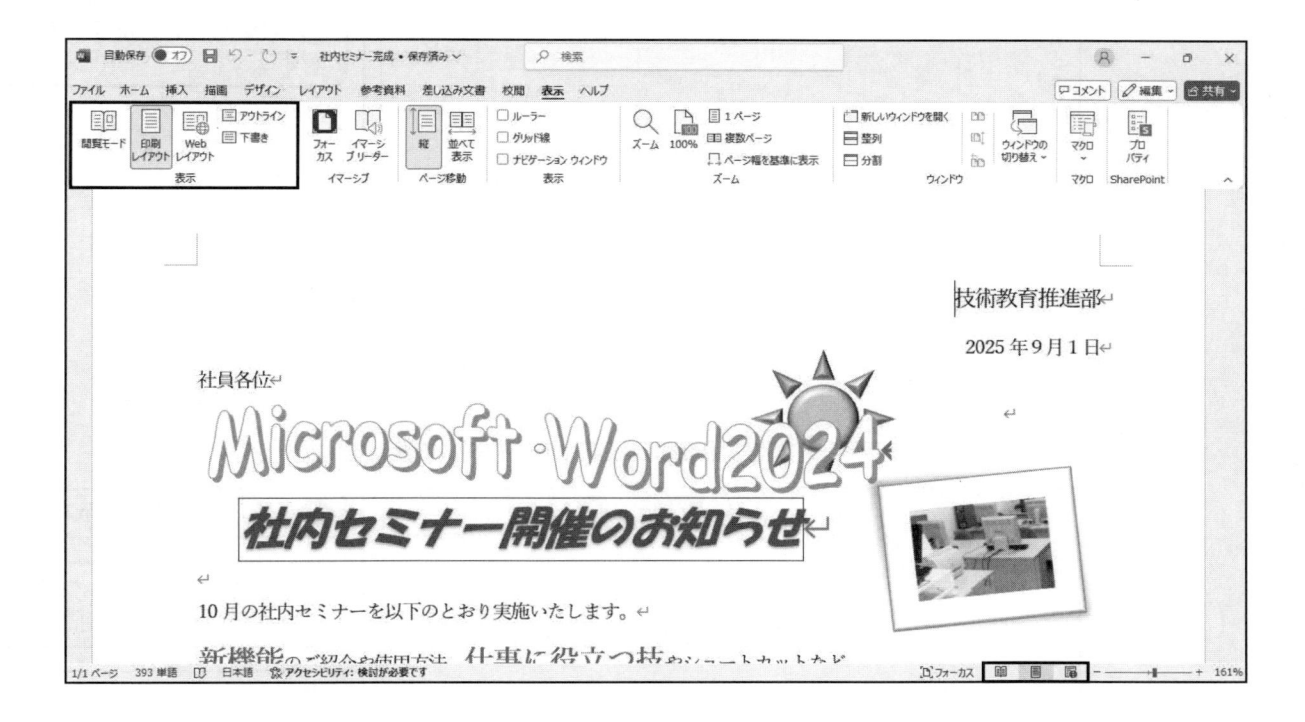

[閲覧モード]、[印刷レイアウト]、[Webレイアウト] の3つのモードは [表示] タブの [表示] グループのボタン
または [表示選択ショートカット] のボタンから切り替えられます。[アウトライン] と [下書き] の2つのモードは
[表示] タブの [表示] グループのボタンから切り替えられます。

文書表示モード		説明
閲覧モード		リボンやステータスバーが非表示になり、文書が全画面で表示されます。画面の左右に表示されるボタンからページを送ることができ、文書をコンピューターや各種デバイスで閲覧したいときに適しています。閲覧モードでは写真や図、表などをダブルクリックして拡大表示することができます。文書の部分をクリックすると元のサイズに戻ります。
印刷レイアウト		通常の表示モードです。印刷したときとほぼ同じイメージで作業を行うことができます。余白や図形の配置なども確認できるので、全体のレイアウトを見ながら編集したい場合に適しています。
Webレイアウト		WordでWebページを作りたいときに使用します。Webページにするとどのように表示されるか確認することができます。
アウトライン		段落や見出しの上下関係を簡単に設定できます。段落を折りたたんで見出しだけの表示にしたり、段落を入れ替えたりすることができるので、段落や見出しを多く利用する長文で文書の構成を確認したり変更したりするのに適しています。
下書き		文書に設定されたフォントやサイズは保持されますが、レイアウトは簡略化されます。長文を効率よく入力することができます。

操作 🖝 文書表示モードを変更する

Step 1 [閲覧モード] にします。

❶ [閲覧モード] ボタンをクリックします。

Step 2 [閲覧モード] の表示を確認し、[印刷レイアウト] モードに戻します。

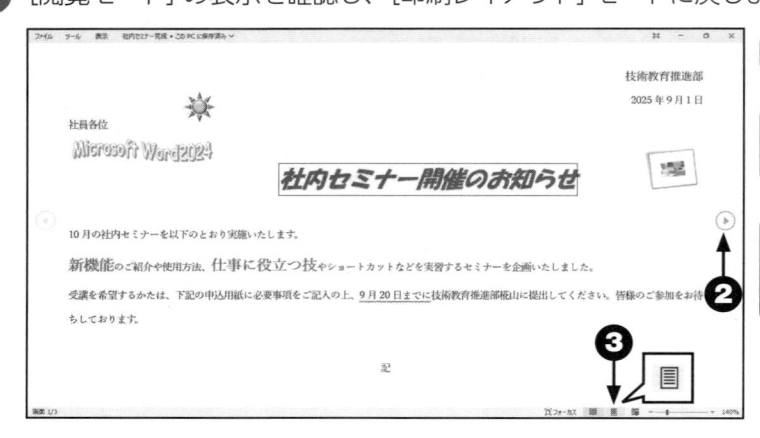

❶ [閲覧モード] の表示を確認します。

❷ 左右の矢印をクリックして表示画面が送られることを確認します。

❸ [印刷レイアウト] ボタンをクリックして [印刷レイアウト] モードに戻します。

💡 ヒント　リボンの折りたたみ

リボン右下の [リボンを折りたたむ] をクリックし、タブのみの表示にして、画面全体を使って文書を編集することができます。タブのみの表示にした場合は、タブをクリックしたときだけリボンが表示されます。リボンを元の状態に戻すには、任意のタブをダブルクリックするか、タブをクリックしてリボン右下の [リボンの固定] をクリックします。

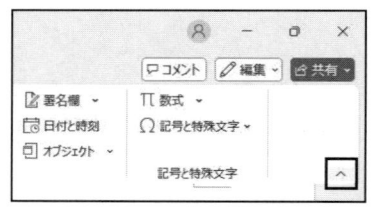

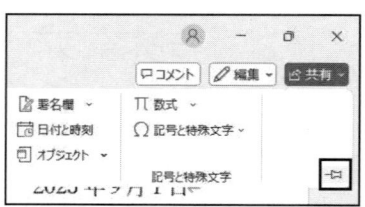

■ タブのみを表示

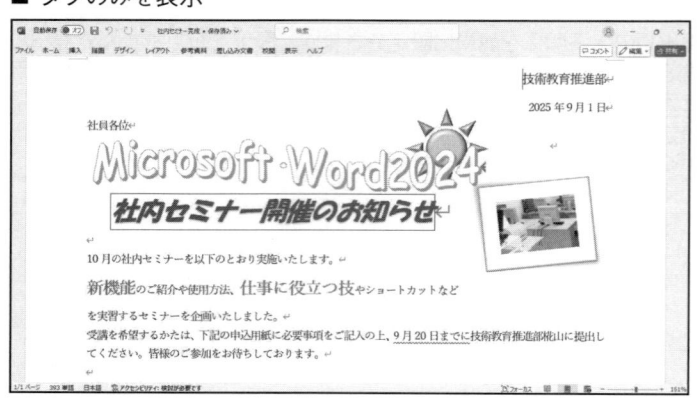

ステータスバーの利用

ステータスバーには現在使用している文書のさまざまな情報が表示されています。表示する情報の種類は変更することができます。

操作☞ カーソル位置の行番号をステータスバーに表示する

Step 1 行番号を表示します。

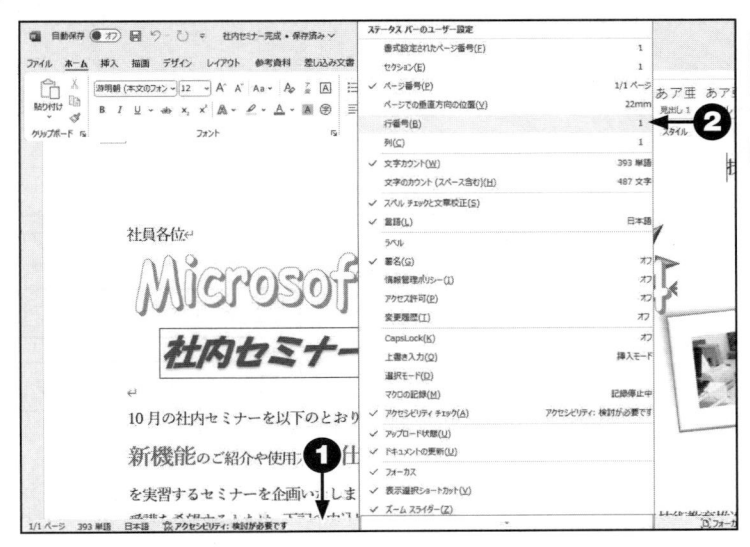

❶ステータスバーの上で右クリックします。

❷[行番号] をクリックします。

Step 2 行番号が表示されたことを確認します。

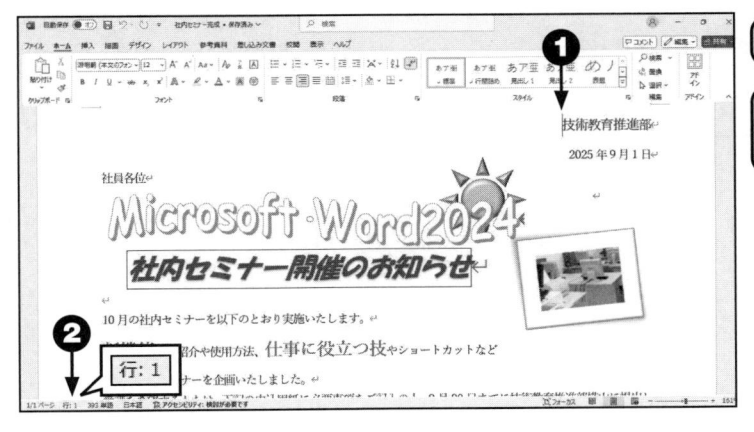

❶文書の任意の行をクリックします。

❷ステータスバーに行番号が表示されることを確認します。

💡 **ヒント** ― **ステータスバーのユーザー設定**

行番号の他にも、ステータスバーには列番号やページ番号などの情報やズームなど操作のためのコマンドを表示することができます。現在表示している項目には、ステータスバーを右クリックして表示されるメニューの左に ☑ が表示されます。

現在表示している項目をメニューから再びクリックすると ☑ が非表示になり、ステータスバーにその項目が表示されなくなります。

Wordの終了

現在開いている文書を閉じる場合、その文書だけを閉じる方法と、Wordを終了する方法があります。続けて新しい文書を作成または別の文書を開いて編集するときは、Wordは終了せず、文書だけを閉じます。

操作 👉 ファイルを閉じる

Step 1 ファイルを閉じます。

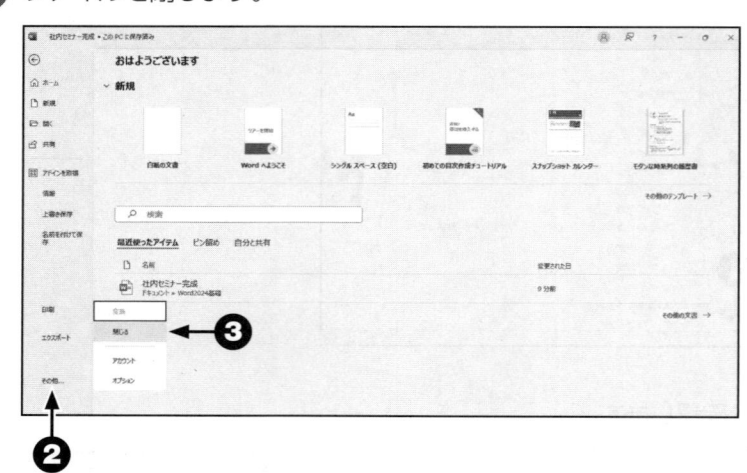

❶[ファイル] タブをクリックします。

❷[その他] をクリックします。

❸[閉じる] をクリックします。

Step 2 ファイルが閉じられました。

保存確認のメッセージについて

ファイルを開いて編集後、保存せずに閉じようとすると、保存するかどうかを確認するメッセージが表示されます。

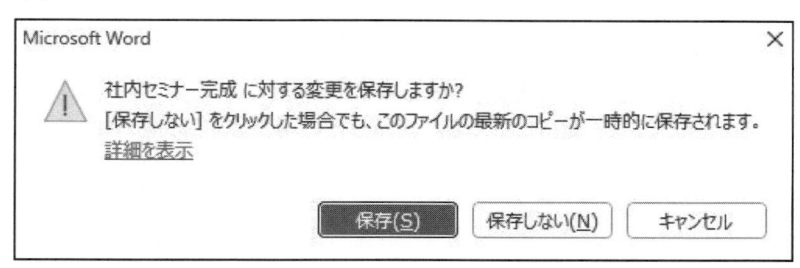

表示項目	説明
保存	初めて保存する場合は、ファイル名を付けるための画面が表示されます。すでに保存されたファイルを開いて編集した場合は、現在のファイル名で上書き保存されます。
保存しない	ファイルを保存しないで閉じます。
キャンセル	ファイルを閉じる操作をキャンセルします。

操作 👉 Wordを終了する

Step 1 Wordを終了します。

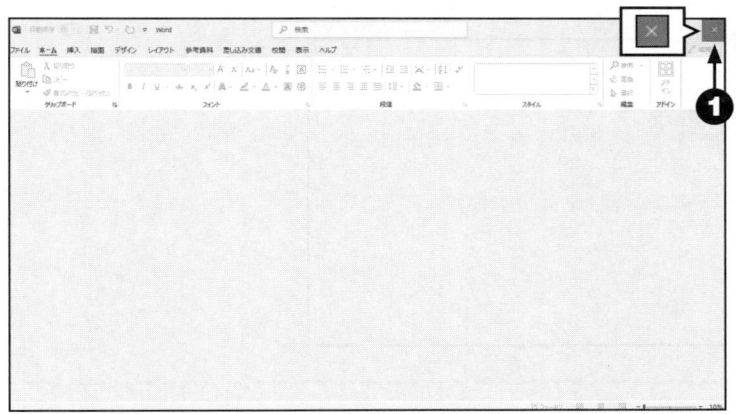

❶[閉じる] ボタンをクリックします。

💡 ヒント
複数の文書を一度に閉じるには
Wordの文書を複数開いているときに閉じるボタンをクリックすると、他のWordの文書は開かれたままで現在の文書ウィンドウだけが閉じられます。すべての文書を閉じてWordを終了するには、タスクバーのWordのアイコンを右クリックし、[すべてのウィンドウを閉じる] をクリックします。

Step 2 Wordが終了して、Windowsのデスクトップ画面に戻りました。

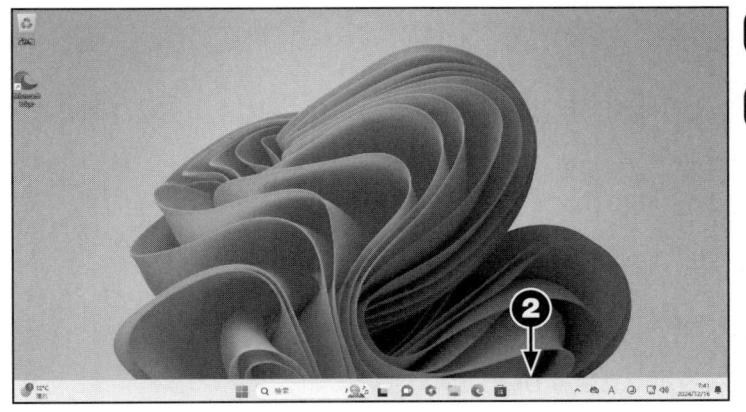

❶Wordのウィンドウが閉じます。

❷タスクバーのアイコンも消えます。

クイックアクセスツールバーのカスタマイズ

[クイックアクセスツールバー]はWordウィンドウの左上に表示されているツールバーで、初期の状態では[自動保存]、[上書き保存]、[元に戻す]、[やり直し]の4つのコマンドが登録されています。
頻繁に使用する機能をクイックアクセスツールバーに追加しておくと、すばやく操作することができます。機能を追加する方法は次のとおりです。

1. ▽ [クイックアクセスツールバーのユーザー設定]をクリックします。
2. 表示したい項目をクリックします。（一覧にない項目を表示したい場合は[その他のコマンド]をクリックして[Wordのオプション]ダイアログボックスで設定します。）

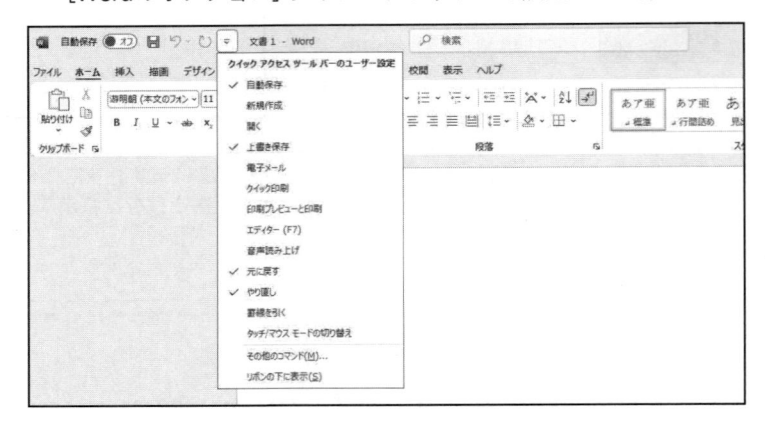

クイックアクセスツールバーをリボンの下に表示

クイックアクセスツールバーは初期の状態ではリボンの上に表示されていますが、リボンの下に表示することができます。リボンの下に表示させたい場合は、▽ [クイックアクセスツールバーのユーザー設定]をクリックし、[リボンの下に表示]をクリックします。元に戻すときは[リボンの上に表示]をクリックします。

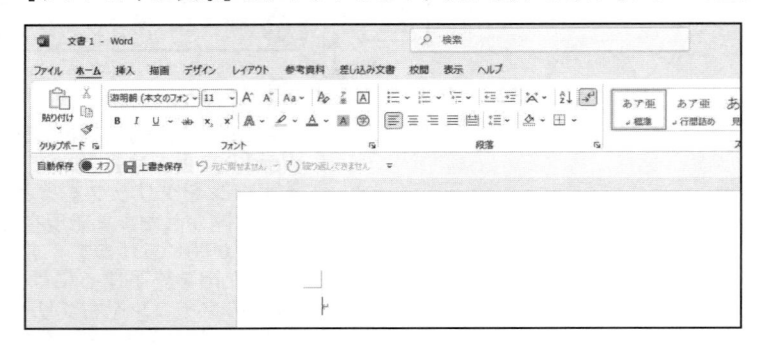

📶 この章の確認

☐ Wordを起動できますか？

☐ ファイルを開けますか？

☐ 最近使った文書を利用できますか？

☐ 画面をスクロールできますか？

☐ 画面の表示倍率を変更できますか？

☐ 文書表示モードを変更できますか？

☐ ステータスバーに必要な情報を表示できますか？

☐ Wordを終了できますか？

第2章

新規文書の作成

- 作成する文書の確認
- 文書作成の流れ
- 新規文書の作成
- ページレイアウトの設定
- 文字の入力
- 文書の保存と発行

作成する文書の確認

ここでは、次のような文書を作成します。

新しい文書ファイルを作成し、レイアウトの設定や文字の入力を行って保存します。

■ 完成例

技術教育推進部

2025 年 9 月 1 日

社員各位

Microsoft Word2024

社内セミナー開催のお知らせ

10 月の社内セミナーを以下のとおり実施いたします。

新機能のご紹介や使用方法、仕事に役立つ技やショートカットなどを実習するセミナーを企画いたしました。

受講を希望するかたは、下記の申込用紙に必要事項をご記入の上、9 月 20 日までに技術教育推進部に提出してください。皆様のご参加をお待ちしております。

記

開催日程：第 1 回□10 月 7 日（火）、第 2 回□10 月 14 日（火）

時間：10：00-17：00

問い合わせ先：技術教育推進部□椛山（内線☎□4567）

以上

申し込み用紙

会場：本社パソコン研修室

＜今後開催予定のセミナー＞

今後、下記の社内セミナーを予定しております。ご興味のあるものに○をつけてください。

2 月・Microsoft Excel2024 新機能・Microsoft PowerPoint2024 新機能

3 月・Windows11・ビジネスマナー

1 月・ビジネス英会話・プロジェクトマネジメント

文書作成の流れ

文書を作成するには、次のような手順で作業します。

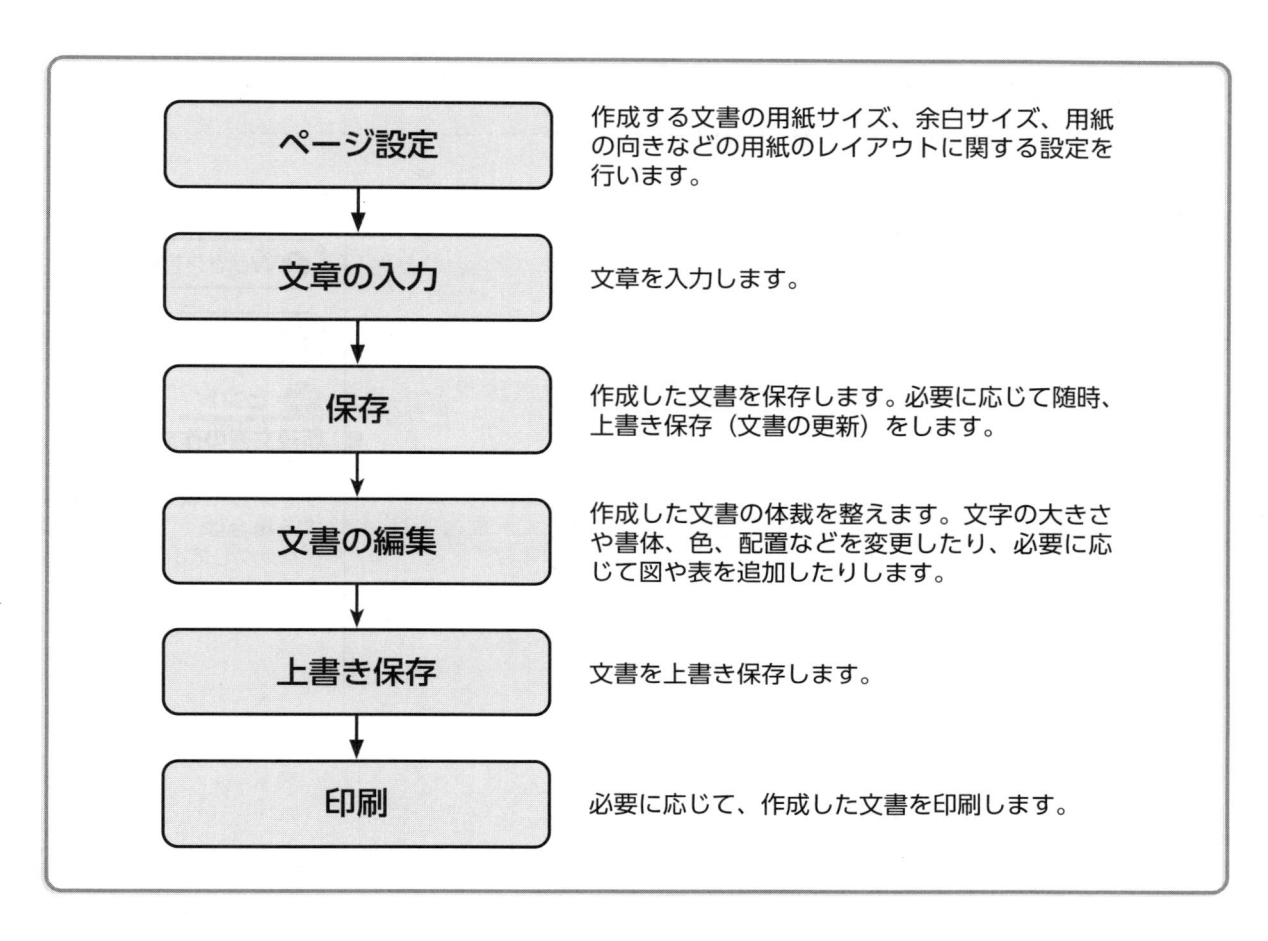

ページ設定	作成する文書の用紙サイズ、余白サイズ、用紙の向きなどの用紙のレイアウトに関する設定を行います。
文章の入力	文章を入力します。
保存	作成した文書を保存します。必要に応じて随時、上書き保存（文書の更新）をします。
文書の編集	作成した文書の体裁を整えます。文字の大きさや書体、色、配置などを変更したり、必要に応じて図や表を追加したりします。
上書き保存	文書を上書き保存します。
印刷	必要に応じて、作成した文書を印刷します。

用語 ページ設定

印刷する用紙に合うように、作成する文書の用紙サイズや向きを設定することです。また、余白や1ページあたりの行数や1行あたりの文字数も設定できます。

重要 ページ設定を行うタイミングについて

ページ設定はいつでも変更できますが、文書を作成する前に、作成する文書の内容や量を考慮してページ設定を行うことをお勧めします。たとえば、文字の入力や書式設定を行った後で用紙の向きや余白を変更すると、文書全体のレイアウトが変わってしまいます。

重要 文書の保存について

文書を作成しているとき、ある程度の入力や編集作業が進んだら保存するようにします。間違って文書ウィンドウを閉じてしまったり、何らかの不具合でWordが終了してしまったりすると、それまでに作成した文書の内容はすべて消えてしまう場合があります。

新規文書の作成

新しい文書を作成するためには、新しい文書ウィンドウを準備する必要があります。

操作☞ 新規文書を作成する

Step 1 新しい文書ウィンドウを開きます。

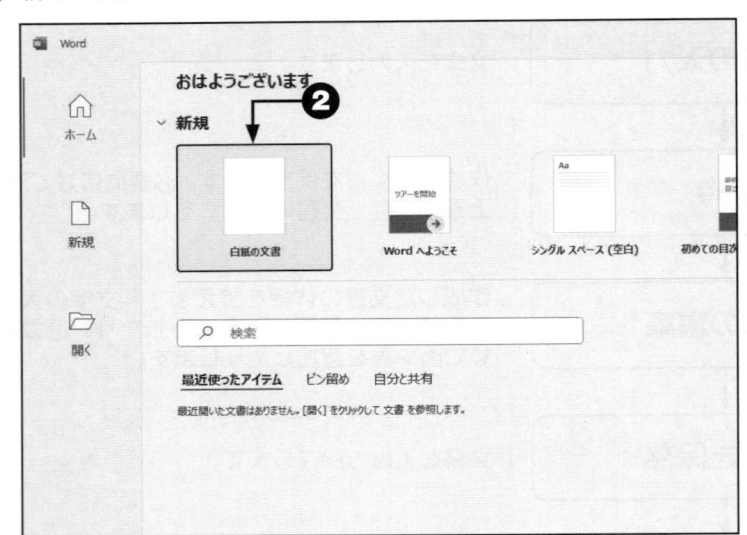

❶ Wordを起動します。

❷ [白紙の文書] をクリックします。

💡 ヒント
新規文書の作成
他の文書を開いているときや文書ウィンドウを閉じた状態のときに新規文書を作成する場合は、[ファイル] タブの [新規] をクリックして [白紙の文書] をクリックします。

Step 2 新しい文書ウィンドウが開きます。

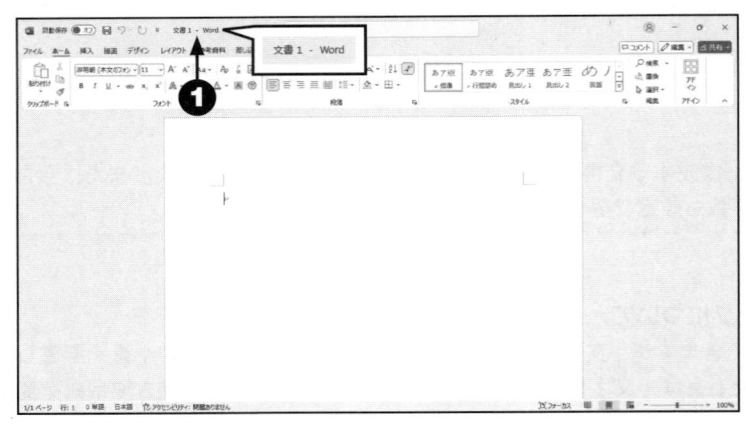

❶ タイトルバーに「文書1」と表示されていることを確認します。

💡 ヒント
クイックアクセスツールバーを利用した新規作成
クイックアクセスツールバーに [新規作成] ボタンを追加しておくと、他の文書を開いているときにワンクリックで新規の文書を作成することができます。

💡 ヒント **起動時に白紙の文書を開くには**
Word 2010までのバージョンでは、Wordを起動した直後に新しい文書ウィンドウが開かれた状態になっていました。Word 2024でも同様にしたい場合は、[ファイル] タブの [オプション] をクリックし、[Wordのオプション] ダイアログボックスの [全般] の [起動時の設定] にある [このアプリケーションの起動時にスタート画面を表示する] チェックボックスをオフにします。

💡 ヒント　複数ファイルの操作

Wordでは複数のファイルを同時に開いて操作することができます。Windows 11ではタスクバーに表示されているWordのアイコンをポイントすると開いているファイルのサムネイル（縮小表示）の一覧が表示され、クリックするとそのファイルに切り替えることができます。

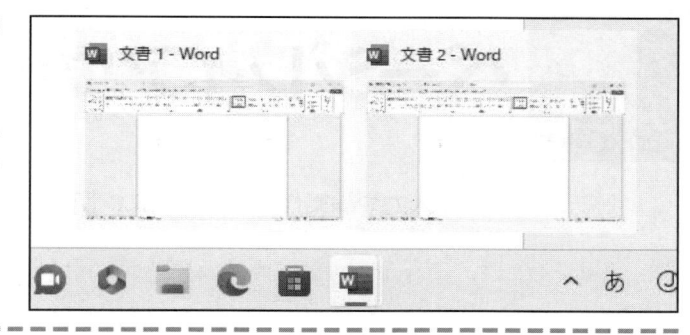

💡 ヒント　テンプレートの活用

文書を新規に作成するときにテンプレートを利用すると、あらかじめデザインされた文書を簡単に作成することができます。

テンプレートを利用するには、Wordを起動したときに表示される一覧から使いたいテンプレートを選択するか、[ファイル] タブの [新規] をクリックして選択します。

右図は、[ファイル] タブの [新規] をクリックした画面です。

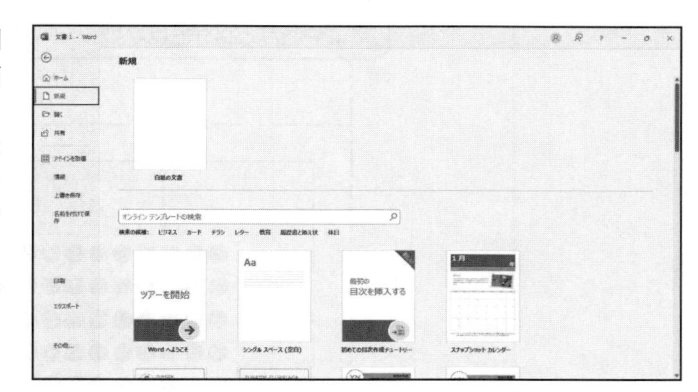

💡 ヒント　テンプレートの検索

[オンラインテンプレートの検索] ボックスに「送付状」や「請求書」などのキーワードを入力してテンプレートを検索し、ダウンロードすることができます。また、[検索の候補] の「ビジネス」や「カード」などから検索することもできます。

たとえば [カード] をクリックして検索された一覧から [お礼状] をクリックし、[作成] をクリックすると、お礼状のテンプレートがダウンロードされて新規文書が作成されるので、必要事項を入力していきます。なお、テンプレートから新規作成すると、メッセージバーに [個人情報の削除が有効] が表示される場合があります。保存時に作成者名などの個人情報を残す場合は [設定の変更] をクリックします。

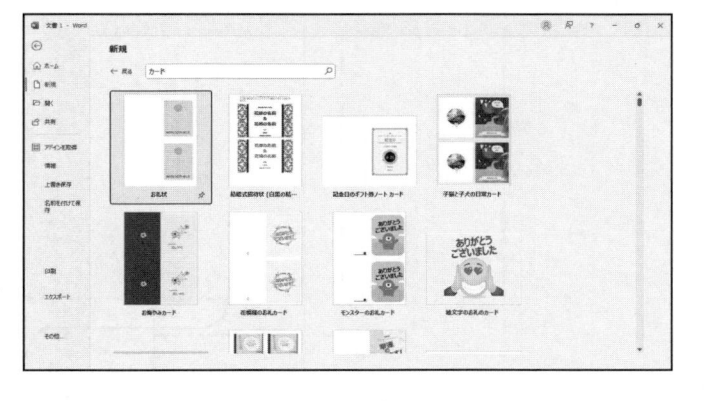

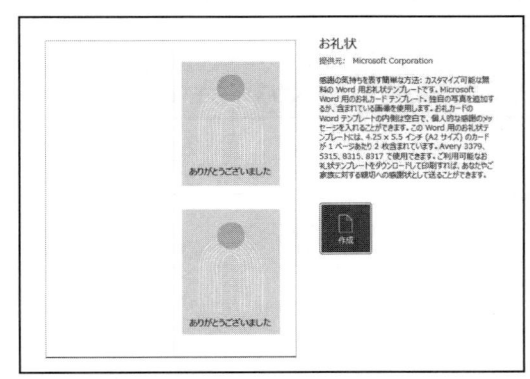

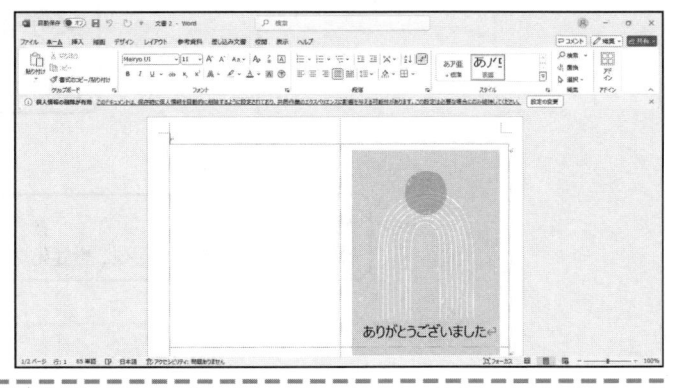

ページレイアウトの設定

文書の入力や編集作業に入る前に、使用する用紙のレイアウトを設定します。

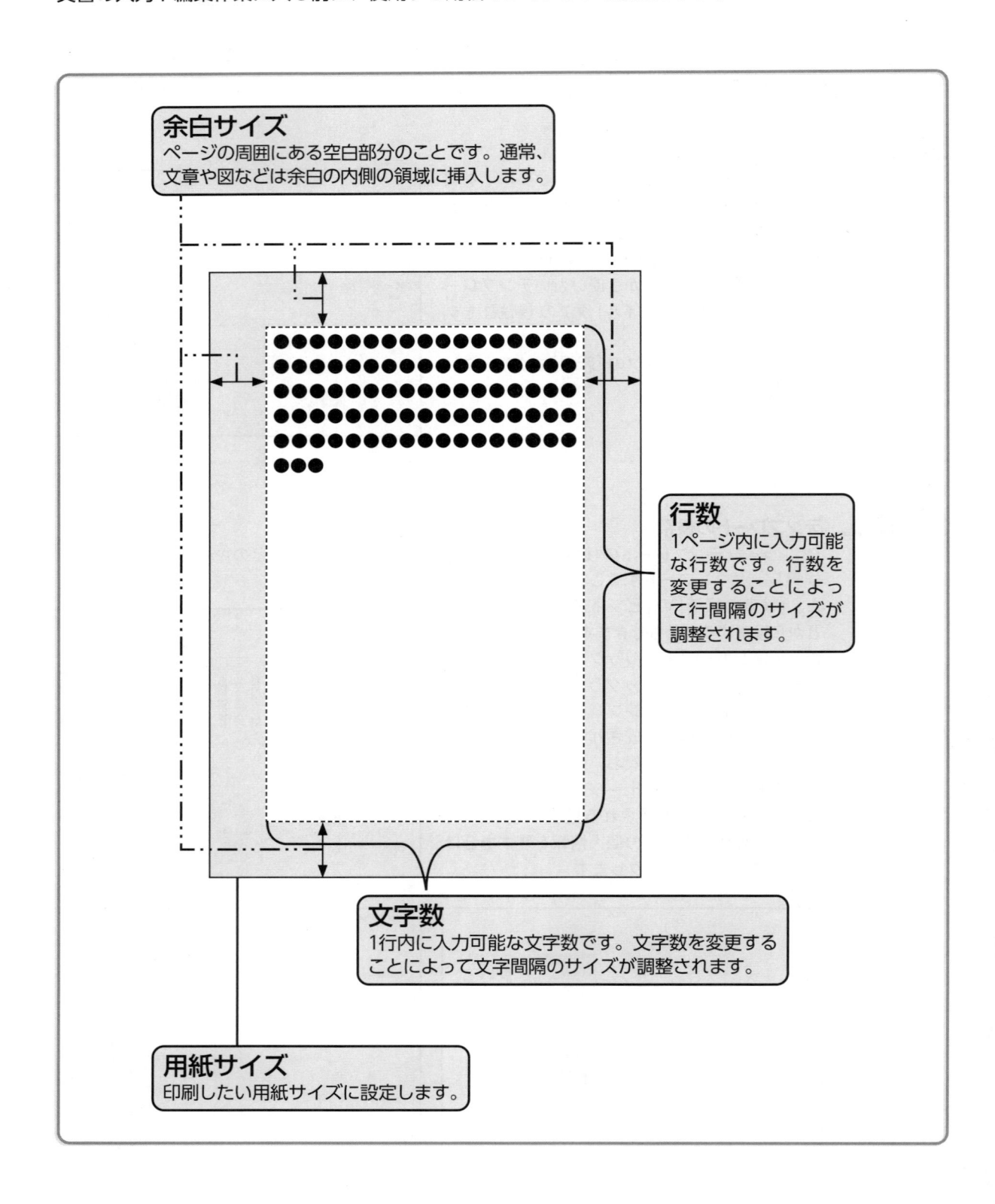

余白サイズ
ページの周囲にある空白部分のことです。通常、文章や図などは余白の内側の領域に挿入します。

行数
1ページ内に入力可能な行数です。行数を変更することによって行間隔のサイズが調整されます。

文字数
1行内に入力可能な文字数です。文字数を変更することによって文字間隔のサイズが調整されます。

用紙サイズ
印刷したい用紙サイズに設定します。

用紙サイズと印刷の向き

[レイアウト] タブに配置された [サイズ] ボタンと [印刷の向き] ボタンを利用して、用紙サイズと用紙の向きを設定することができます。ここでは現在の用紙サイズと向きを確認します。

操作 👈 用紙サイズと用紙の向きを確認する

Step 1 設定されている用紙サイズを確認します。

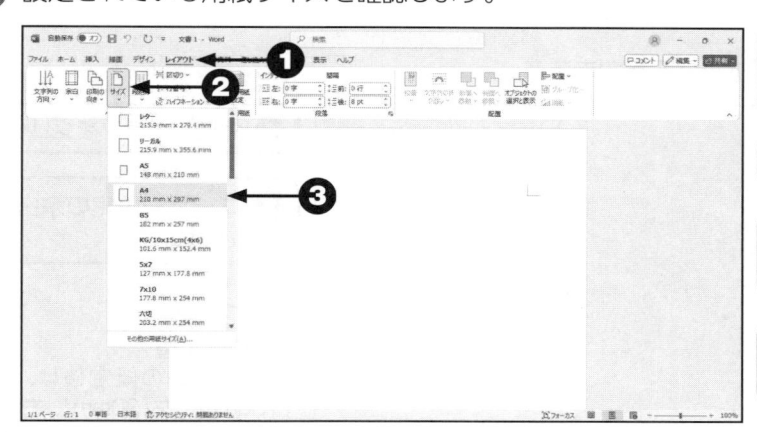

❶ [レイアウト] タブをクリックします。

❷ [サイズ] ボタンをクリックします。

❸ [A4] が選択されていることを確認します。

❹ 文書内をクリックして一覧の表示をキャンセルします。

Step 2 設定されている用紙の向きを確認します。

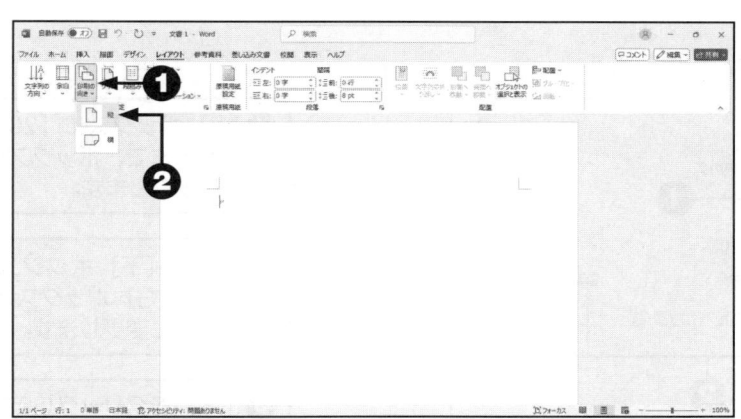

❶ [印刷の向き] ボタンをクリックします。

❷ [縦] が選択されていることを確認します。

❸ 文書内をクリックして一覧の表示をキャンセルします。

💡 **ヒント** **用紙サイズと印刷の向きの既定値**

Wordでは既定値で用紙サイズが「A4」、印刷の向きが「縦」になっています。なお、セットアップされているプリンターの機種によって表示される用紙サイズは異なる場合があります。

💡 **ヒント** **ボタンの名前**

本書では、リボンのボタンに表記されている文字列をボタン名として表記しています。この名前はボタンをポイントしたときにポップアップ表示される名前と異なる場合があります。

余白

[レイアウト] タブに配置された [余白] ボタンを利用して、よく使われる余白サイズを設定することができます。また、[ページ設定] ダイアログボックスで余白サイズを数値で設定することによって微調整することもできます。

操作☞ 余白サイズを変更する

上下左右の余白サイズを 20mm に変更しましょう。

Step 1 [ページ設定] ダイアログボックスを開きます。

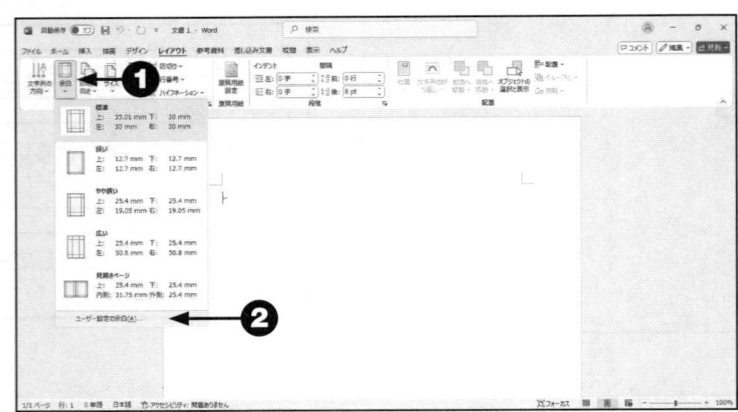

❶ [余白] ボタンをクリックします。

❷ [ユーザー設定の余白] をクリックします。

💡 ヒント
余白の既定値
Wordの余白の既定値は、上「35.01mm」、下「30mm」、左「30mm」、右「30mm」になっています。

Step 2 上下左右の余白を 20mm に変更します。

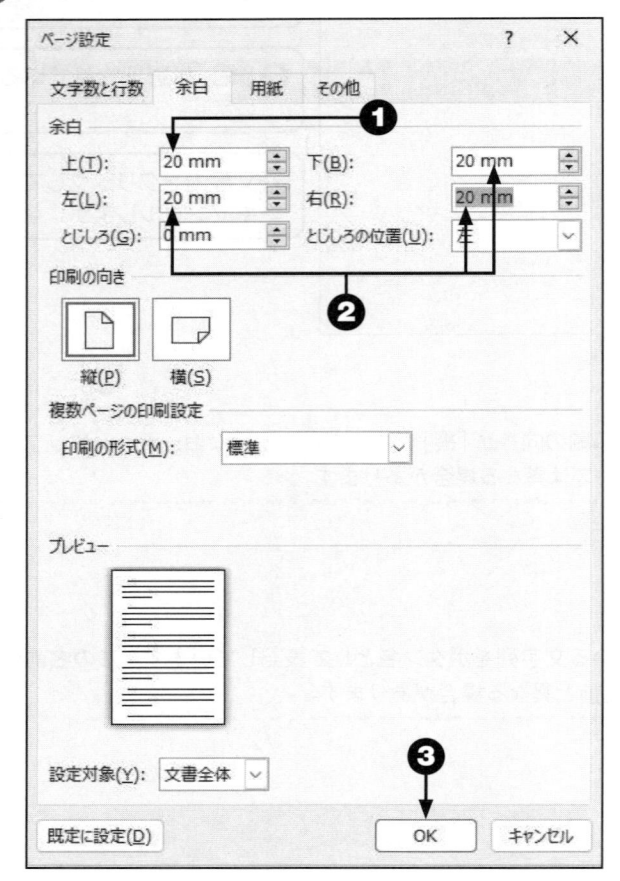

❶ [上] ボックスに「20mm」と表示されるまで、ボックスの右端の▼をクリックします。

❷ 同様に [下] ボックス、[左] ボックス、[右] ボックスの余白も「20mm」に変更します。

❸ [OK] をクリックします。

💡 ヒント
値を入力して変更
▲や▼ボタンを使わずに、直接「20」と入力して余白を20mmに変更することもできます。このとき単位の「mm」は入力しなくてもかまいません。

Step 3 余白サイズが変更されます。

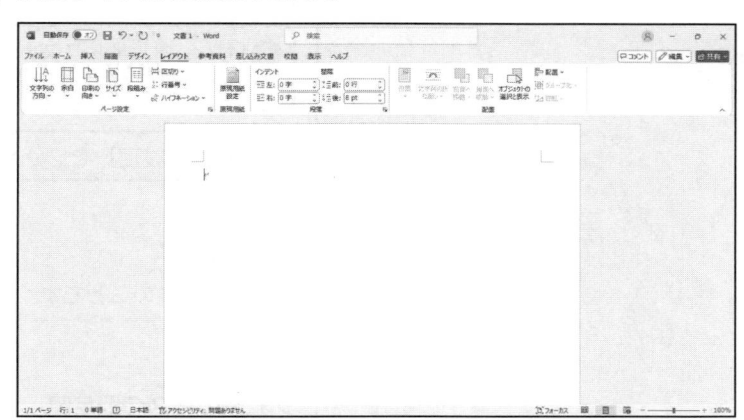

❶上下左右の余白サイズが変更されたことを確認します。

💡 **ヒント** **最後に適用したユーザー設定**

余白を任意のサイズに変更すると、[余白] ボタンの一覧に [最後に適用したユーザー設定] が表示されます。この設定を選択することで、[ページ設定] ダイアログボックスを表示せずに、最後に変更した余白と同じサイズの余白に設定することができます。

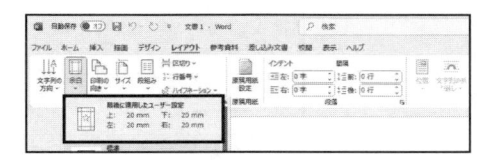

フォントサイズと段落の初期設定

文書の入力や編集作業に入る前に、レイアウトに関わる文字の大きさや段落の設定を変更します（文字や段落の詳しい操作は3章で学習します）。

操作👉 **フォントサイズを変更する**

これから入力するフォントのサイズを10.5ポイントに変更しましょう。

Step 1 [フォント] ダイアログボックスを開きます。

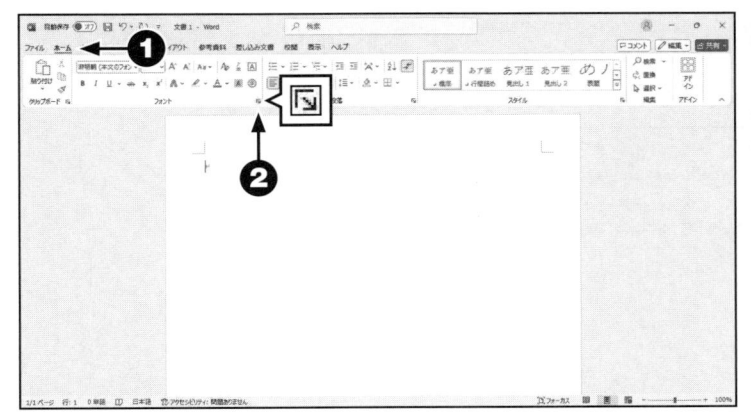

❶[ホーム] タブをクリックします。

❷[フォント] グループの右下の [フォント] ボタンをクリックします。

❗ **重要**
⬛ **ボタン**
リボンの各タブに配置されたボタンはグループごとにまとめられています。そのグループ名の右下に ⬛ ボタンが表示されている場合、クリックすると対象のグループに含まれる設定をまとめて行うためのダイアログボックスや作業ウィンドウ表示され、現在の設定を確認したり変更したりすることができます。各グループによりボタン名が変わります。

Step 2 フォントサイズを10.5ポイントに変更します。

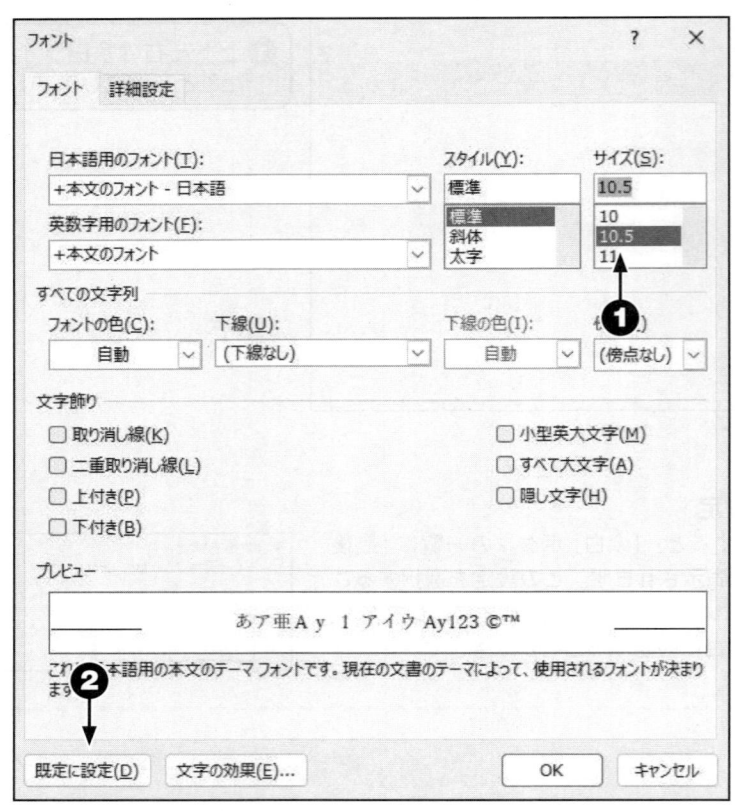

❶ [サイズ] ボックスから [10.5] を
クリックします。

❷ [既定に設定] をクリックします。

📖 **用 語**

フォントサイズ
文字の大きさのことです。

💡 **ヒント**

フォントサイズの既定値
環境によっては最初から10.5ポイントに
設定されている場合があります。

Step 3 現在の文書の既定のフォントに設定します。

❶ [この文書だけ] をクリックします。

❷ [OK] をクリックします。

💡 **ヒント**

常に指定したフォントサイズを使用する
[Normalテンプレートを使用したすべての
文書] を選択して [OK] をクリックすると、
以降、新しい文書を作成したときに同様
の設定が適用されます。

Step 4 フォントサイズの設定が変更されたことを確認します。

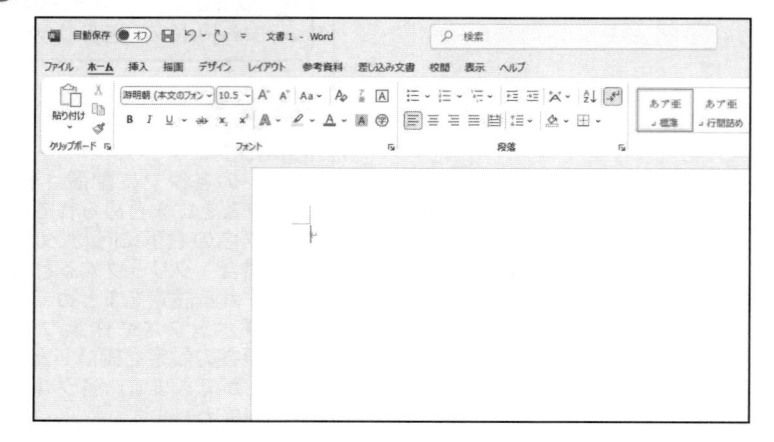

操作☛ 段落を変更する

段落の配置と行間、段落後の間隔を変更しましょう。

Step 1 [段落] ダイアログボックスを開きます。

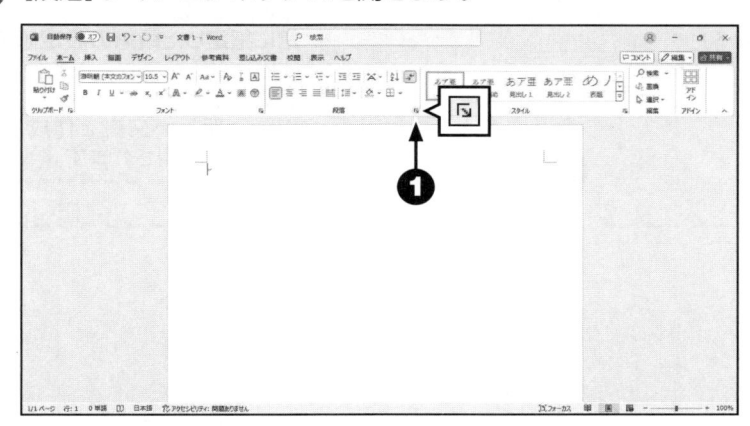

❶[段落] グループの右下の [段落の設定] ボタンをクリックします。

Step 2 段落の設定を変更します。

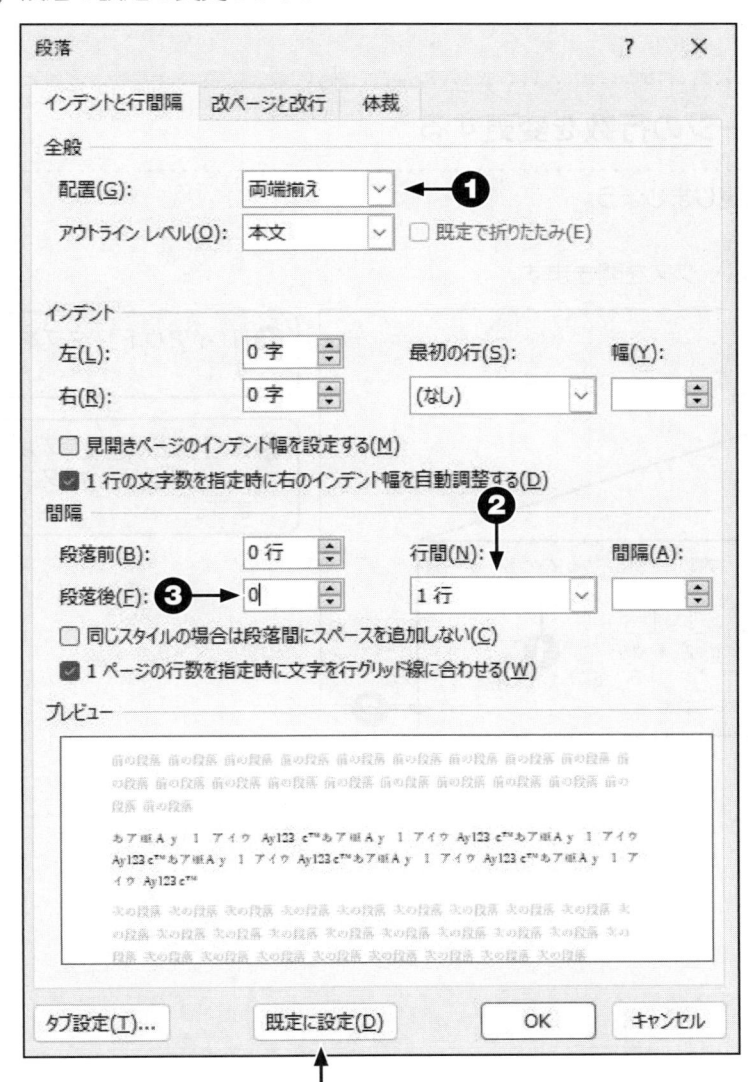

❶[配置] の▼をクリックし [両端揃え] をクリックします。

❷[行間] の▼をクリックし [1行] をクリックします。

❸[段落後] のテキストボックスに「0」と入力します。

❹[既定に設定] をクリックします。

📖 用 語
行間
行の下端から次の行の下端までの間隔のことです。

📖 用 語
段落後
段落の下端から次の段落までの間隔のことです。

💡 ヒント
段落の既定値
環境によっては最初から配置「両端揃え」、行間「1行」、段落後の間隔「0」に設定されている場合があります。

Step 3 現在の文書の既定の段落に設定します。

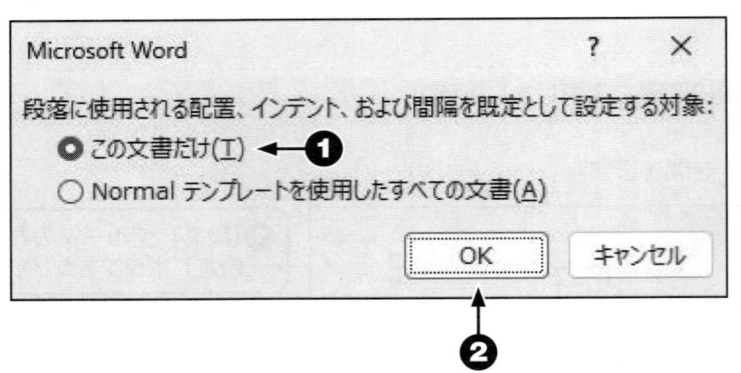

❶ [この文書だけ] をクリックします。

❷ [OK] をクリックします。

💡 ヒント
常に指定した段落の設定値を使用する
[Normalテンプレートを使用したすべての
文書] を選択して [OK] をクリックすると、
以降、新しい文書を作成したときに同様
の設定が適用されます。

ページ設定

[ページ設定] ダイアログボックスには [文字数と行数]、[余白]、[用紙]、[その他] の4つのタブがあり、余白
や用紙サイズを設定できます。1行あたりの文字数や1ページの行数などリボンでは設定できない項目は、
[ページ設定] ダイアログボックスから設定します。

操作 ☞ 1行の文字数と1ページの行数を変更する

1行の文字数を50字に変更しましょう。

Step 1 [ページ設定] ダイアログボックスを開きます。

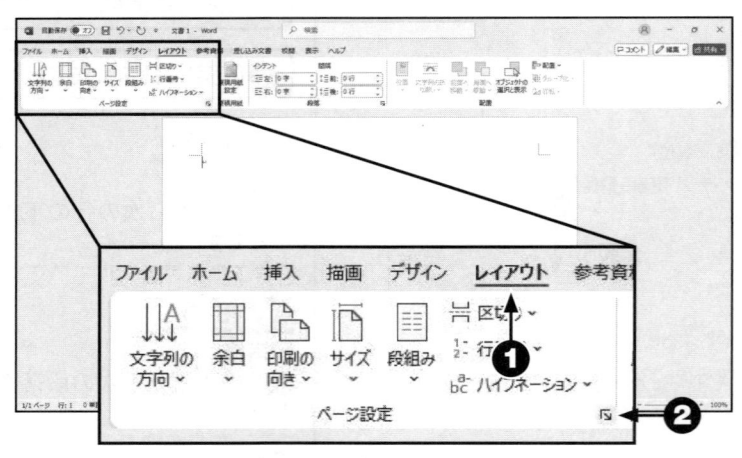

❶ [レイアウト] タブをクリックしま
す。

❷ [ページ設定] グループ右下の
[ページ設定] ボタンをクリックし
ます。

Step 2 1行の文字数を50字に変更します。

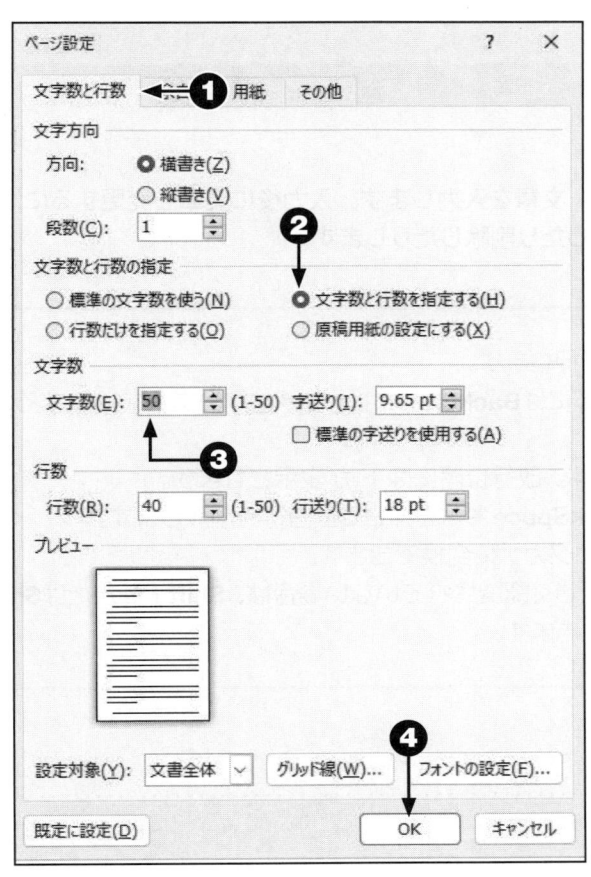

❶[文字数と行数] タブをクリックします。

❷[文字数と行数を指定する] をクリックします。

❸[文字数] ボックスに「50」と表示されるまで、ボックスの右端の▲をクリックします。

❹[OK] をクリックします。

💡 ヒント
[余白]と[文字数]、[行数]の関係について
[ページ設定]ダイアログボックスの[余白]タブで上下の余白サイズを変更すると[行数]が変更され、左右の余白サイズを変更すると、[文字数]が変更されます。

💡 ヒント　**[字送り]と[行送り]について**

[字送り] は文字間のスペースのサイズ（文字の幅＋文字間隔）です。また、[行送り] は行間のスペースのサイズ（文字の高さ＋行間隔）です。[文字数]を変更すると[字送り]が自動的に変更され、[行数]を変更すると[行送り]が自動的に変更されます。

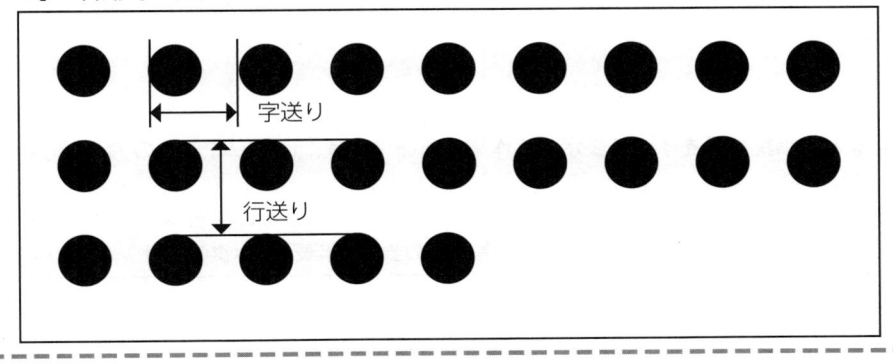

文字の入力

ページレイアウトの設定が終了したら、文章を入力します。入力後に文章を変更するには、対象の箇所にカーソルを移動し、文字を追加したり削除したりします。

- ・空白を入力するには**Space**キーを押します。
- ・カーソルの左側の文字を削除するには**BackSpace**キーを、右側の文字を削除するには**Delete**キーを使用します。
- ・改行するには**Enter**キーを押します。改行位置には ↵ が表示されます。
- ・間違って改行しすぎた場合は**BackSpace**キーを押して空白行を削除します。
- ・文字の入力後、**F7**キーを押すとカタカナに変換できます。
- ・文章の変換時に文節の区切りが正しく認識されていない場合は、**Shift**＋**←**または**Shift**＋**→**キーで区切り位置を変更することができます。

操作👉 文字を入力する

次ページの入力例のとおりに文章を入力しましょう。
- ・空白行の位置と数も入力例に合わせましょう。
- ・英数字はすべて半角で入力します。
- ・「記」と入力して**Enter**キーで改行すると、「記」が自動的に中央に配置されます。さらに、「以上」が自動的に右揃えで入力されます（入力オートフォーマット）。

💡 ヒント **編集記号**

空白やタブ記号などの編集記号をすべて表示して作業したい場合は、［ホーム］タブの［編集記号の表示/非表示］ボタンをクリックします。

［編集記号の表示/非表示］ボタンがオンになっているときには、下のように文書中にスペースやタブ、改ページなどの編集記号も表示されます。本書の画面は［編集記号の表示/非表示］ボタンがオンになっている状態です。

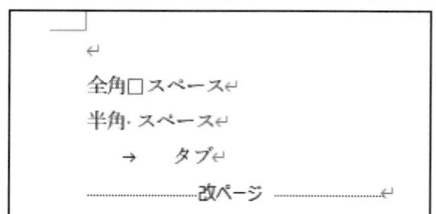

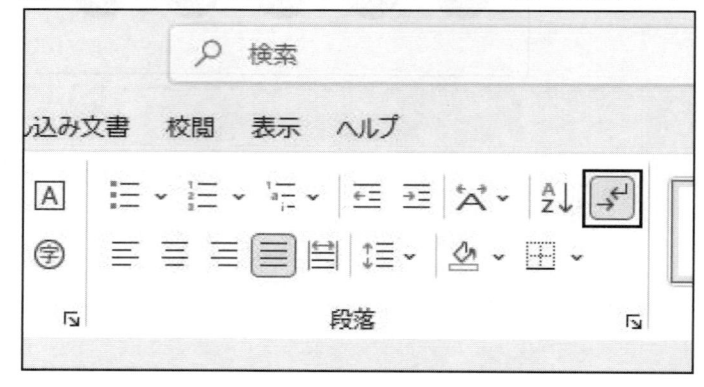

技術教育推進部

2025 年 9 月 1 日

社員各位

Microsoft Word2024

社内セミナー開催のお知らせ

10 月の社内セミナーを以下のとおり実施いたします。

新機能のご紹介や使用方法、仕事に役立つ技やショートカットなどを実習するセミナーを企画いたしました。

受講を希望するかたは、下記の申込用紙にご記入の上、9 月 20 日までに技術教育推進部に提出してください。皆様のご参加をお待ちしております。

記

開催日程：第 1 回□ 10 月 7 日（火）、第 2 回□ 10 月 14 日（火）

時間：10：00-17：00

問い合わせ先：技術教育推進部□（内線□ 4567）

以上

申し込み用紙

会場：本社パソコン研修室

＜今後開催予定のセミナー＞

今後、下記の社内セミナーを予定しております。ご興味のあるものに〇をつけてください。

2 月・Microsoft Excel2024 新機能・Microsoft PowerPoint2024 新機能

3 月・Windows11・ビジネスマナー

1 月・ビジネス英会話・プロジェクトマネジメント

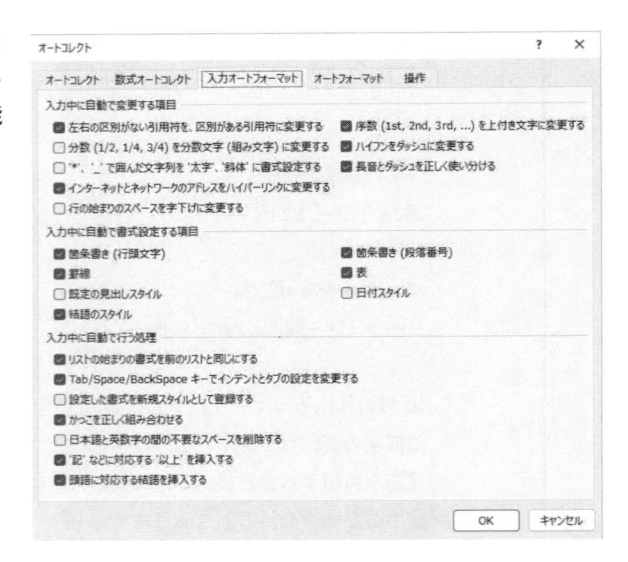

🔆 ヒント 入力オートフォーマット

文章入力時に書式が自動的に設定されることがあります。これは、効率よく文書を作成するための「入力オートフォーマット」機能が働いているためです。この機能の設定は、次の手順で行います。

1. [ファイル] タブをクリックします。
2. [その他] をクリックします。
3. [オプション] をクリックします。
4. [Wordのオプション] ダイアログボックスのカテゴリー覧から [文章校正] をクリックします。
5. [オートコレクトのオプション] をクリックします。
6. [入力オートフォーマット] タブをクリックして利用したい項目のチェックボックスをオンにします。

■ 入力中に自動で変更される主な項目

項目	操作	結果
左右の区別がない引用符を、区別がある引用符に変更する	シングルクォーテーション（'）またはダブルクォーテオション（"）を入力する。	' '、" "のように、左右で異なる形のクォーテーションに変換される。
ハイフンをダッシュに変更する	文字列を入力し、ハイフン（-）を2つ入力後、続けて文字列を入力する。	ハイフン（--）がダッシュ（—）に変換される。
インターネットとネットワークのアドレスをハイパーリンクに変更する	インターネットアドレスやネットワークアドレスを入力する。	ハイパーリンクが設定される。

■ 入力中に自動で書式が設定される主な項目

項目	操作	結果
箇条書き（行頭文字）	*（アスタリスク）、-（半角のハイフン）、>（大なり記号）の後にスペースまたはタブを挿入し、続けて文字列を入力して改行する。続けて2行目を入力する。	●、-、➢などの行頭文字が付いた箇条書きになる。
箇条書き（段落記号）	数字の後に．（ピリオド）、）（閉じるかっこ）、>（大なり記号）を入力し、続けて文字列を入力して改行する。続けて2行目を入力する。	1、1）、1>などの段落記号が付いた箇条書きになる。

■ 入力中に自動で行われる主な処理

項目	操作	結果
かっこを正しく組み合わせる	（、「、｛を入力する。	誤った組み合わせのかっこを入力しても、対応する正しい組み合わせのかっこ、）、」、｝が挿入される。
'記' などに対応する '以上' を挿入する	'記' と入力して改行する。	「記」は中央揃えに配置され、対応する「以上」が右揃えで挿入される。
頭語に対する結語を挿入する	「拝啓」、「前略」などの頭語を入力して改行する。	「敬具」、「早々」などの結語が入力される。

カーソルを移動して文字を入力する

後から文字を入力したい場合は、入力したい場所にカーソルを移動してから入力します。ここでは、9行目の「申込用紙に」の後に「必要事項を」と入力しましょう。

Step 1 文字を入力する位置にカーソルを移動します。

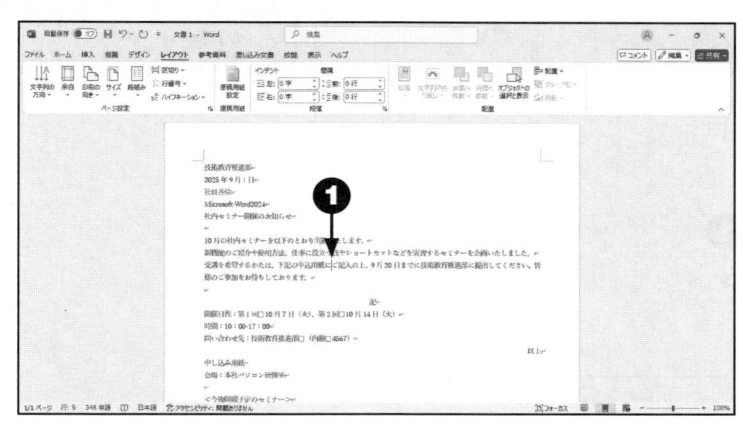

❶9行目の「申込用紙に」の右側をクリックします。

Step 2 文字を入力します。

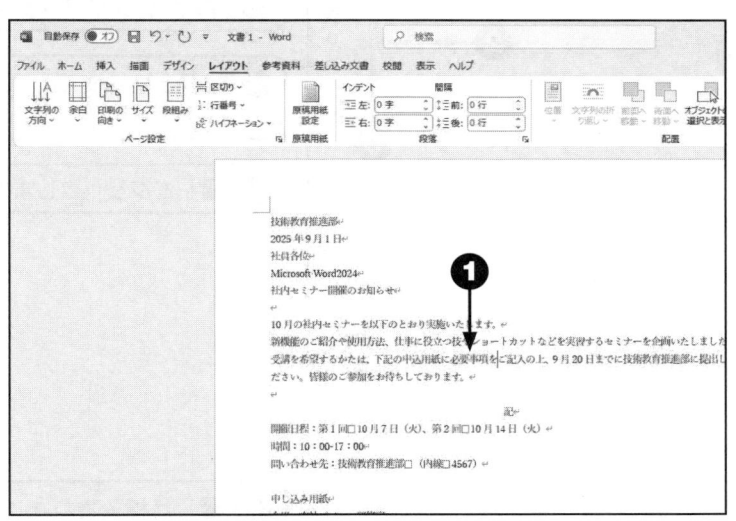

❶「必要事項を」と入力します。

操作☞ 記号を入力する

15行目の「内線」の右側に、記号「☎」を入力しましょう。

Step 1 記号を入力する位置にカーソルを移動します。

❶15行目の「内線」の右側をクリックします。

Step 2 記号を挿入します。

❶[挿入] タブをクリックします。

❷[記号と特殊文字] ボタンをクリックします。

❸「☎」をクリックします。

Step 3 記号「☎」が挿入されます。

社内セミナー開催のお知らせ↵

↵

10月の社内セミナーを以下のとおり実施いたします。↵
新機能のご紹介や使用方法、仕事に役立つ技やショートカットなどを実習するセ
受講を希望するかたは、下記の申込用紙に必要事項をご記入の上、9月20日まで
ださい。皆様のご参加をお待ちしております。↵

↵

　　　　　　　　　　　　　　　　　　　　　　　　　　記↵

開催日程：第1回□10月7日（火）、第2回□10月14日（火）↵
時間：10：00-17：00↵
問い合わせ先：技術教育推進部□（内線☎□4567）↵

申し込み用紙↵

❶「☎」が挿入されたことを確認します。

⚠ 重 要

読みから記号に変換
記号には読みを入力して変換できるものがあります。「かっこ、まる、さんかく、しかく、やじるし、から、こめ、でんわ、ゆうびん、ほし」などのほか、単位や演算の記号も読みから変換できます。ただし、[挿入] タブの [記号と特殊文字] ボタンから挿入したときと異なるフォントの記号になり、サイズや形が異なる場合もあります。

操作 👉 IMEパッドで漢字を入力する

漢字を入力するときは読み方を基本に入力していきますが、読みがわからない漢字を入力するときには IMEパッドを利用して手書きで入力できます。ここでは、15行目の「技術教育推進部」の後に「椛山」と入力してみましょう。

Step 1 文字を入力する位置にカーソルを移動し、入力モードを右クリックします。

❶ 15行目の「技術教育推進部」の後のスペースの右側をクリックします。

❷ タスクバーの［入力モード］アイコンを右クリックします。

Step 2 IMEパッドを起動します。

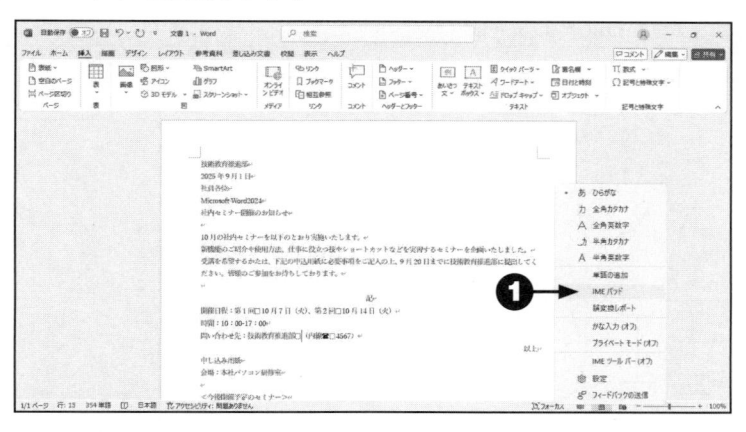

❶ 表示されたメニューの［IMEパッド］をクリックします。

Step 3 「椛」と入力します。

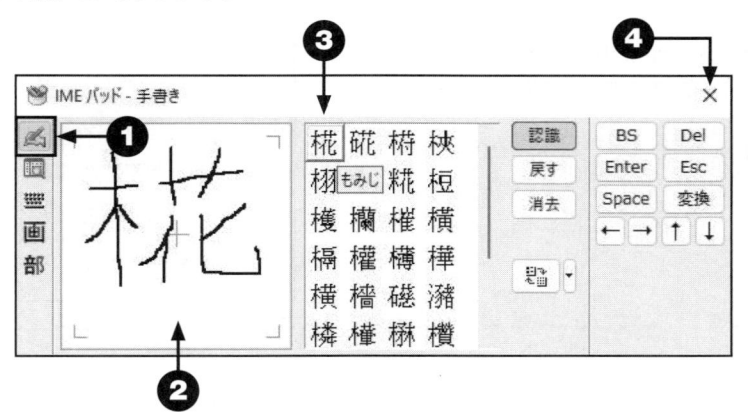

❶ ［手書き］がオンになっていることを確認します。

❷ IMEパッド上をマウスでドラックして「椛」と書きます。

❸ IMEパッドの右のウィンドウから「椛」をクリックします。

❹ IMEパッドの閉じるボタンをクリックします。

Step 4 「椛」が入力されたことを確認し、続けて「山」と入力します。

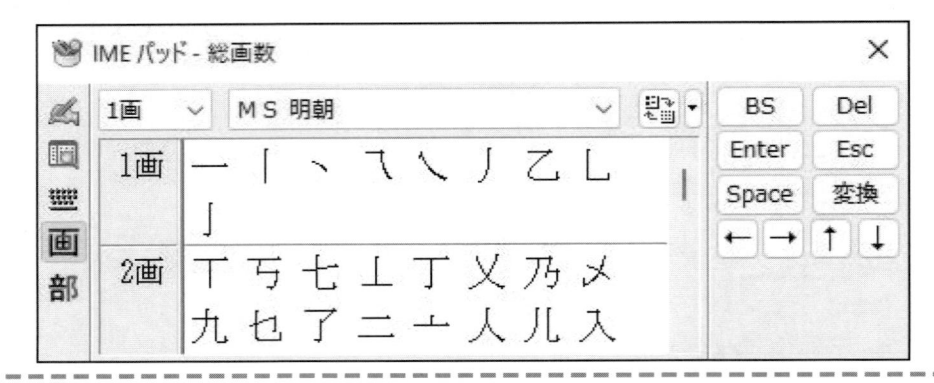

社員各位↵
Microsoft Word2024↵
社内セミナー開催のお知らせ↵

10月の社内セミナーを以下のとおり実施いたします。↵
新機能のご紹介や使用方法、仕事に役立つ技やショートカットなどを実習する↵
受講を希望するかたは、下記の申込用紙に必要事項をご記入の上、9月20日ま↵
ださい。皆様のご参加をお待ちしております。↵
↵
　　　　　　　　　　　　　　　　　　　　　記↵

開催日程：第1回□10月7日（火）、第2回□10月14日（火）↵
時間：10：00-17：00↵
問い合わせ先：技術教育推進部□椛山（内線☎□4567）↵

申し込み用紙↵

💡 ヒント　IMEパッドの機能

IMEパッドでは次の5種類の方法で読めない漢字を入力することができます。

手書き	マウスでドラックして入力したい漢字を書き、候補の中から選択する。
文字一覧	文字コードから選択する。
ソフトキーボード	表示されたキーボードをマウスでクリックして文字入力する。
総画数	漢字の画数から選択する。
部首	漢字の部首から選択する。

💡 ヒント　郵便番号を住所に変換

郵便番号を「×××-××××」形式で入力して変換すると、変換候補に住所が表示され、入力した郵便番号を住所に変換することができます。

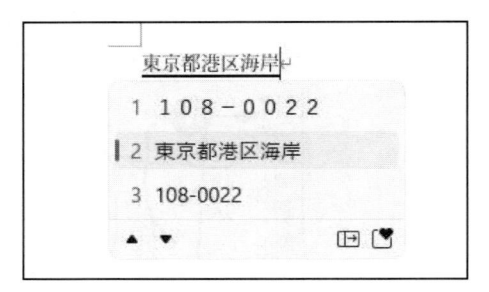

文書の保存と発行

ここでは、Wordで作成した文書をファイルとして保存する方法について学習します。

■ 名前を付けて保存
新しく作成した文書に名前を付けて保存する場合や、既存の文書に別の名前を付けて新しいファイルとして保存する場合に使用します。

■ 上書き保存
既存の文書への変更を保存して、文書を最新の状態に更新します。新しく作成した文書でこのコマンドを使用すると [名前を付けて保存] 画面が表示されます。

ここでは、[名前を付けて保存] コマンドで文書を保存する方法を学習します。

文書の保存

作成した文書は、ファイルとしてディスクに保存します。保存せずに文書を閉じると、作成した文書は消えてしまいますので注意しましょう。

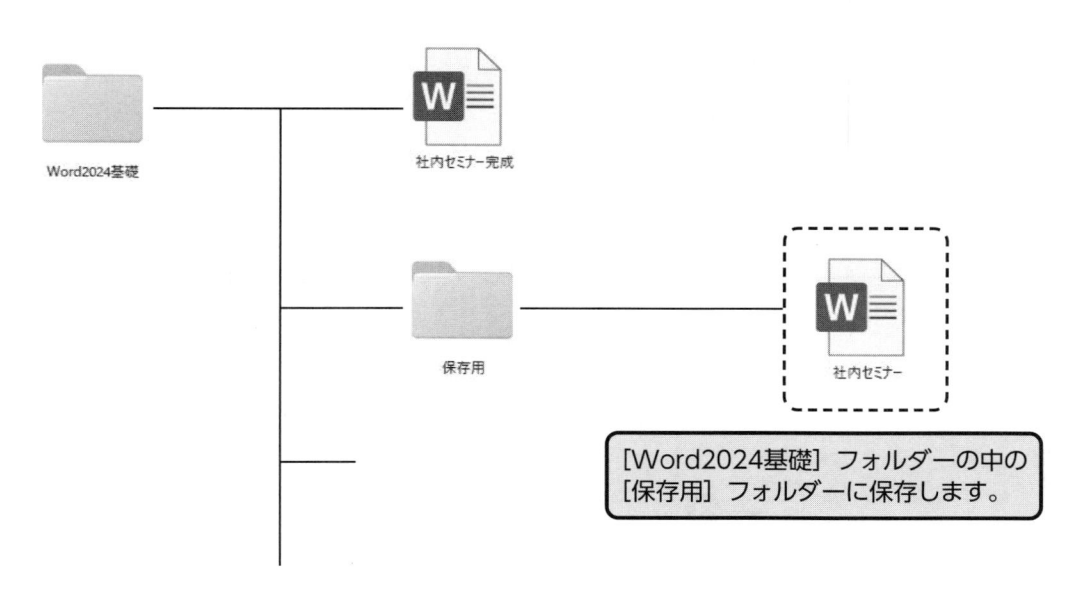

> [Word2024基礎] フォルダーの中の
> [保存用] フォルダーに保存します。

🔅 ヒント　ファイル名の付け方
ファイルにはファイルの内容を示すようなわかりやすい名前を付けましょう。なお、ファイル名には半角の/ (スラッシュ)、* (アスタリスク)、¦ (縦棒)、¥ (円記号)、? (疑問符)、: (コロン)、<> (不等号)、" (ダブルクォーテーション) は使用できません。

操作👉 文書に名前を付けて保存する

編集した文書に「社内セミナー」という名前を付けて保存しましょう。

Step 1 [名前を付けて保存] 画面を表示します。

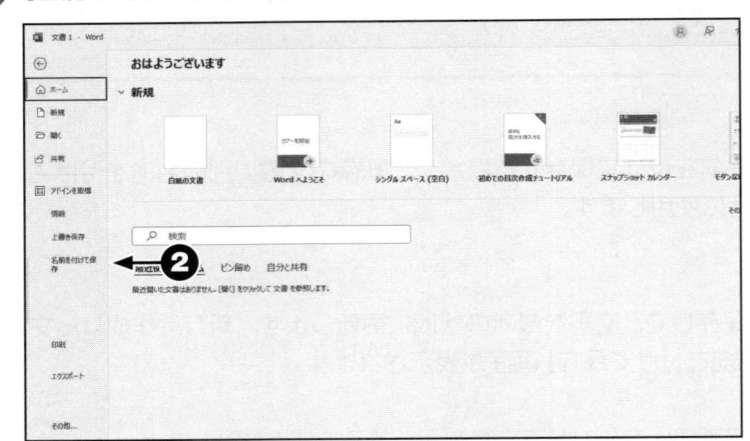

❶[ファイル] タブをクリックします。

❷[名前を付けて保存] をクリックします。

Step 2 [ドキュメント] フォルダーを開きます。

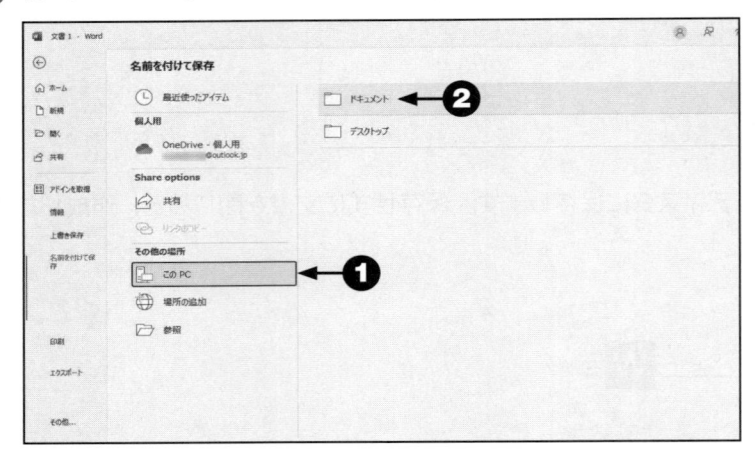

❶[このPC] をクリックします。

❷[ドキュメント] をクリックします。

Step 3 [保存用] フォルダーを開きます。

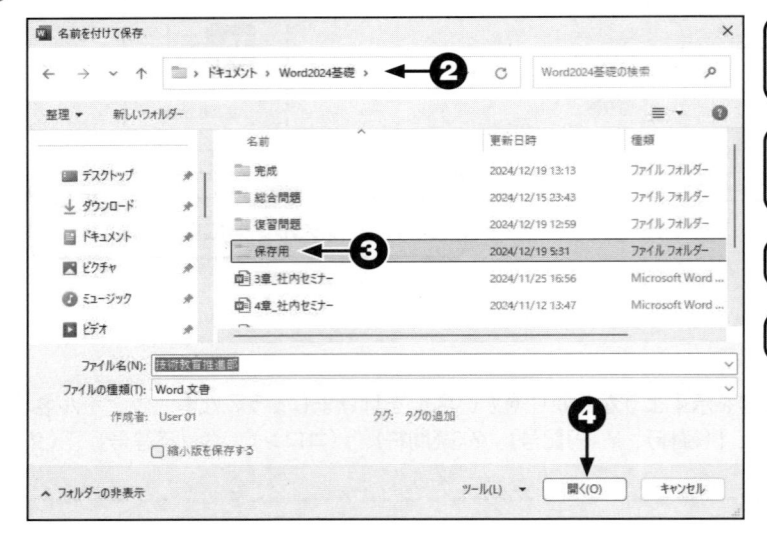

❶[Word2024基礎] をクリックして [開く] をクリックします。

❷「Word2024基礎」と表示されていることを確認します。

❸[保存用] をクリックします。

❹[開く] をクリックします。

Step 4 ファイル名を指定します。

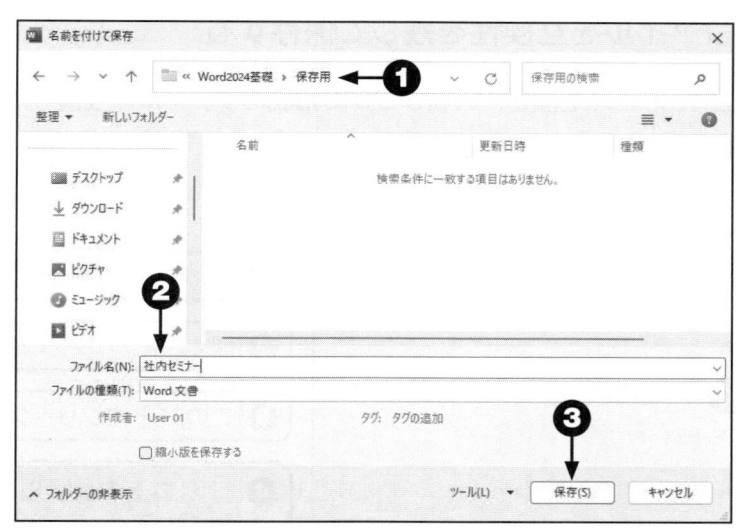

① 「Word2024基礎＞保存用」と表示されていることを確認します。

② [ファイル名] ボックスに「社内セミナー」と入力します。

③ [保存] をクリックします。

Step 5 ファイルが保存されます。

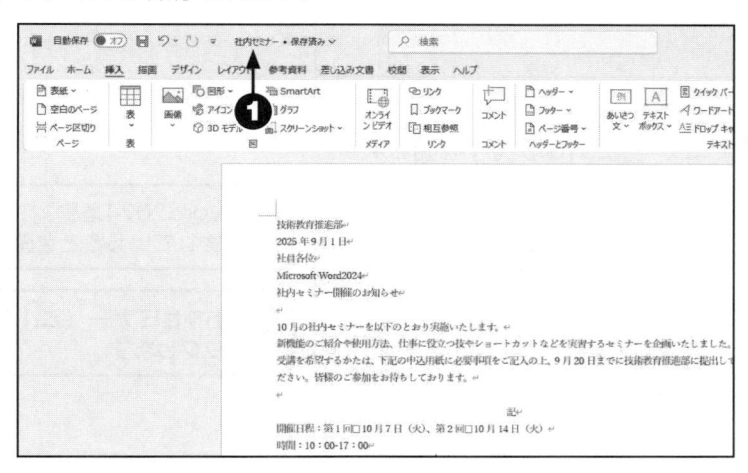

① タイトルバーに「社内セミナー」と表示されていることを確認します。

❗ 重 要

上書き保存
上書き保存では、間違って上書きすると保存を取り消すことができないので注意が必要です。

💡 ヒント　拡張子について

ファイルには、指定したファイル名にファイルの種類を識別するために半角文字の拡張子が付けられます。Word 2024文書の拡張子は、「.docx」です。拡張子は保存時に自動的に付けられるので入力する必要はありません。ただし、拡張子はWindowsの初期設定で表示されないようになっているため、通常はアイコンの形でWordのファイルを識別します。

互換性を残して保存

Word 2007からXMLベースのファイル形式が導入され、通常は拡張子「.docx」で保存されます。同じ拡張子でもWord 2007/2010のファイル形式とWord 2013/2016/2019/2021/2024のファイル形式は異なるため、Word 2007/2010で作成したファイルをWord 2024で開いて保存するときには [以前のバージョンのWordと互換性を保持する] チェックボックスをオンにして保存します。この場合の拡張子も「.docx」になりますが、Word 2007/2010に対応したファイル形式で保存されます。Word 2013/2016/2019/2021/2024形式で作成された文書を保存するときには [以前のバージョンのWordと互換性を保持する] チェックボックスは表示されません。

ファイル「社内セミナー (2010形式)」を開き、Word 2010形式のファイルの互換を残して保存しましょう。

Step 1 [開く] 画面を表示します。

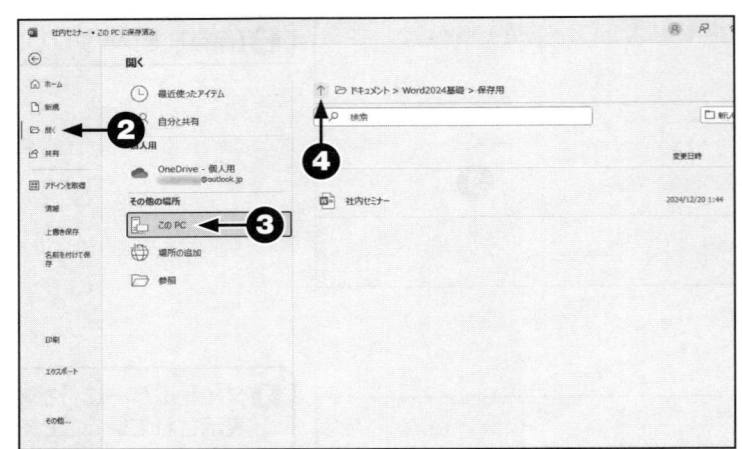

❶ [ファイル] タブをクリックします。

❷ [開く] をクリックします。

❸ [このPC] をクリックします。

❹ ↑ (1つ上のレベルに移動) をクリックします。

Step 2 Word 2010形式の「社内セミナー (2010形式)」を開きます。

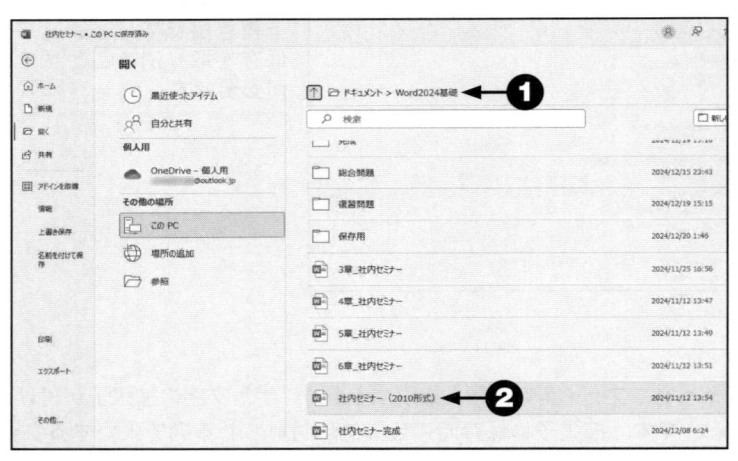

❶ [Word2024基礎] フォルダーと表示されていることを確認します。

❷ 「社内セミナー (2010形式)」をクリックします。

Step 3 Word 2010形式のファイルが開いたことを確認します。

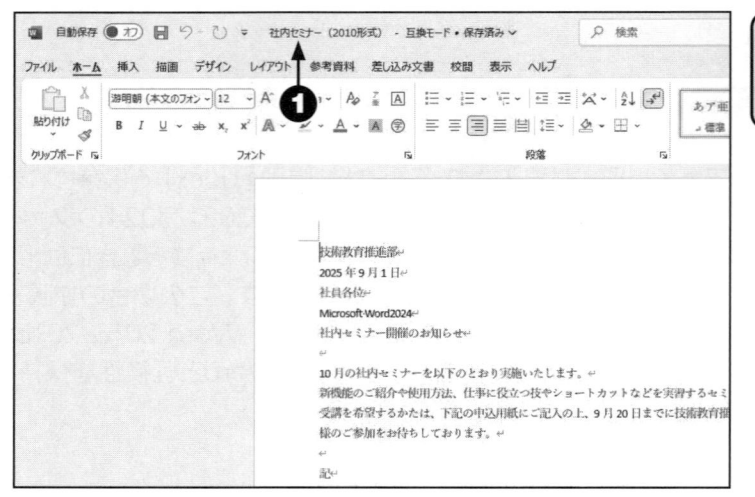

❶ タイトルバーに「社内セミナー (2010形式) -互換モード」と表示されていることを確認します。

Step 4 [Word2024基礎] フォルダーを開きます。

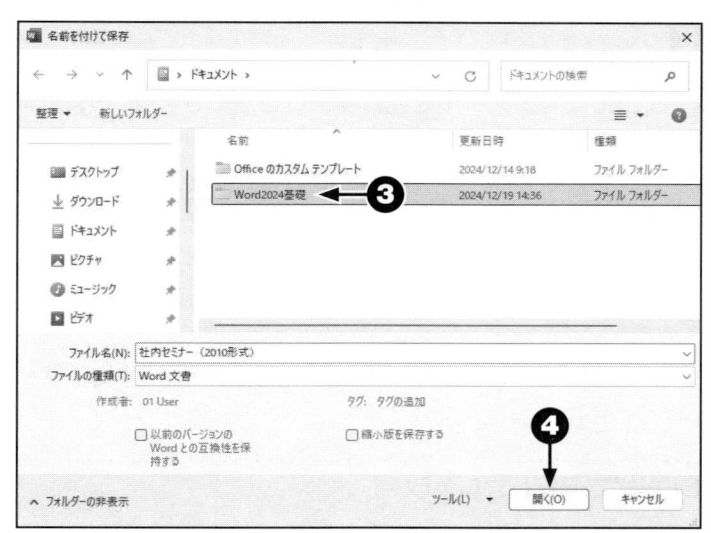

❶[ファイル] タブをクリックし、[名前を付けて保存] をクリックします。

❷[ドキュメント] をクリックします。

❸[Word2024基礎] をクリックします。

❹[開く] をクリックします。

💡 **ヒント**

最近使ったフォルダー
この前の操作で [保存用] フォルダーに文書を保存したため、一覧に [保存用] フォルダーが表示されます。ここをクリックして [名前を付けて保存] ダイアログボックスを [保存用] フォルダーが開いた状態で開くこともできます。

Step 5 互換性を残したまま [保存用] フォルダーに保存します。

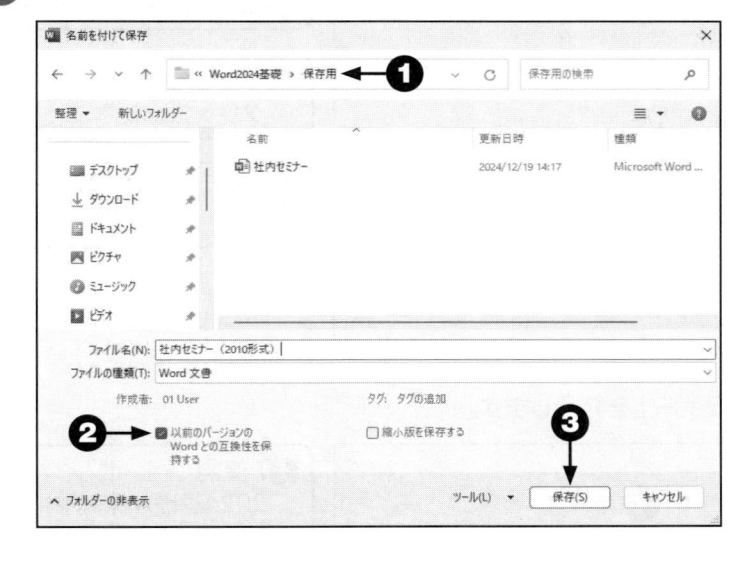

❶[保存用] フォルダーを開きます。

❷[以前のバージョンのWordとの互換性を保持する] チェックボックスをクリックしてオンにします。

❸[保存] をクリックします。

Step6 タイトルバーに [互換モード] と表示されていることを確認し、ファイル「社内セミナー (2010形式)」を閉じます。

💡 **ヒント** **互換性チェックについて**

[ファイル] タブの [情報] の [問題のチェック] をクリックして [互換性チェック] をクリックすると、[Microsoft Word互換性チェック] ダイアログボックスが表示されます。
[文書を保存するときに互換性を確認する] チェックボックスをオンにすると、文書ファイルを保存する際に、Wordの以前のバージョンの形式でサポートされていない要素や動作が異なる要素が含まれていないかどうかが確認されます。

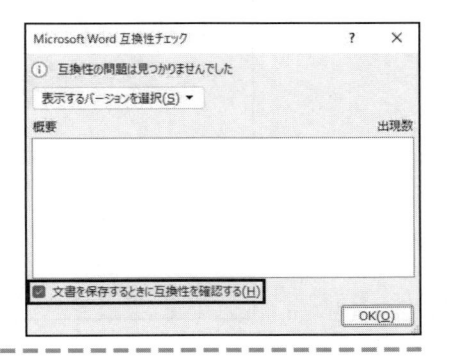

PDFファイルとして発行

Word 2024では、PDFやXPSのファイル形式でファイルを発行することができます。Wordのファイル形式で保存した文書はWord文書を開くことができるアプリケーションがインストールされていないと表示できず、また異なるオペレーティングシステムや異なるバージョンのWordで表示した場合にレイアウトが崩れる場合があります。PDF形式で発行したドキュメントは広く普及している「Adobe Reader」やその他のPDF閲覧ソフトウェアがインストールされていれば、異なるオペレーティングシステムでも同じ状態で表示したり印刷したりすることができます。また、Windows 11の標準の「Microsoft Edge」で閲覧することもできます。

操作👉 PDF形式で発行する

ファイル「社内セミナー」をPDF形式で発行しましょう。

Step 1 [PDFまたはXPS形式で発行] ダイアログボックスを開きます。

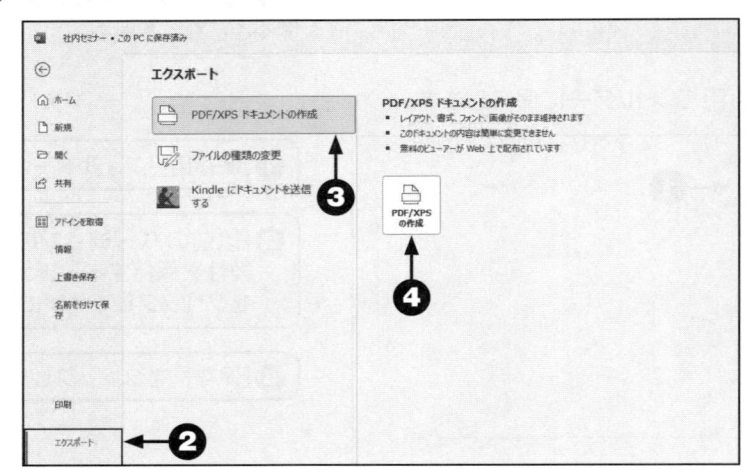

❶[ファイル] タブをクリックします。

❷[エクスポート] をクリックします。

❸[PDF/XPSドキュメントの作成] をクリックします。

❹[PDF/XPSの作成] をクリックします。

Step 2 PDF形式でファイル「社内セミナー」を発行します。

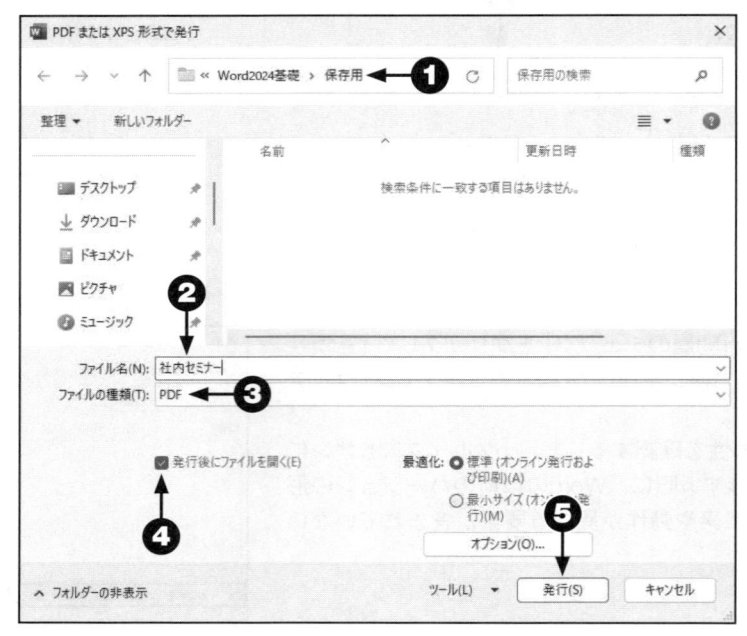

❶[保存先] ボックスに「Word 2024基礎＞保存用」と表示されていることを確認します。

❷[ファイル名] ボックスに「社内セミナー」と表示されていることを確認します。

❸[ファイルの種類] ボックスに「PDF」と表示されていることを確認します。

❹[発行後にファイルを開く] がオンになっていることを確認します。

❺[発行] をクリックします。

Step 3 PDFファイルを確認して閉じます。

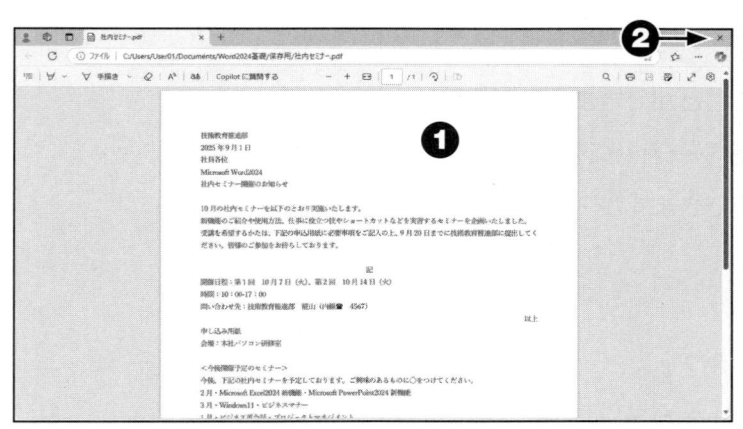

❶PDFファイル「社内セミナー」が開いたことを確認します。

❷画面の右上の［閉じる］をクリックします。

💡 ヒント

発行後にファイルを開く

［PDFまたはXPS形式で発行］ダイアログボックスの［発行後にファイルを開く］チェックボックスをオフにして発行した場合は、保存後にMicrosoft Edgeは起動されません。

Step 4 元のWord文書「社内セミナー」が表示されたことを確認します。

💡 ヒント **［名前を付けて保存］ダイアログボックスで保存**

［ファイル］タブの［名前を付けて保存］をクリックし、［名前を付けて保存］ダイアログボックスの［ファイルの種類］ボックスで「PDF」を選択すると、ファイルをPDF形式で保存することができます。

💡 ヒント **PDF形式とXPS形式**

「XPS」はマイクロソフト社が開発した電子文書のファイル形式で、XPSビューアーと呼ばれるソフトウェアを利用すれば、環境に依存せずファイルの表示が可能です。また、Windows Vista以降のオペレーティングシステムではそのまま表示することができます。拡張子は「.xps」です。

「PDF」はアドビシステムズ社が開発した電子文書のファイル形式で、さまざまな機器や環境で同じように表示することができます。たとえば、広く普及している「Adobe Reader」や「Microsoft Edge」などで開くことができます。

💡 ヒント **PDFの編集**

Word 2024ではPDFファイルを開いて閲覧や編集ができます。Wordの［ファイル］タブの［開く］からPDFファイルを開きます。ただし、元のPDFファイルとまったく同じ表示にはならない場合があります。

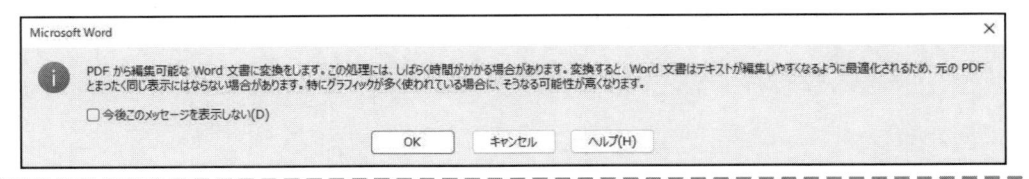

📶 この章の確認

- ☐ 新しい文書ウィンドウを開くことができますか？
- ☐ 用紙サイズや余白サイズなどページレイアウトの設定を変更できますか？
- ☐ ページの行数と文字数を設定できますか？
- ☐ 文章を入力できますか？
- ☐ 文字や記号を挿入できますか？
- ☐ 手書きで漢字を入力できますか？
- ☐ 文書に名前を付けて保存できますか？
- ☐ PDF/XPS形式でファイルを保存できますか？

復習問題 問題 2-1

文書に余白を設定し、文字や記号を挿入しましょう。

1. [Word2024基礎] フォルダーの中の [復習問題] フォルダーから、ファイル「復習2-1　歓迎会」を開きましょう。

2. 上下の余白を20mmに設定しましょう。

3. 文字数を44に設定しましょう。

4. 9行目の「本田」の後に「(内線　4587)」と入力しましょう。

5. 14行目の「03-1234-5678」の前に「☎」を挿入しましょう。

6. [Word2024基礎] フォルダーの中の [保存用] フォルダーに、「復習2-1　歓迎会」という名前でファイルを保存しましょう。

7. ファイル「復習2-1　歓迎会」を閉じましょう。

完成例

2025 年 10 月 3 日↵
関係者各位↵
総務部□本田↵
↵
歓迎会のお知らせ↵
↵
10 月の人事異動で、3 名が総務部に異動してきました。新しい仲間との親交を深めるため、下記のように歓迎会を開催したいと存じます。↵
つきましては、下記フォームにご記入いただき 10 月 10 日（金）までに、本田（内線□4587）にご提出いただきたくお願いします。↵
↵

記↵

場所居酒屋「いっぺい」（みさき銀行となりのビル□1 階）↵
TEL☎03-1234-5678↵
参加費 5,000 円↵
日時 2022 年 10 月 17 日（金）↵
↵

以上↵

↵
＜10 月に異動してきた方々＞↵
吉田秀雄（新潟支社より異動）↵
斉藤明人（大阪支社より異動）↵
森崎一郎（名古屋支社より異動）↵
↵
切り取り線↵
↵
氏名↵
参加・不参加↵

 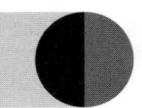

文書の用紙サイズを確認し、文字や記号を挿入しましょう。

1.　［Word2024基礎］フォルダーの中の［復習問題］フォルダーから、ファイル「復習2-2　社員旅行」を開きましょう。

2.　開いた文書の用紙サイズを確認しましょう。

3.　8行目の「ご参加ください」の前に「是非とも」と入力しましょう。

4.　12行目の「箱根レイクサイド」の前に「♨」を挿入しましょう。

5.　［Word2024基礎］フォルダーの中の［保存用］フォルダーに、「復習2-2　社員旅行」という名前でファイルを保存しましょう。

6.　［Word2024基礎］フォルダーの中の［保存用］フォルダーに、「復習2-2　社員旅行（PDF形式）」という名前で、PDF形式でファイルを保存しましょう。保存したファイルをMicrosoft　Edgeで確認し、Microsoft Edgeを閉じましょう。

7.　ファイル「復習2-2　社員旅行」を閉じましょう。

完成例

福利厚生課

2025 年 10 月 3 日

社員各位

社員旅行のご案内

今年も恒例の社員旅行の時期となりました。下記の通り社員旅行を実施いたします。今年は、現地集合とバスの参加が選べます。皆さま、是非ともご参加ください。

日程

日時：2025 年 11 月 15 日（土）～16 日（日）

宿泊先：箱根レイクサイド・ビレッジホテル（TEL☎□0120-2222-3333）

担当者：三枝（福利厚生課□内線□1234）

料金および集合時間

参加申込書

第3章

文書の編集

- 文書編集の流れ
- 範囲選択
- 移動とコピー
- 文字の書式設定
- 段落の書式設定
- 段落の並べ替え

文書編集の流れ

文字入力が終わったら、見やすくなるように文書のレイアウトを変えたり、文字のフォントを変更したりします。この章ではさまざまな文書の編集方法を学習します。

文字のコピー、書式設定、配置の設定、箇条書きの設定などを行い、文章を見やすくします。

■ 完成例

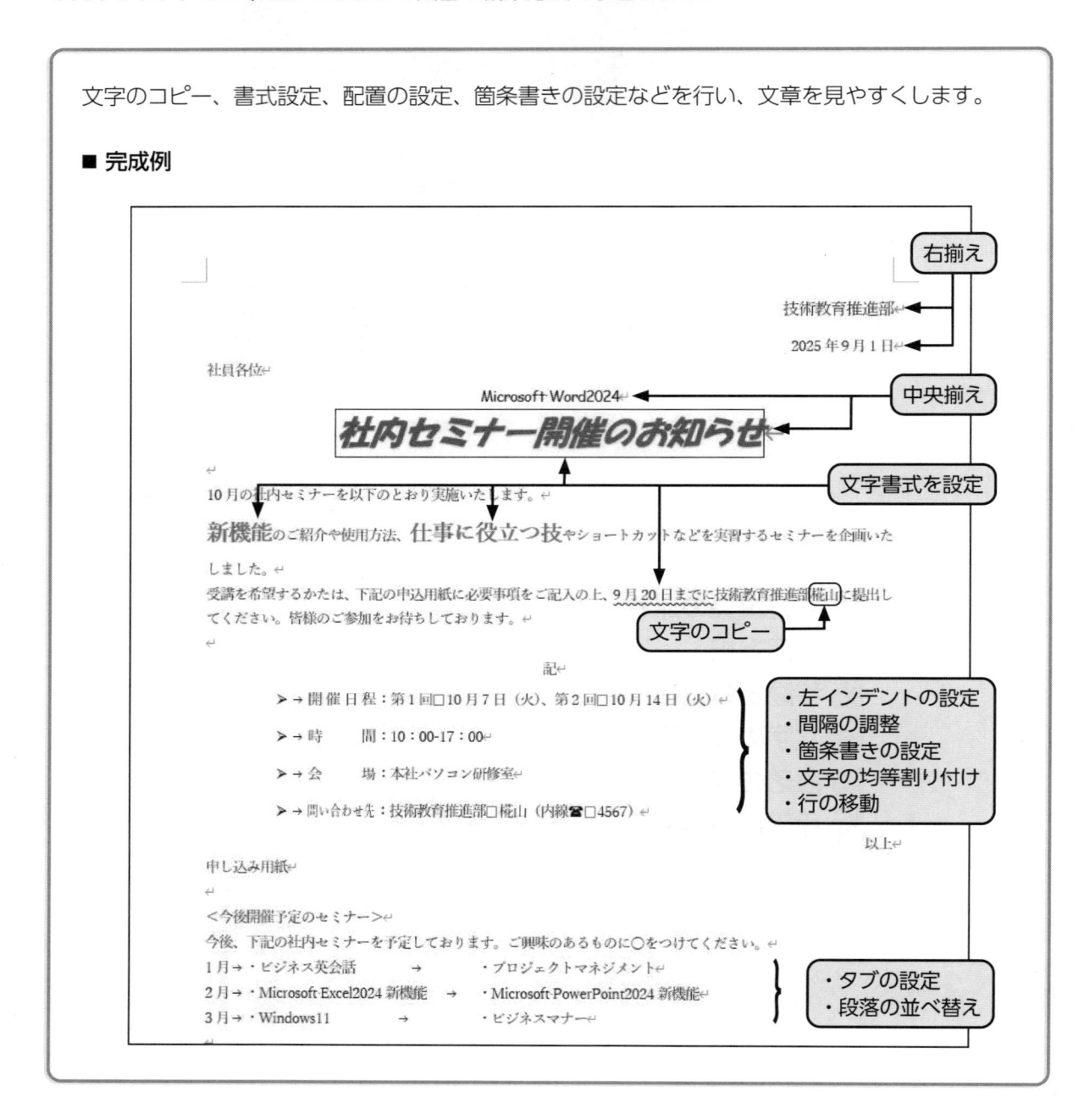

範囲選択

文書の編集作業を行うには、編集したい文字や行、段落をあらかじめ範囲選択してからコマンドを実行します。ここでは、編集する範囲を文字単位、行単位で選択する方法を学習します。

文章の構成単位には文字、行、段落があり、文章を編集する際には編集の対象になる部分を範囲選択してからボタンやメニューを選択します。

操作 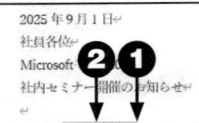 **文字単位で選択する**

··

7行目の「社内セミナー」を選択し、選択を解除しましょう。

Step 1 ［保存用］フォルダーにある文書「社内セミナー」を開きます。本章から学習を開始する場合は、［Word2024基礎］フォルダーにある文書「3章_社内セミナー」を開きます。

Step 2 選択したい文字列の左側をポイントします。

> 2025 年 9 月 1 日↵
> 社員各位↵
> Microsoft Word2024↵
> 社内セミナー開催のお知らせ↵ ──❶
>
> 10 月の社内セミナーを以下のとおり実施いたします。↵
> 新機能のご紹介や使用方法、仕事に役立つ技やショートカットなどを実習するセミナーを企画いたしました。↵
> 受講を希望するかたは、下記の申込用紙にご記入の上、9 月 20 日までに技術教育推進部に提出してください。皆様のご参加をお待ちしております。↵
> ↵
> 記↵

❶「社内セミナー」の左側をポイントします。

❷マウスポインターの形状が I になっていることを確認します。

Step 3 文字を選択します。

> 2025 年 9 月 1 日↵
> 社員各位↵
> Microsoft　❷ ❶
> 社内セミナー開催のお知らせ↵
>
> 10 月の社内セミナーを以下のとおり実施いたします。↵
> 新機能のご紹介や使用方法、仕事に役立つ技やショートカットなどを実習するセミナーを企画いたしました。↵
> 受講を希望するかたは、下記の申込用紙に必要事項をご記入の上、9 月 20 日までに技術教育推進部に提出してください。皆様のご参加をお待ちしております。↵
> ↵
> 記↵

❶右方向へドラッグします。

❷「社内セミナー」の文字が灰色にハイライトされ、文字が選択されます。

💡 **ヒント**

離れた範囲の同時選択

離れた範囲を同時に選択する場合は、最初の範囲を選択した後、**Ctrl**キーを押しながら次の範囲を選択します。

Step 4 文字の選択を解除します。

> 2025 年 9 月 1 日↵
> 社員各位↵
> Microsoft Word2024↵
> 社内セミナー開催のお知らせ↵ I
>   ❶
> 10 月の社内セミナーを以下のとおり実施いたします。↵
> 新機能のご紹介や使用方法、仕事に役立つ技やショートカットなどを実習するセミナーを企画いたしました。↵
> 受講を希望するかたは、下記の申込用紙に必要事項をご記入の上、9 月 20 日までに技術教育推進部に提出してください。皆様のご参加をお待ちしております。↵
> ↵
> 記↵

❶選択された範囲外の場所をポイントします。

❷マウスポインターの形状が I になっていることを確認します。

❸ポイントしている位置をクリックします。

Step 5 文字の選択が解除されます。

> 2025 年 9 月 1 日↵
> 社員各位↵
> Microsoft Word2024↵
> 社内セミナー開催のお知らせ↵
>
> 10 月の社内セミナーを以下のとおり実施いたします。↵
> 新機能のご紹介や使用方法、仕事に役立つ技やショートカットなどを実習するセミナーを企画いたしました。↵
> 受講を希望するかたは、下記の申込用紙に必要事項をご記入の上、9 月 20 日までに技術教育推進部に提出してください。皆様のご参加をお待ちしております。↵
> ↵
> 記↵

💡 **ヒント**

範囲選択時の注意事項

範囲選択した部分をマウスでドラッグアンドドロップしてしまうと、選択した部分が移動されるので注意しましょう。

操作 📍 **行単位で範囲を選択する**

8行目を選択して選択を解除し、8 ～ 10行目を選択しましょう。

Step 1 選択したい行の左余白をポイントします。

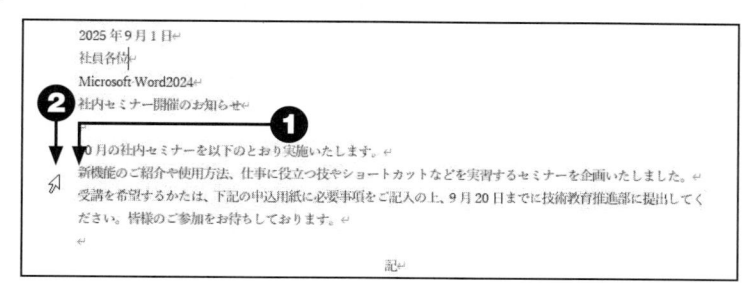

❶8行目の「新機能のご紹介や使用方法、」の左余白をポイントします。

❷マウスポインターの形状が ⤢ に変わったことを確認します。

Step 2 行を選択します。

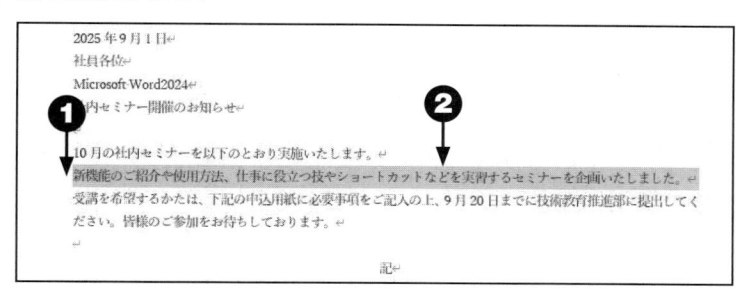

❶ポイントしている位置をクリックします。

❷8行目が灰色にハイライトされ、行が選択されます。

Step 3 選択された範囲以外の場所をクリックし、行が選択されている状態を解除します。

Step 4 選択したい最初の行 (8行目) の左余白をポイントします。

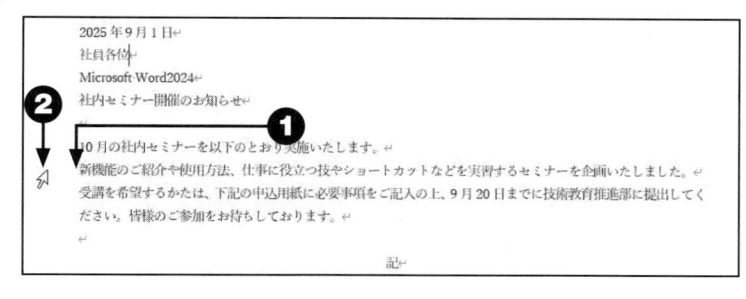

❶8行目の「新機能のご紹介や使用方法、」の左余白をポイントします。

❷マウスポインターの形状が ⤢ に変わったことを確認します。

Step 5 複数行を選択します。

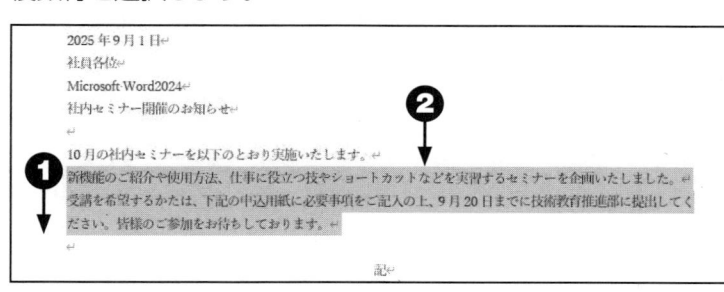

❶ポイントしている位置から下方向に10行目までドラッグします。

❷8～10行目が灰色にハイライトされ、複数の行が選択されます。

Step 6 選択された範囲以外の場所をクリックし、行が選択されている状態を解除します。

移動とコピー

文章の入力後に文字列や文章の順序を入れ替えるには、対象の範囲を「移動」します。また、同じような文章を再入力せずに効率よく文書を作成するには、対象の範囲を「コピー」して利用すると便利です。ここでは、文字列や文章の「移動」と「コピー」の方法を学習します。

文字列や文章の移動やコピーをするには、[ホーム] タブの [切り取り] ボタン、[コピー] ボタン、[貼り付け] ボタンを使用します。

❷ 切り取り
[切り取り] ボタンをクリックして選択した文字や文章をクリップボードに切り取ります。選択されていた範囲の文字や文章は消去されます。

[切り取り] ボタン

❶ 範囲選択
移動またはコピーしたい文字や文章を選択します。

コピー
[コピー] ボタンをクリックして選択した文字や文章をクリップボードにコピーします。選択されていた範囲の文字や文章はそのまま残ります。

[コピー] ボタン

❸ [貼り付け]
[貼り付け] ボタンをクリックしてクリップボードに保管された文字や文章をカーソルの位置に貼り付けます。

[貼り付け] ボタン

クリップボードとは、切り取ったりコピーしたりした情報を一時的に保存しておく領域のことです。

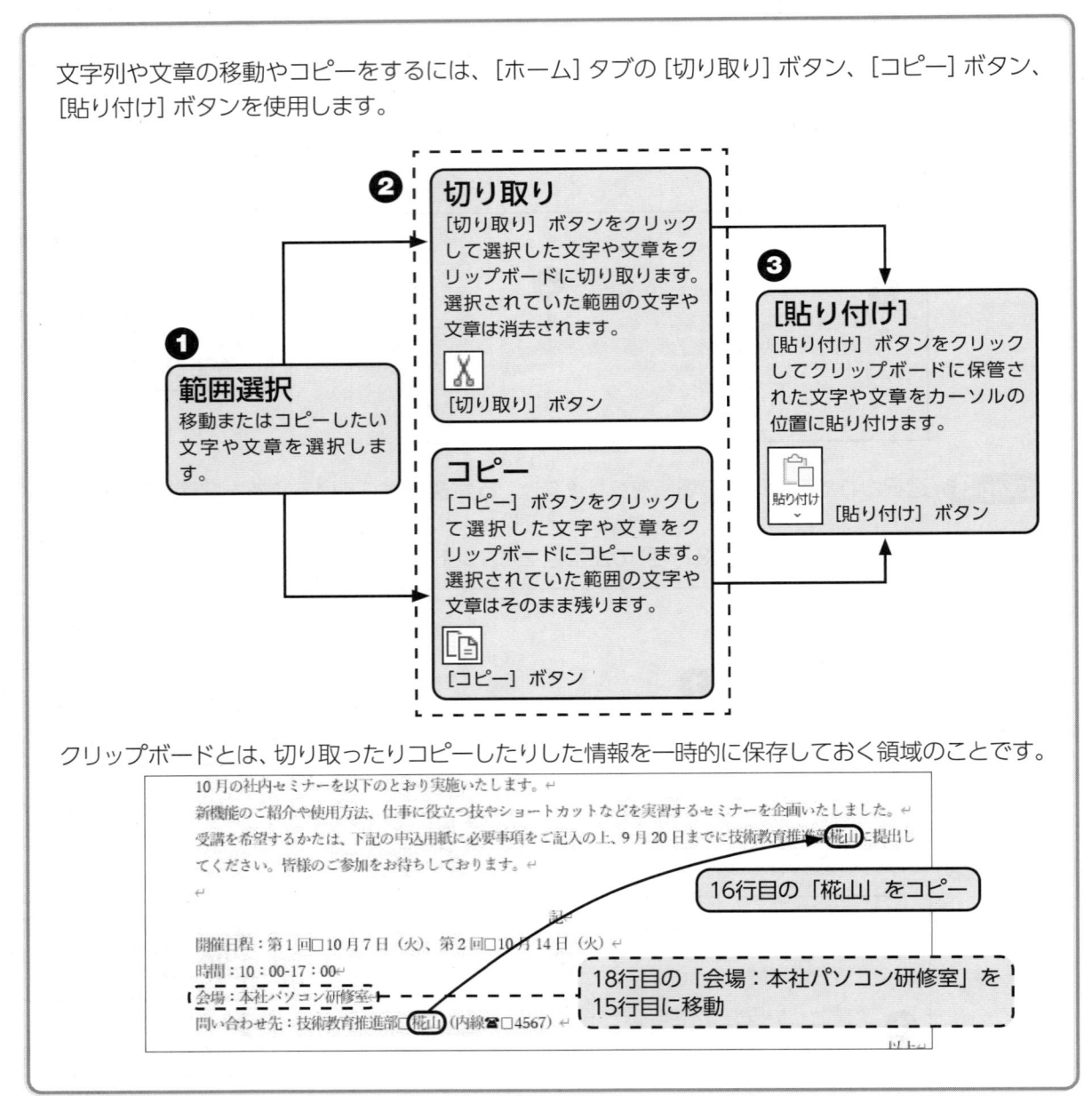

16行目の「椛山」をコピー

18行目の「会場：本社パソコン研修室」を15行目に移動

💡 ヒント　**選択範囲の修正**

選択しようとしている範囲を超えてドラッグしてしまった場合、マウスのボタンを離していなければ、上方向に（文字単位で選択していた場合は左方向に）ドラッグすると、選択範囲を修正することができます。
マウスのボタンを離している場合は、**Shift**キーを押しながらキーボードの矢印キー「→」「←」「↓」「↑」を押すと、選択範囲を修正することができます。

操作 🖝 行単位で移動する

18行目を15行目に移動しましょう。

Step 1 移動する行を切り取ります。

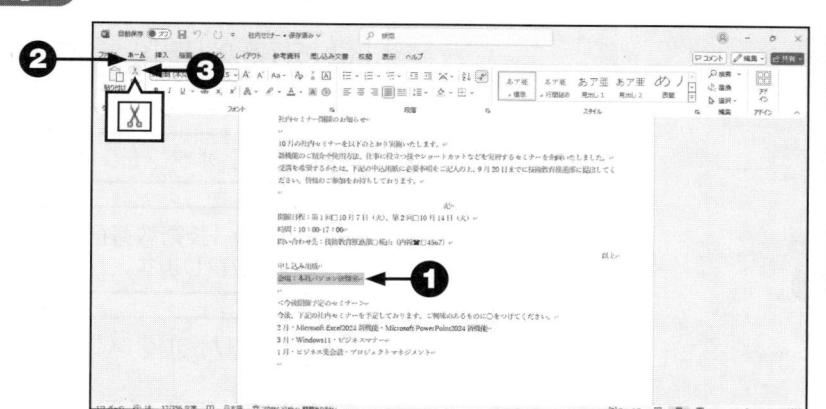

❶18行目「会場：本社パソコン研修室」の行を行単位で選択します。

❷[ホーム] タブをクリックします。

❸[切り取り] ボタンをクリックします。

Step 2 切り取った行を貼り付けます。

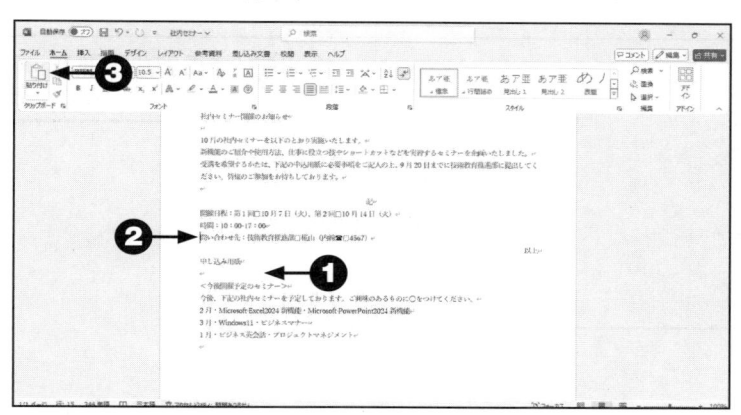

❶行が切り取られていることを確認します。

❷15行目「問い合わせ先：技術教育推進部」の行の先頭位置にカーソルを移動します。

❸[貼り付け] ボタンをクリックします。

Step 3 行が移動します。

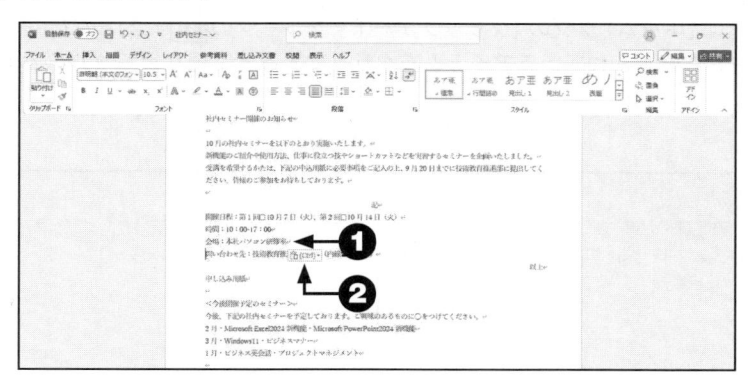

❶18行目「会場：本社パソコン研修室」の行が15行目に移動したことを確認します。

❷スマートタグが表示されている場合はEscキーを押して、スマートタグを消します。

💡 ヒント
スマートタグ

貼り付けの操作を行うと貼り付けた部分の右下に スマートタグが表示され、クリックすると貼り付けの形式を選択することができます。次の操作をするかEscキーを押すとスマートタグが消えます。

操作 文字単位でコピーする

16行目の「椛山」を9行目の「技術教育推進部」の右の位置にコピーしましょう。

Step 1 文字列を選択してコピーします。

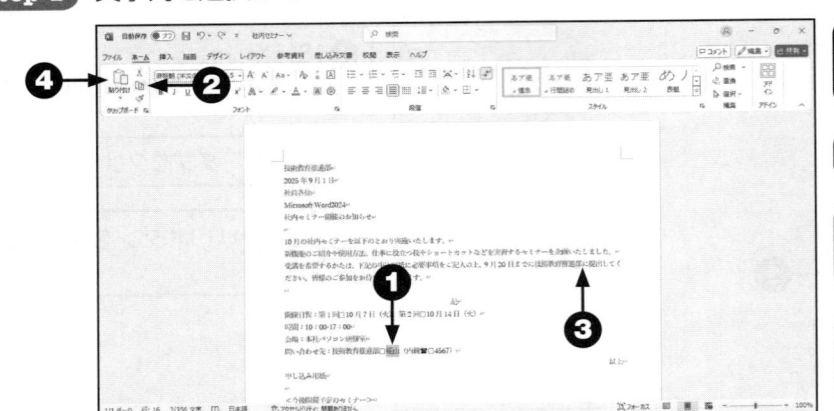

❶16行目の「椛山」を文字単位で選択します。

❷[コピー] ボタンをクリックします。

❸9行目の「技術教育推進部」の右側をクリックします。

❹[貼り付け] ボタンをクリックします。

Step 2 文字列が貼り付けられます。

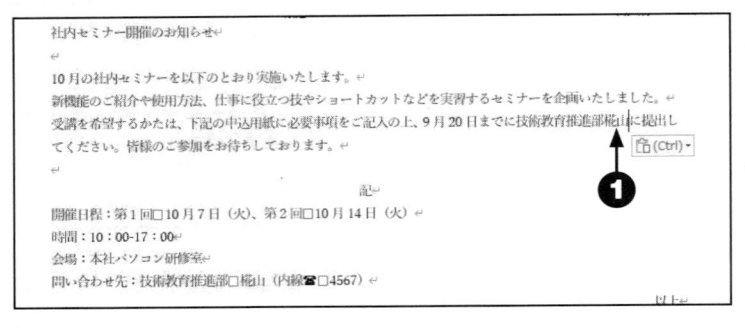

❶「技術教育推進部」の右に「椛山」がコピーされたことを確認します。

💡 **ヒント** **クリップボードの表示**

[切り取り] や [コピー] を使用すると、選択されていた範囲の情報は「クリップボード」と呼ばれる場所に格納（一時的に保存）されます。クリップボードには最大24個までのデータを格納することができ、データが格納されている間は繰り返し必要なデータを目的の位置に貼り付けることができます。
クリップボードを表示するには [ホーム] タブの [クリップボード] グループの 🔲 「クリップボード」ボタンをクリックします。クリップボードに表示されているアイテムをクリックすると、現在カーソルのある位置に貼り付けることができます。

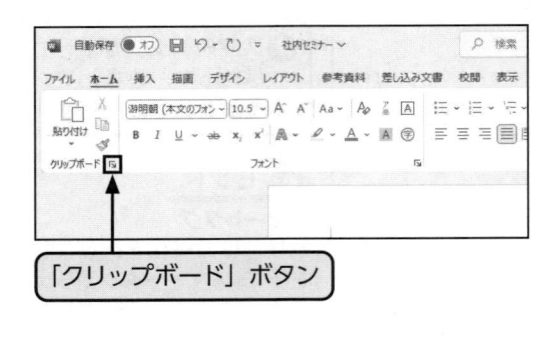

「クリップボード」ボタン

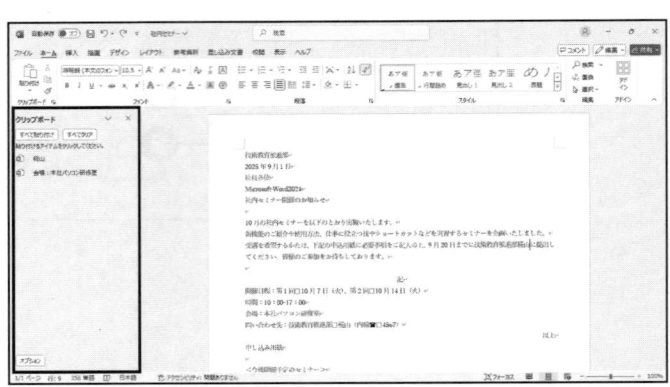

文字の書式設定

ここでは、文字書式を設定する方法を学習します。

文字書式を設定するには、[ホーム] タブの [フォント] グループを使用します。
設定を変更したい文字を選択し、変更したい項目のボタンをクリックします。設定項目によっては▼をクリックして項目を選択します。
設定を解除するには、設定するときに使用したボタンを再度クリックするか、[すべての書式のクリア] ボタンをクリックします。

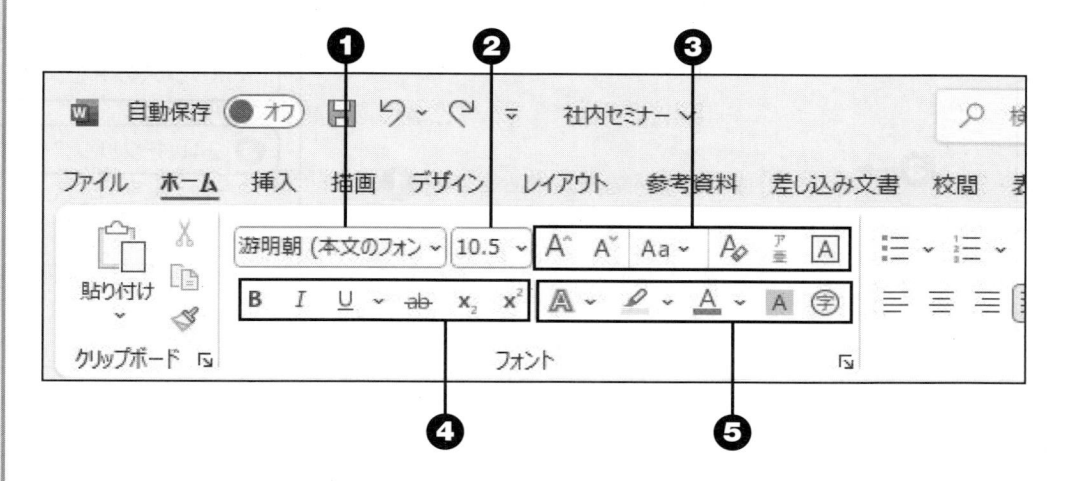

❶	游明朝 (本文のフォン) [フォント] ボックス	フォントを変更します。
❷	10.5 [フォントサイズ] ボックス	フォントサイズを変更します。
❸	A˄ [フォントサイズの拡大]　A˅ [フォントサイズの縮小]　Aa▾ [文字種の変換]　A❖ [すべての書式をクリア]　ア亜 [ルビ]　A [囲み線]	フォントの拡大や縮小、設定されている書式のクリアなどを行います。
❹	B [太字]　I [斜体]　U▾ [下線]　ab [取り消し線]　x_2 [下付き]　x^2 [上付き]	フォントに太字や斜体などの設定を行います。
❺	A▾ [文字の効果と体裁]　⌀▾ [蛍光ペンの色]　A▾ [フォントの色]　A [文字の網かけ]　㉓ [囲い文字]	フォントに影や反射の効果を設定したり、フォントの色の変更などをしたりします。

用語　フォント
文字の書体のことです。Word 2024の既定は日本語フォントも、英文フォント（半角の英数字や記号用のフォント）も「游明朝」です。

用語　フォントサイズ
文字の大きさのことです。フォントサイズは「ポイント」という単位で表されます。1ポイントは約0.35mmです。Wordでの既定のフォントサイズは10.5ポイントです。

フォントサイズとフォント

フォントサイズとフォントを変更することにより、特定の文字列を文書の中で目立たせたり、文書のイメージを変えたりすることができます。

操作 👉 フォントサイズを変更する

5行目の「社内セミナー開催のお知らせ」のフォントサイズを24ポイントに変更しましょう。

Step 1 フォントサイズを変更します。

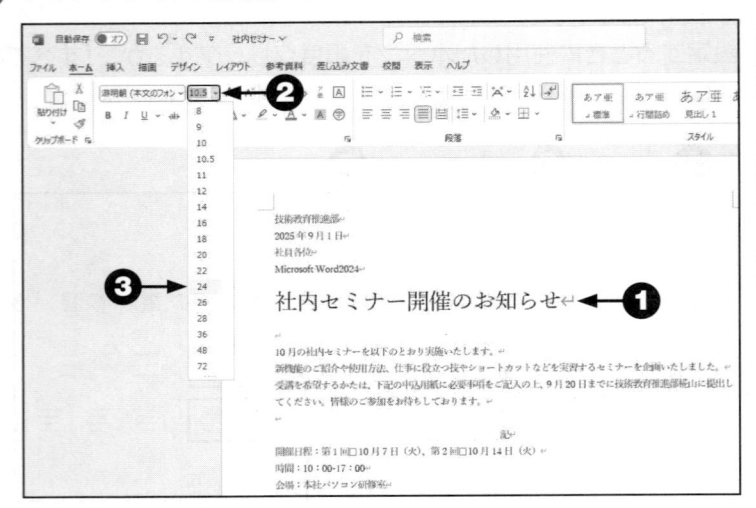

❶ 5行目の「社内セミナー開催のお知らせ」を行選択します。

❷ [ホーム] タブの [フォントサイズ] ボックスの▼をクリックします。

❸ [24] をクリックします。

Step 2 フォントサイズが変更されたことを確認します。

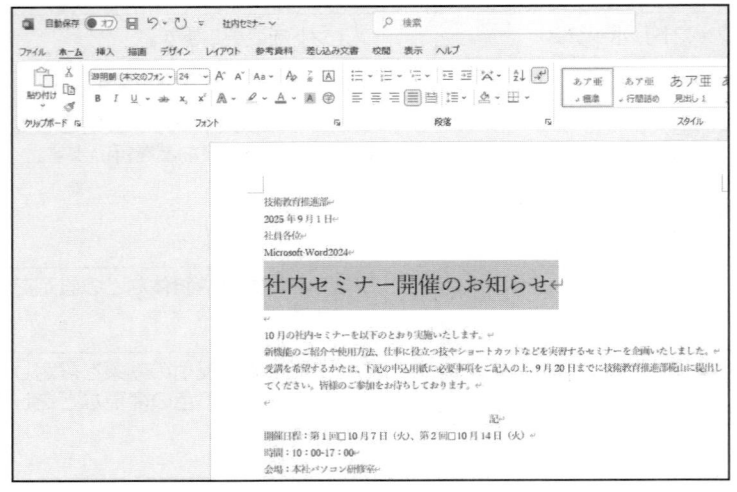

💡 ヒント
ミニツールバー

文字列や文章を選択すると、その範囲の近くに下のような「ミニツールバー」が表示されます。ミニツールバーからも選択した文字列や文章に書式を設定することができます。

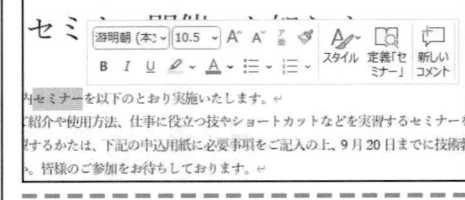

💡 ヒント　リアルタイムプレビュー

フォントサイズの一覧から候補をポイントすると、選択中の文字がポイントしているフォントサイズで表示されます。候補をクリックして選択するまでフォントサイズは適用されません。文字の書体や色、下線、蛍光ペンの色などを変更するときにも、このようにリアルタイムでプレビューされます。これにより、何度も設定し直して確認しなくても、文書のイメージに合った最適な書式を効率よく選択することができます。

操作☞ フォントを拡大する

· ·

1行目の「技術教育推進部」のフォントサイズを12ポイントに拡大しましょう。

Step 1 [フォントサイズの拡大] ボタンを利用してフォントサイズを変更します。

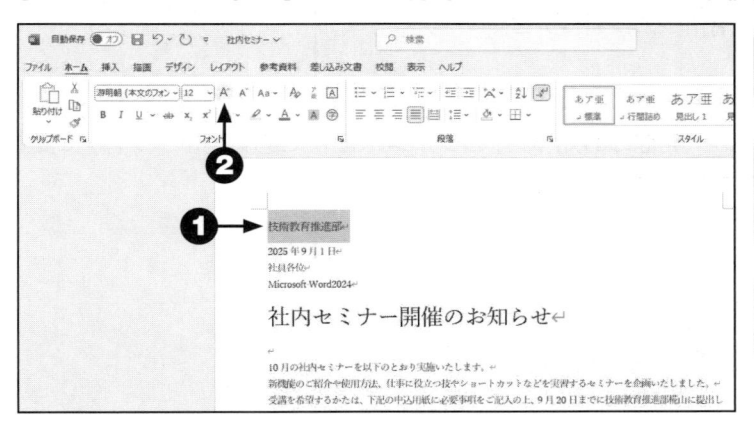

❶1行目の「技術教育推進部」を行単位で選択します。

❷[フォントサイズの拡大] ボタンを2回クリックし、フォントサイズを12ポイントに変更します。

❸フォントサイズが変更されたことを確認します。

· ·

操作☞ フォントを変更する

· ·

4行目の「Microsoft Word2024」のフォントを「Comic Sans MS」に、5行目の「社内セミナー開催のお知らせ」のフォントを「HG創英角ポップ体」に変更しましょう。

Step 1 フォントを変更する行を選択します。

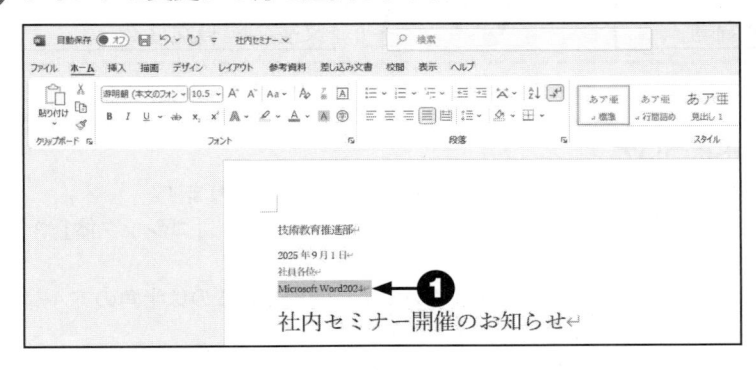

❶4行目の「Microsoft Word2024」を行単位で選択します。

Step 2 フォントを変更します。

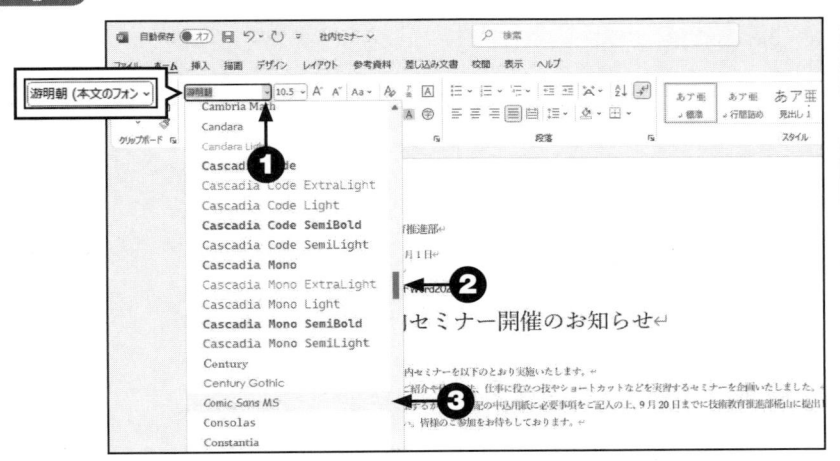

❶[フォント] ボックスの▼をクリックします。

❷[Comic Sans MS] が表示されるまでスクロールします。

❸[Comic Sans MS] をクリックします。

Step 3 フォントが変更されたことを確認します。

> 技術教育推進部
> 2025 年 9 月 1 日
> 社員各位
> Microsoft Word2024
>
> 社内セミナー開催のお知らせ

Step 4 同様に5行目の「社内セミナー開催のお知らせ」のフォントを「HG創英角ポップ体」に変更します。

> 技術教育推進部
> 2025 年 9 月 1 日
> 社員各位
> Microsoft Word2024
>
> **社内セミナー開催のお知らせ**
>
> 10 月の社内セミナーを以下のとおり実施いたします。

💡 ヒント **プロポーショナルフォントについて**

「MSP明朝」や「MSPゴシック」など、フォント名に「P」の付くフォントは「プロポーショナルフォント」です。
プロポーショナルフォントを使うと、文字幅や文字間隔が自動的に調整されます。

MS明朝
どの文字も同じ幅、
同じ文字間隔

MSP明朝
文字によって文字幅が違い、
文字間隔も異なる

💡 ヒント **日本語フォントと英文フォントについて**

フォントには日本語用の「日本語フォント」と英数字用の「英文フォント」があります。
日本語フォントはフォント名の中に日本語が含まれています。代表的なものに「ゴシック体」や「明朝体」などが
あり、漢字やかな、記号、英数字などに使用できます。
英文フォントはフォント名がアルファベットのみになっています。使用できるのは半角のアルファベットや数字
のみで、全角の文字（ひらがなや漢字など）には使用できません。
また、「Wingdings」など入力すると絵文字が表示されるフォントもあります。

文字飾り

文字列や文章に太字や斜体、色の変更などの文字飾りを適用することで、特定の部分を強調することができます。

操作 ☞ 文字飾りを変更する

5行目の「社内セミナー開催のお知らせ」の行に「斜体」、「囲み線」、「塗りつぶし：濃い青緑、アクセントカラー1；影」の文字の効果を設定しましょう。

Step 1 文字飾りを変更する行を選択します。

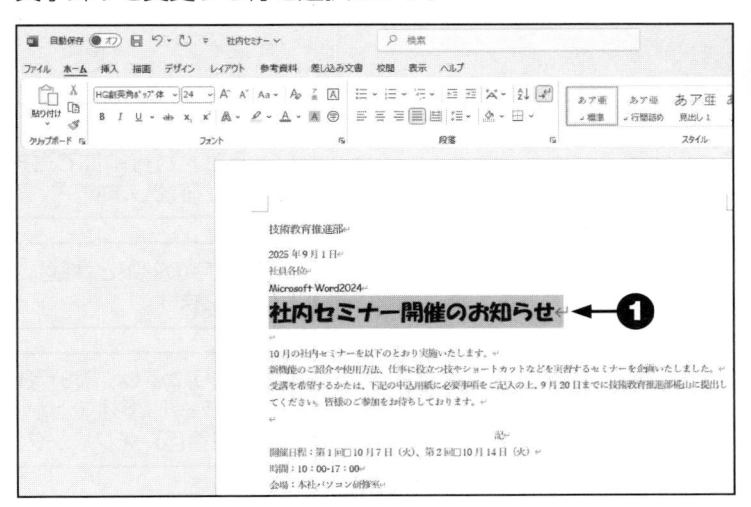

❶5行目の「社内セミナー開催のお知らせ」を行単位で選択します。

Step 2 文字を斜体にします。

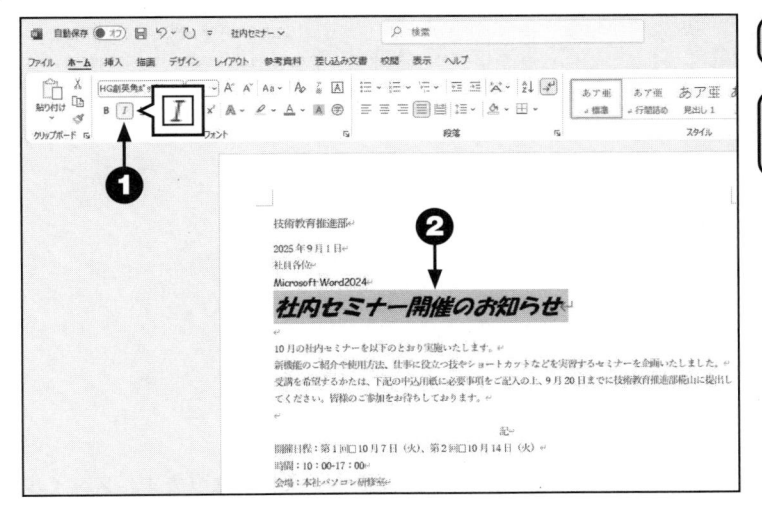

❶[斜体] ボタンをクリックします。

❷文字が斜体になったことを確認します。

Step 3 囲み線を設定します。

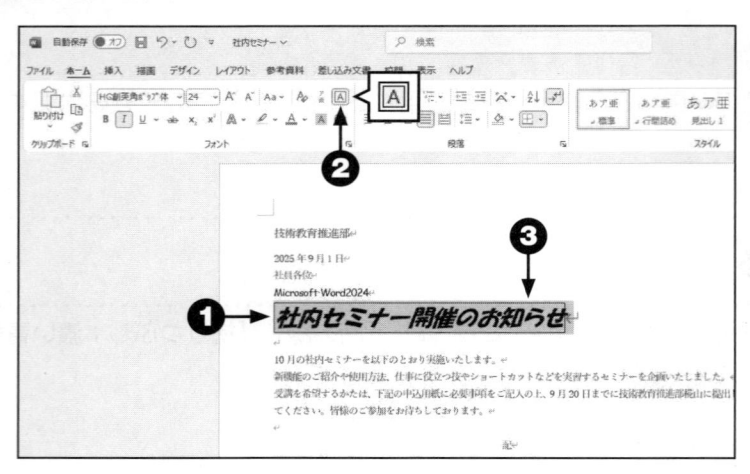

① 5行目の「社内セミナー開催のお知らせ」が行単位で選択されていることを確認します。

② [囲み線] ボタンをクリックします。

③ 文字に囲み線が設定されたことを確認します。

Step 4 文字の効果を設定します。

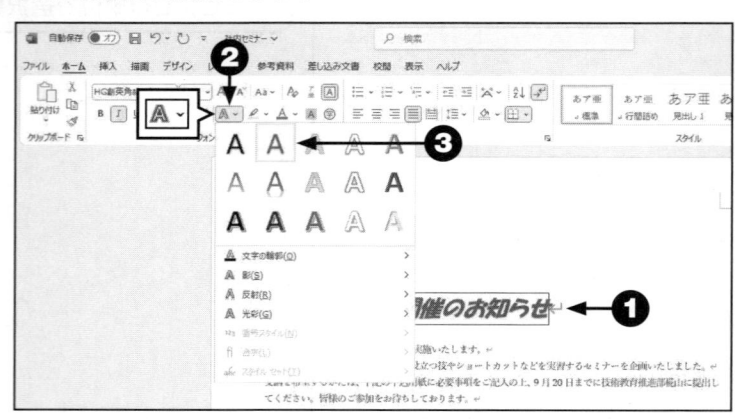

① 5行目の「社内セミナー開催のお知らせ」が行単位で選択されていることを確認します。

② [文字の効果と体裁] ボタンをクリックします。

③ [塗りつぶし：濃い青緑、アクセントカラー1；影]（上から1番目、左から2番目）をクリックします。

Step 5 文字飾りが設定されたことを確認します。

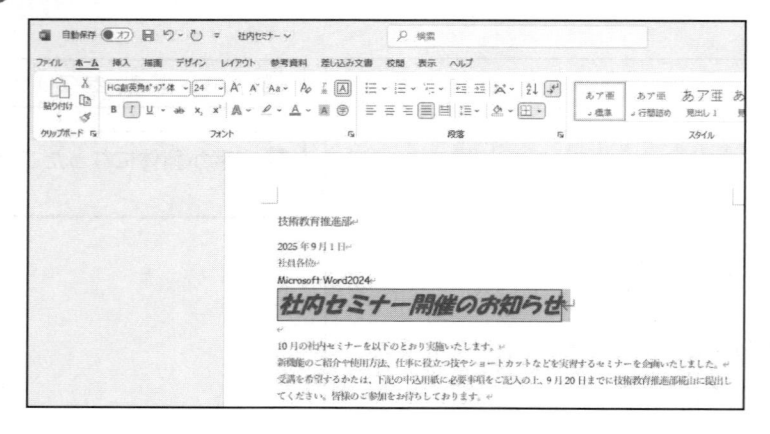

💡 ヒント　**文字のスタイルを解除するには**

スタイルを設定すると、設定されているスタイルのボタンの背景色が灰色になります。スタイルの設定を解除するには、スタイルが設定されている文字を選択し、同じボタンをもう一度クリックします。

操作 🖝 文字に下線を設定する

9行目の「9月20日までに」の文字列に「波線の下線」を引きましょう。

Step 1 下線を引く文字列を選択します。

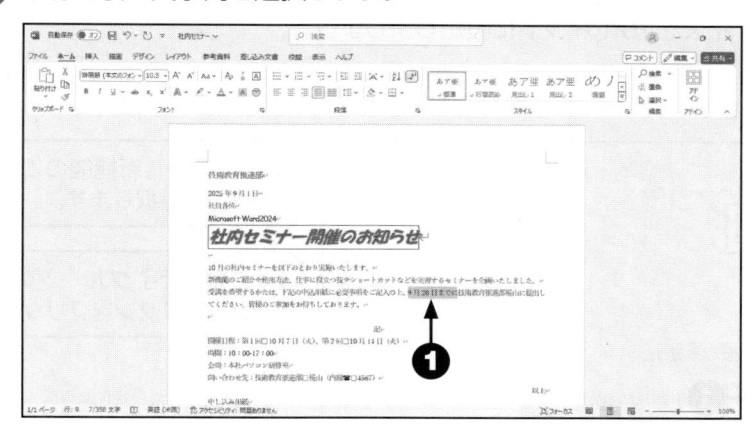

> ❶9行目の「9月20日までに」を文字単位で選択します。

Step 2 下線の種類を選択して、下線を引きます。

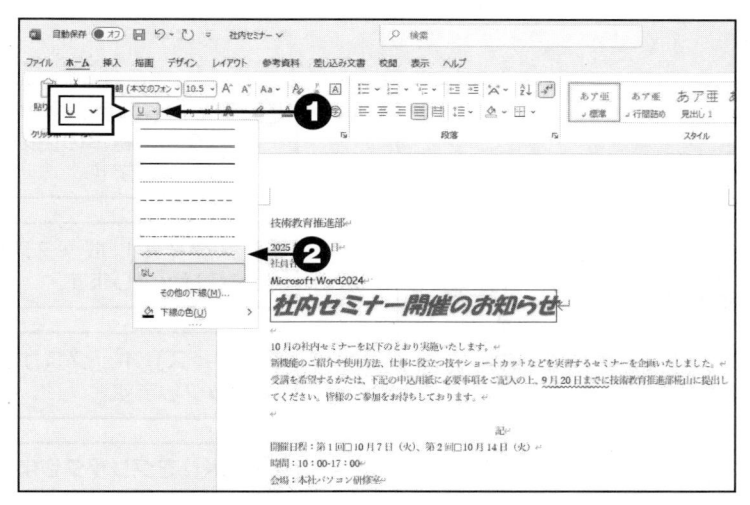

> ❶[下線] ボタンの▼をクリックします。

> ❷上から8番目の [波線の下線] をクリックします。

💡 ヒント
[下線] ボタン
[下線] ボタンの▼ではなく左側の部分をクリックすると、既定の下線（一重下線）または前回に選択した下線が設定されます。

Step 3 波線の下線が設定されたことを確認します。

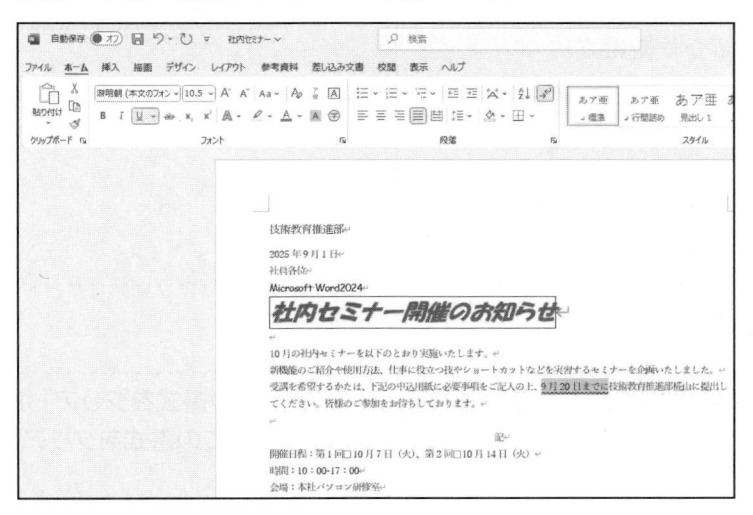

[フォント] ダイアログボックスを使用すると、文字にフォントやフォントの色、下線など複数の書式を
まとめて設定できます。
[フォント] ダイアログボックスを使用して、8行目の「新機能のご紹介や使用方法」のフォントの色を
「青」、スタイルを太字、サイズを16ポイントに設定しましょう。

Step 1 書式を設定する文字列を選択し、[フォント] ダイアログボックスを開きます。

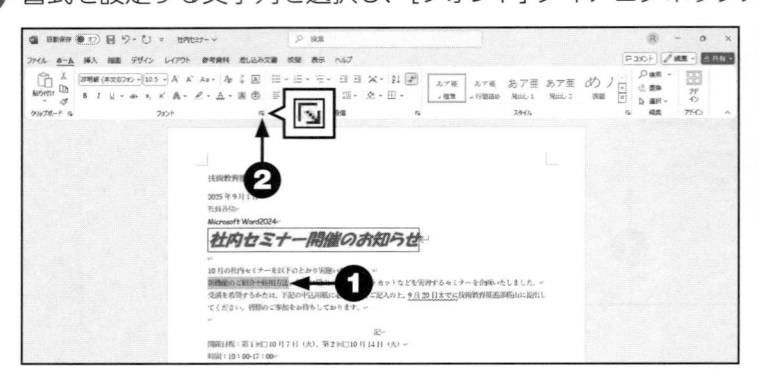

❶8行目の「新機能のご紹介や使用方法」を選択します。

❷[フォント] グループの右下の [フォント] ボタンをクリックします。

Step 2 複数の書式を設定します。

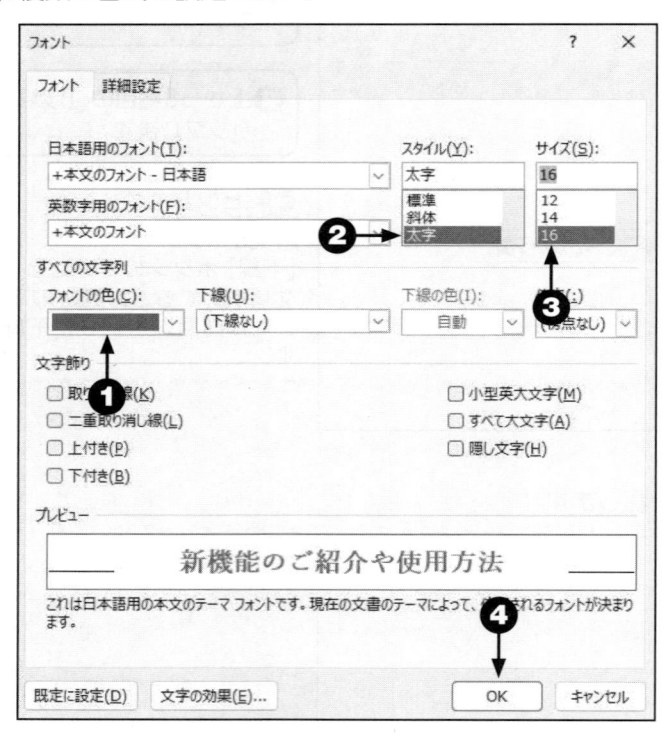

❶[フォントの色] ボックスの▼をクリックし、標準の色の中の [青] をクリックします。

❷[スタイル] ボックスから [太字] をクリックします。

❸[サイズ] ボックスから [16] をクリックします。

❹[OK] をクリックします。

❺書式が設定されたことを確認します。

操作☞ 複数の書式を解除する

文字に設定されている複数の書式をまとめて解除するには、[すべての書式をクリア] ボタンを利用し
ます。8行目の「のご紹介や使用方法」に設定されている書式を、[すべての書式をクリア] ボタンを使っ
て解除しましょう。

Step 1 書式をクリアしたい文字列を選択します。

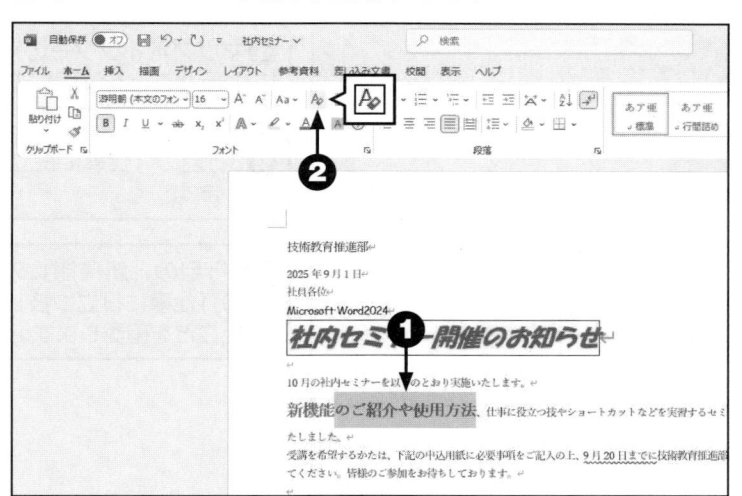

❶8行目の「のご紹介や使用方法」を選択します。

❷[すべての書式をクリア] ボタンをクリックします。

Step 2 8行目の「のご紹介や使用方法」の書式がクリアされたことを確認します。

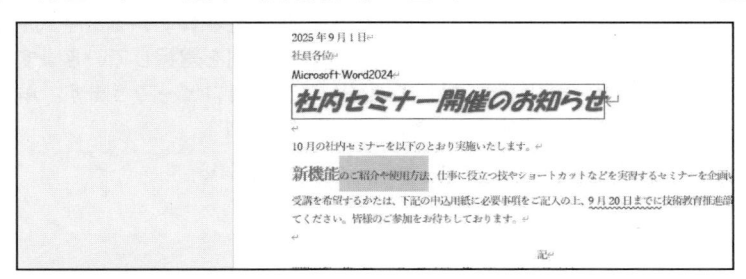

書式のコピー /貼り付け

書式のコピー /貼り付けを使うと、設定した複数の書式を他の文字列に簡単に設定することができます。

操作☞ 文字列に書式をコピーする

8行目の「新機能」に設定されている書式を、8行目の「仕事に役立つ技」にコピーしましょう。

Step 1 書式が設定されている文字列から書式をコピーします。

❶8行目の「新機能」を選択します。

❷[書式のコピー/貼り付け] ボタンをクリックします。

Step 2 書式を文字列に貼り付けます。

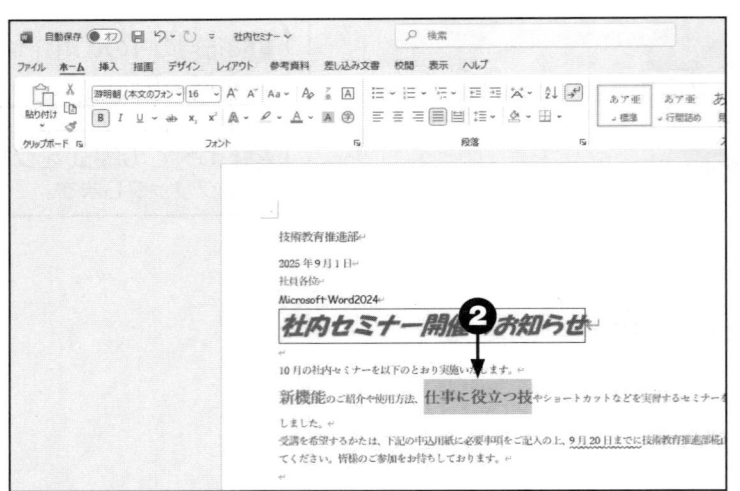

① マウスポインターの形状が 🖌I に変わったことを確認します。

② 8行目の「仕事に役立つ技」を選択します。

③ 8行目の「新機能」の書式が8行目の「仕事に役立つ技」にコピーされたことを確認します。

💡 ヒント **連続して書式をコピーする**

離れたところに連続して書式をコピーするときは、コピーしたい書式が設定されている文字列を選択して [書式のコピー /貼り付け] ボタンをダブルクリックし、書式をコピーしたい文字列を選択していきます。マウスポインターの形状が 🖌I になっている間、選択した文字列に対して連続して書式をコピーできます。解除するにはもう一度 [書式のコピー /貼り付け] ボタンをクリックするか、**Esc**キーを押します。

文字の均等割り付け

文字間隔を調整することによって、指定した文字数分の幅に表示されるように調整する機能を「均等割り付け」と呼びます。複数の単語を列挙するような場合、次のように各単語の表示幅を揃えることで、文字列を美しくレイアウトすることができます。

セミナー名：ビジネスマナー↵
内容：ビジネスをより円滑に運ぶためのテクニックを習得します。↵
実施日時：2025 年 10 月 21 日□10：00-17：00↵
↵

セミナー 名：ビジネスマナー↵
内　　　容：ビジネスをより円滑に運ぶためのテクニックを習得します。↵
実 施 日 時：2025 年 10 月 21 日□10：00-17：00↵
↵

操作 ☞ 文字列を均等割り付けする

14行目「開催日程」、15行目「時間」、16行目「会場」、17行目「問い合わせ先」、19行目「申し込み用紙」が5文字分の幅になるように均等割り付けを設定しましょう。

Step 1 文字列を選択して均等割り付けを設定します。

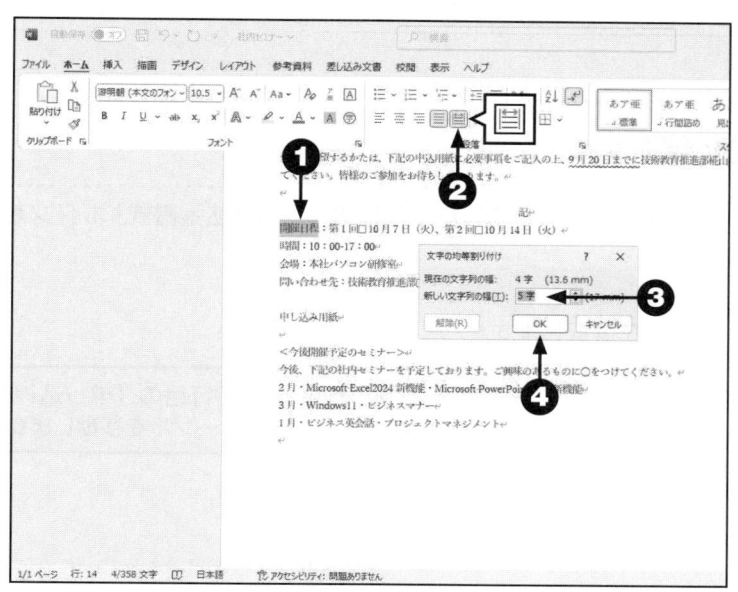

① 14行目の「開催日程」を文字単位で選択します。

② [均等割り付け] ボタンをクリックします。

③ [新しい文字列の幅] ボックスの数値を「5」に変更します。

④ [OK] をクリックします。

💡 ヒント
均等割り付けする範囲の選択
文字数を指定して均等割り付けを行う場合は、↵（段落記号）を含めないように対象の範囲を選択します。段落記号を含めて範囲選択して [均等割り付け] ボタンをクリックすると、段落全体の幅で均等割り付けされてしまいます。

Step 2 同様に他の文字列にも均等割り付けを設定します。

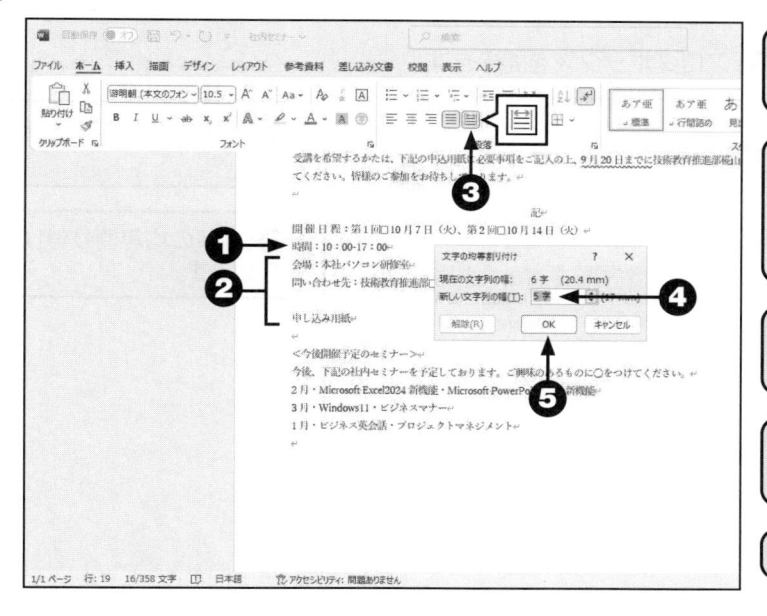

① 15行目の「時間」を文字単位で選択します。

② Ctrlキーを押しながら16行目の「会場」、17行目の「問い合わせ先」、19行目の「申し込み用紙」を選択します。

③ [均等割り付け] ボタンをクリックします。

④ [新しい文字列の幅] ボックスの数値を「5」に変更します。

⑤ [OK] をクリックします。

Step 3 文字列が均等割り付けされたことを確認します。

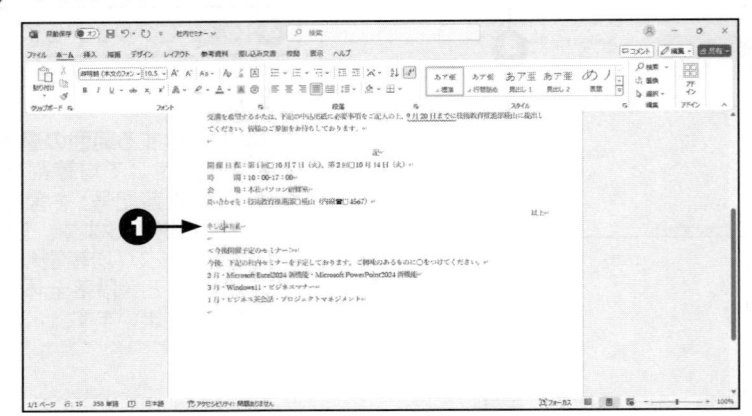

・・

操作👉 均等割り付けの設定を解除する

19行目の「申し込み用紙」に設定されている均等割り付けの設定を [拡張書式] ボタンを利用して解除しましょう。

Step 1 均等割り付けを解除したい文字列を選択します。

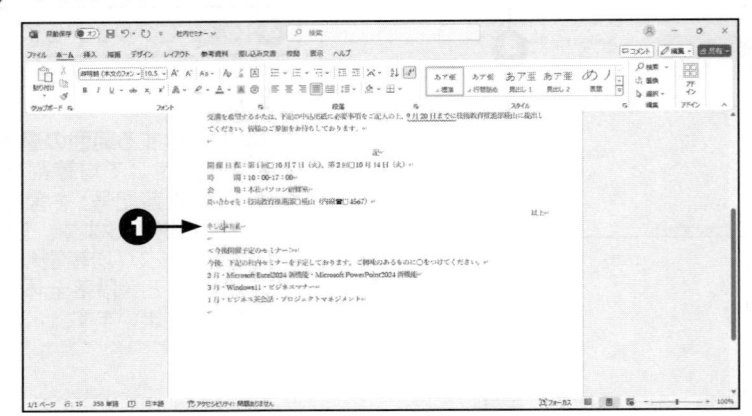

❶19行目の「申し込み用紙」の中にカーソルを移動します。

Step 2 [文字の均等割り付け] ダイアログボックスを開きます。

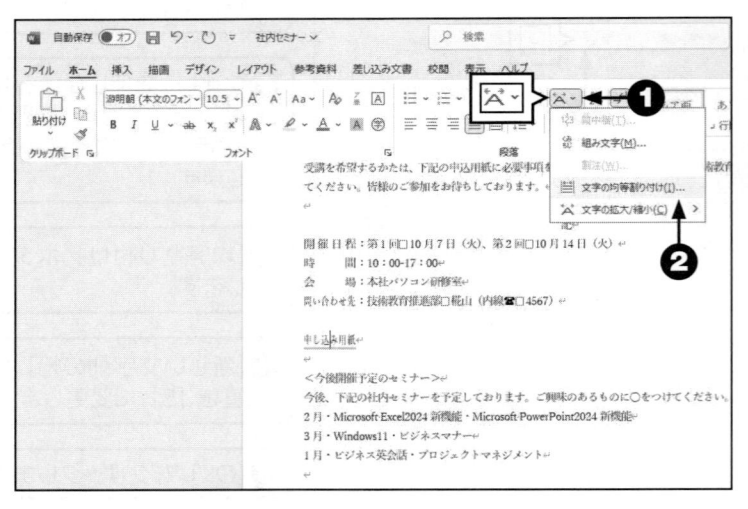

❶[拡張書式] ボタンをクリックします。

❷[文字の均等割り付け] をクリックします。

Step 3 文字の均等割り付けを解除します。

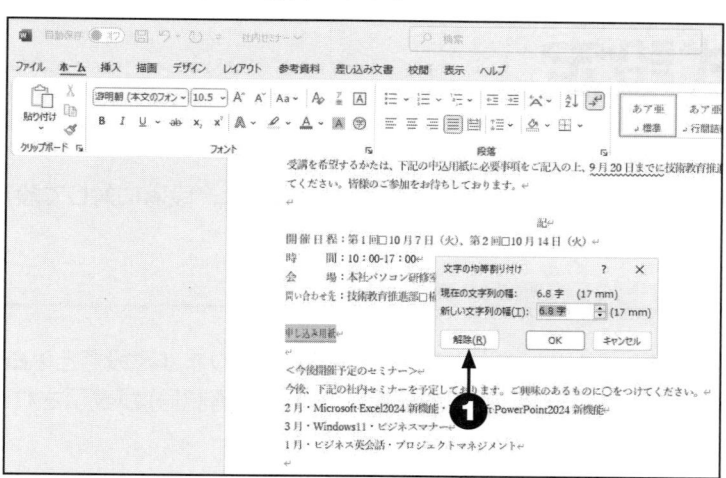

❶[文字の均等割り付け] ダイアログ
ボックスが表示されたら、[解除]
をクリックします。

💡 **ヒント**

文字の均等割り付け解除のもう1つの方法
均等割り付けを解除したい文字列を選択
するか文字列内にカーソルを移動して [均
等割り付け] ボタンをクリックします。[文
字の均等割り付け] ダイアログボックスが
表示されたら [解除] をクリックします。

Step 4 19行目の「申し込み用紙」の文字の均等割り付けが解除されたことを確認します。

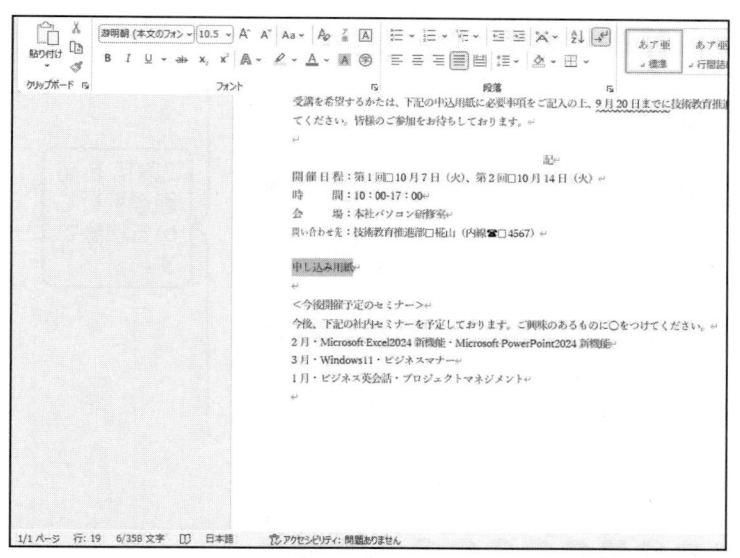

💡 **ヒント** **同じ動作を繰り返したい場合**
[拡張書式] ボタンを使用して文字列の解除を行った後、他の均等割り付けを解除したい文字列にカーソルを移動
して**F4**キーを押すことにより、続けて均等割り付けを解除することができます。違う操作を行うまで、**F4**キーを
押すことにより均等割り付けの解除を行えます。
F4キーは直前の動作を繰り返し行うショートカットキーです。文字の入力、文字飾りの設定、コピーした文字列
の貼り付けなど、直前に行ったさまざまな動作を繰り返すことができます。

段落の書式設定

文字列の配置（中央揃えや右揃え）や行間隔、インデントなどの書式は、段落に対して設定します。

Wordには文章を編集する際の単位として「段落」という単位があります。段落とは**Enter**キーを押して作成される文章のブロックで、ブロックの末尾には ↵（段落記号）が表示されます。この段落記号の次の行から次の段落記号までを「1段落」と呼びます。

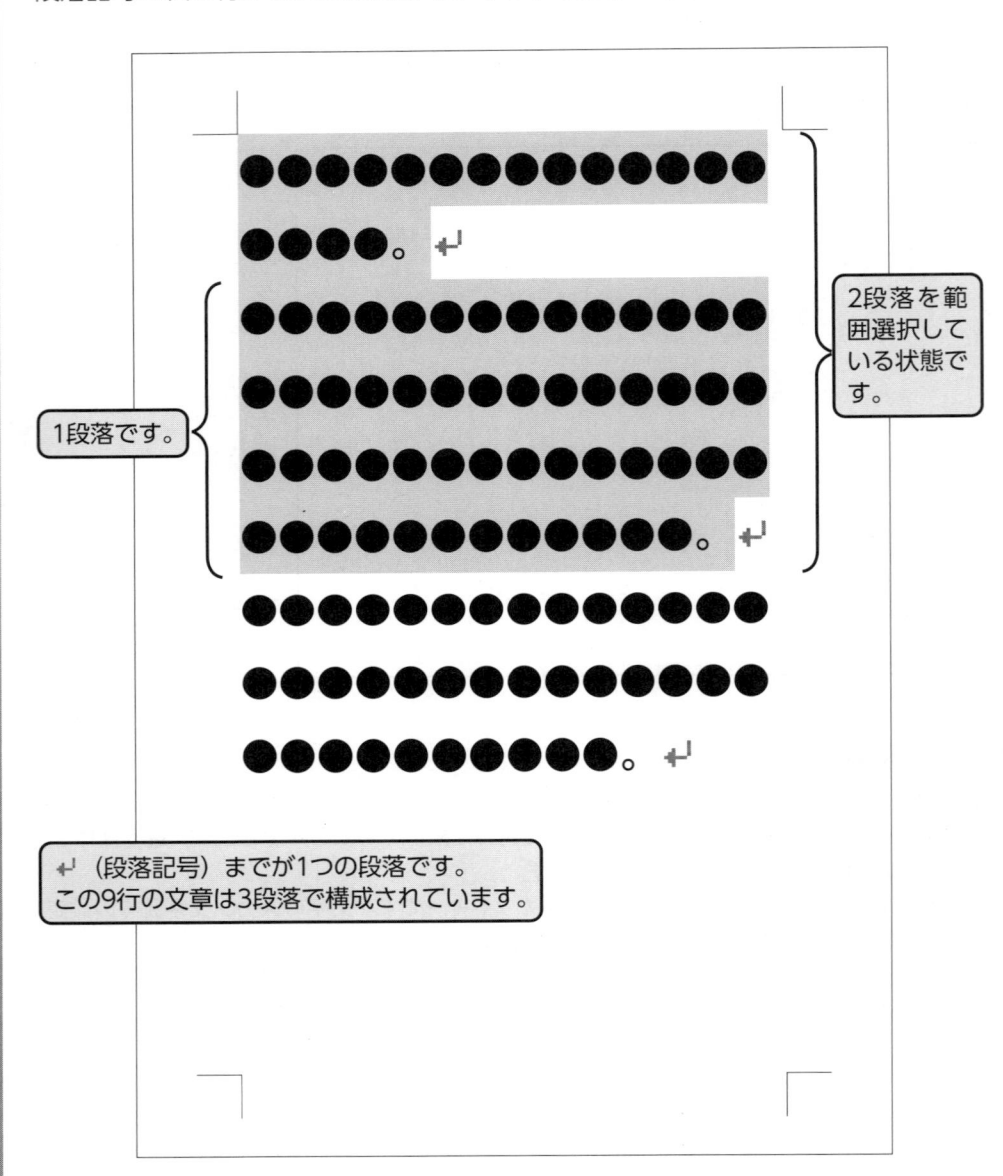

1段落です。

2段落を範囲選択している状態です。

↵（段落記号）までが1つの段落です。
この9行の文章は3段落で構成されています。

■ 段落書式の設定

中央揃えや右揃えなどの文字列の配置、行間隔、インデント、タブは段落単位で設定することができます。これらの段落単位で設定する書式を「段落書式」と呼び、[ホーム] タブの [段落] グループのボタンで設定することができます。

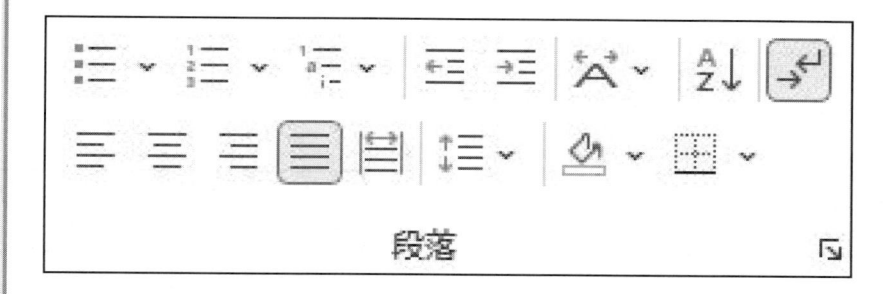

■ 完成例

文字配置の変更

入力した文字列を余白の内側の範囲で「中央揃え」や「右揃え」に配置することができます。配置を変更した後、対象の段落に文字を追加したり削除したりしても、設定した中央揃えや右揃えの配置はそのまま保たれます。

文書のタイトルを「中央揃え」に配置し、部署名と日付を「右揃え」に配置します。

中央揃えに配置します。文書のタイトルなどでよく使われます。

右揃えに配置します。会社名、氏名、日付などでよく使われます。

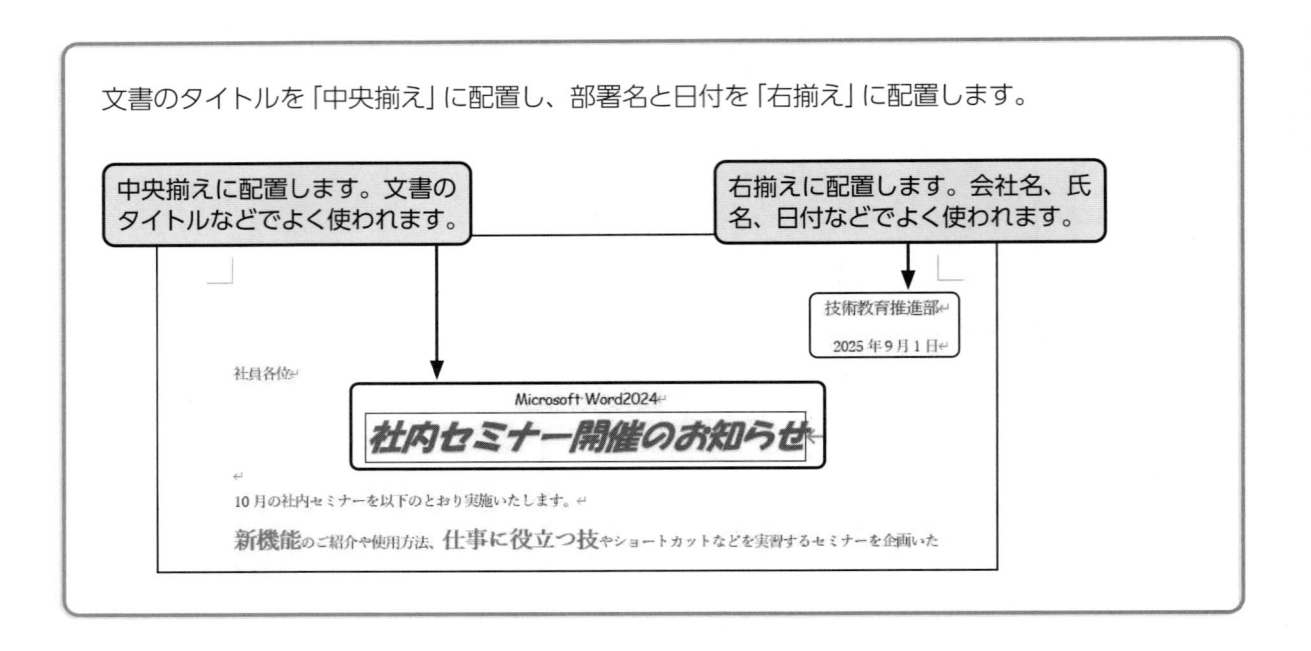

操作 👉 文字列を右揃え、中央揃えにする

1行目の「技術教育推進部」と2行目の「2025年9月1日」を右揃えに、4行目の「Microsoft Word 2024」と5行目の「社内セミナー開催のお知らせ」を中央揃えに配置しましょう。

Step 1 右揃えにする段落を選択します。

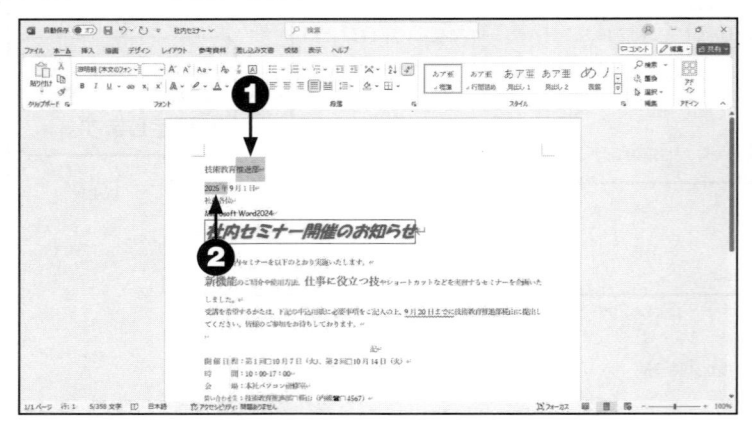

❶1行目の「技術教育推進部」の行内をクリックします。

❷2行目の「2025年9月1日」の行内までドラックします。

Step 2 右揃えに配置します。

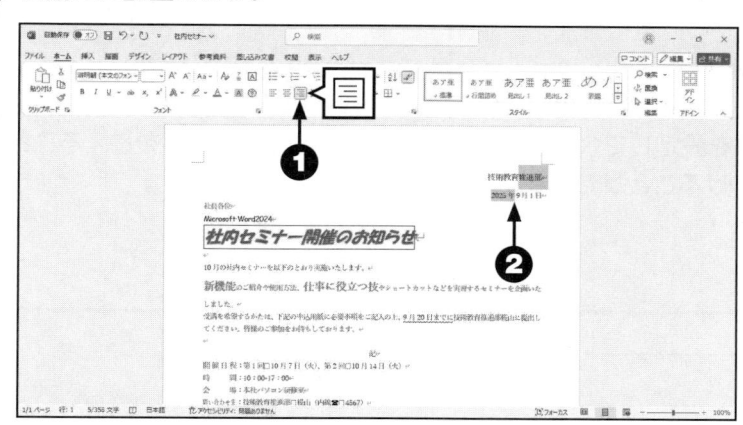

❶[右揃え] ボタンをクリックします。

❷文字列が右揃えに配置されたことを確認します。

Step 3 中央揃えに配置します。

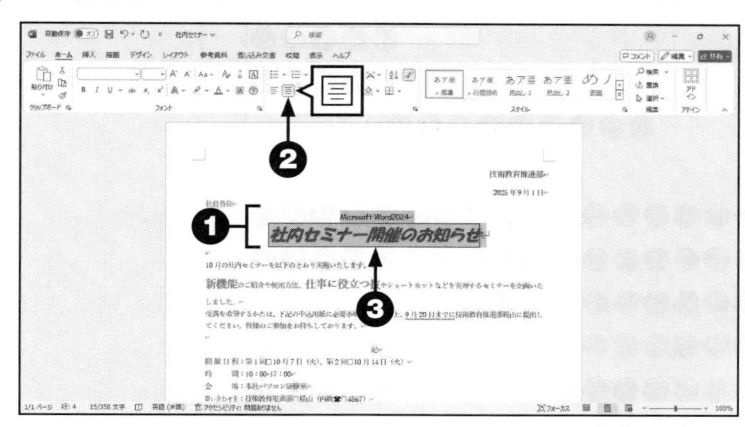

❶4行目の「Microsoft Word2024」と5行目の「社内セミナー開催のお知らせ」を行選択します。

❷[中央揃え] ボタンをクリックします。

❸文字列が中央揃えに配置されたことを確認します。

💡 **ヒント** **文字列の配置を解除するには**

文字列の配置を設定すると、[中央揃え]ボタンなどの背景色が灰色に変わります。設定を解除するには、文字列の配置が変更されている段落を選択し、同じボタンをもう一度クリックします。

💡 **ヒント** **段落の選択方法**

1段落を選択するには、対象の段落内にカーソルを移動するか、行単位の選択で対象の段落のすべての行を選択します。

複数の段落を選択するには、各段落の一部を含むようにドラッグするか、行単位の選択で対象の段落のすべての行を選択します。

インデントの設定

用紙の左余白（または右余白）からさらに内側に字下げするなど、段落単位で文字の位置を揃える機能を「インデント」と呼びます。インデントを設定して余白からさらに内側に文章の表示位置を揃えることで、対象の段落を強調し、文書にメリハリをつけることができます。

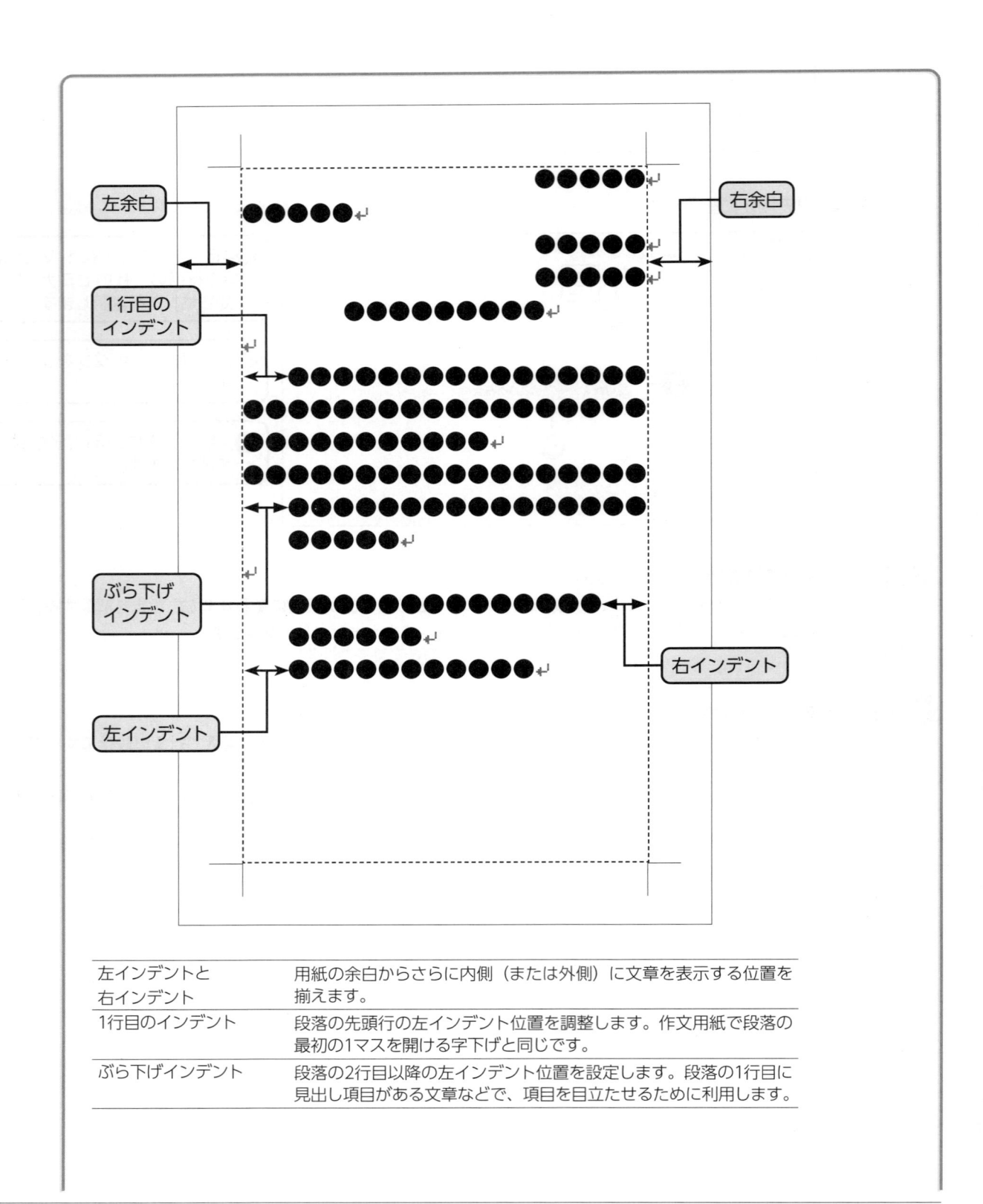

左インデントと右インデント	用紙の余白からさらに内側（または外側）に文章を表示する位置を揃えます。
1行目のインデント	段落の先頭行の左インデント位置を調整します。作文用紙で段落の最初の1マスを開ける字下げと同じです。
ぶら下げインデント	段落の2行目以降の左インデント位置を設定します。段落の1行目に見出し項目がある文章などで、項目を目立たせるために利用します。

■ インデントとインデントマーカーの関係

インデントは、ルーラーのインデントマーカーを使うと簡単に設定できます。ルーラーの表示と非表示は、[表示] タブの [表示] グループにある [ルーラー] チェックボックスで切り替えられます。

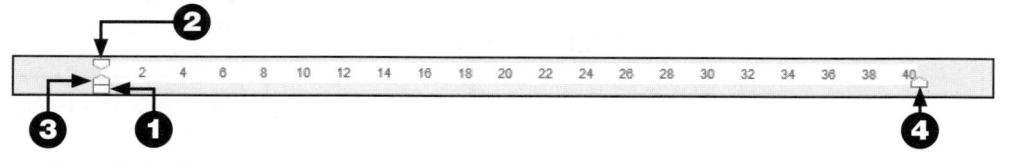

マーカー名	機能
❶ 左インデントマーカー	左のインデント位置を設定します。
❷ 1行目のインデントマーカー	段落の先頭行の左インデント位置を設定します。
❸ ぶら下げインデントマーカー	段落の2行目以降の左インデント位置を設定します。
❹ 右インデントマーカー	右のインデント位置を設定します。

■ インデントの例

左側は、異なるインデントを3とおり設定できます。
使用するインデントマーカーは以下のとおりです。

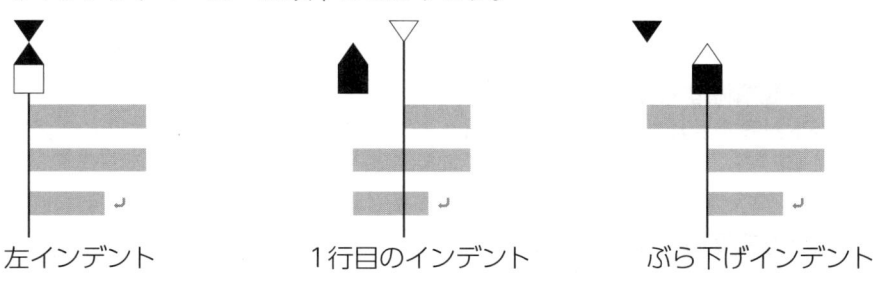

左インデント　　　　1行目のインデント　　　　ぶら下げインデント

操作 左インデントを設定する

14行目の「開催日程」から17行目「問い合わせ先」までの4段落に、約5文字分の左インデントを設定しましょう。

Step 1 インデントを設定する段落を選択します。

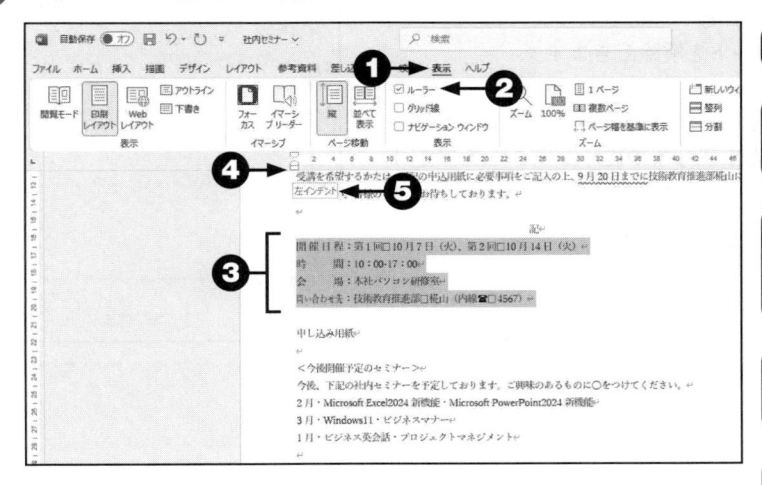

❶[表示] タブをクリックします。

❷[ルーラー] をクリックしてオンにします。

❸14行目の「開催日程」から17行目「問い合わせ先」までの4段落を選択します。

❹[左インデント] マーカーをポイントします。

❺「左インデント」と表示されていることを確認します。

Step 2 左インデントを設定します。

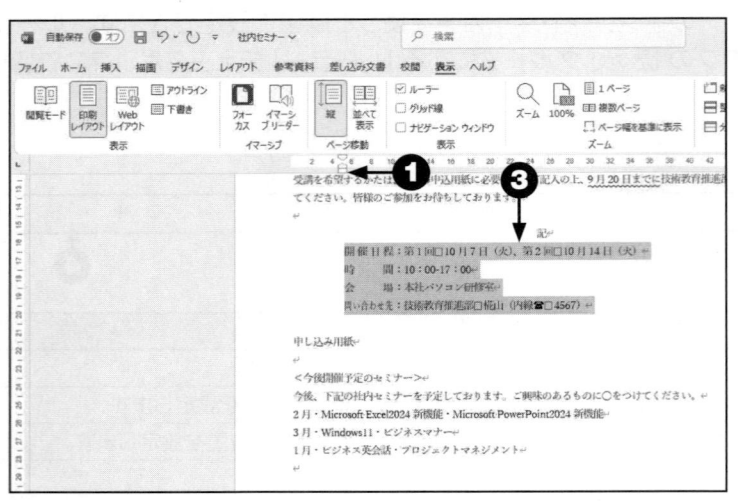

❶[左インデント] マーカーを約5文字分右にドラッグします。

❷マウスのボタンを離します。

❸左インデントが設定されたことを確認します。

💡 **ヒント**　**最初の行にインデントを設定するには**

インデントを設定したい段落を選択し、[1行目のインデント] マーカーをドラッグします。

💡 **ヒント**　**インデントを解除するには**

インデントが設定された段落を選択し、インデントマーカーを元の位置までドラッグします。

💡 **ヒント**　**インデントを文字数で指定するには**

[段落] ダイアログボックスを利用すると、各インデントを文字数で正確に指定することができます。手順は次のとおりです。
1. [ホーム] タブの [段落] グループ右下の [段落の設定] ボタンをクリックします。
2. [段落] ダイアログボックスの [インデントと行間隔] タブをクリックし、左右の位置を変更する場合は、[左]、[右] の各テキストボックスに文字数を指定します。字下げ、ぶら下げを指定する場合は [最初の行] の▼をクリックし、[字下げ] または [ぶら下げ] を選択して [幅] のテキストボックスに文字数を指定します。各テキストボックスに「0」を指定すると、一度にインデントを解除できます。

また、段落を選択して [ホーム] タブの 🔲[インデントを増やす] ボタンをクリックすると1字分ずつ左インデントを設定することができ、🔲[インデントを減らす] ボタンをクリックすると1字分ずつ解除することができます。

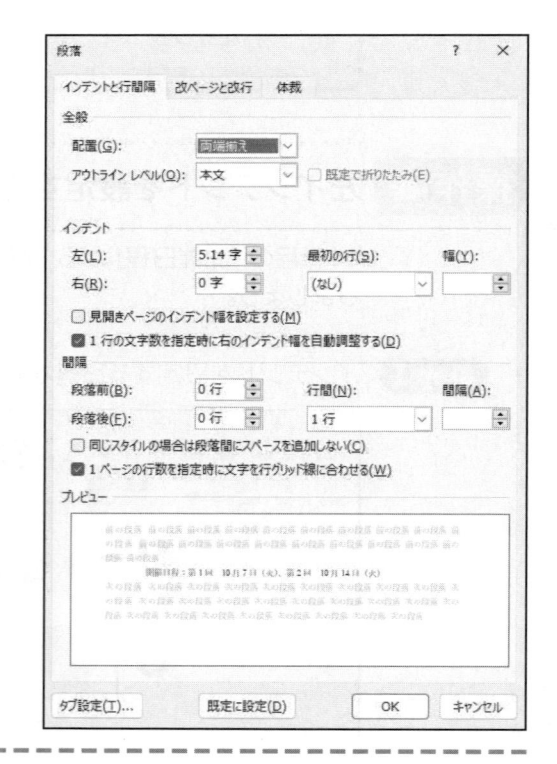

タブの設定

Tabキーを利用して、文字列を配置する位置を揃える機能を「タブ」と呼びます。複数の文字列を1行内に並べて表示したい場合などに利用します。既定では**Tab**キーを1度押すごとに4文字単位の左揃えタブが設定されていますが、この間隔は段落ごとに自由に変更することができます。

💡 ヒント　**編集記号の表示**

Tabキーを押すと、タブが挿入されたことを表す → （タブ）記号が表示されます。**Tab**キーを押しても → が表示されない場合は、［ホーム］タブの [編集記号の表示/非表示] ボタンをクリックして編集記号を表示します。

タブの種類は既定で左揃えタブが選択されています。設定するタブの種類を切り替えるには、水平ルーラーの左側にある ∟ をクリックします。 ⊥ （中央揃えタブ）、 ⌐ （右揃えタブ）、 ⊥ （小数点揃えタブ）、 ▮ （縦棒タブ）、 △ （ぶら下げインデント）、 ▽ （1行目のインデント）の順に表示が変わります。たとえば、 ⌐ （右揃えタブ）が表示されているときに水平ルーラー上をクリックすると、その位置に右揃えタブが設定されます。

∟ 左揃えタブ：指定されたタブ位置で文字列の先頭の文字を左に揃えて配置

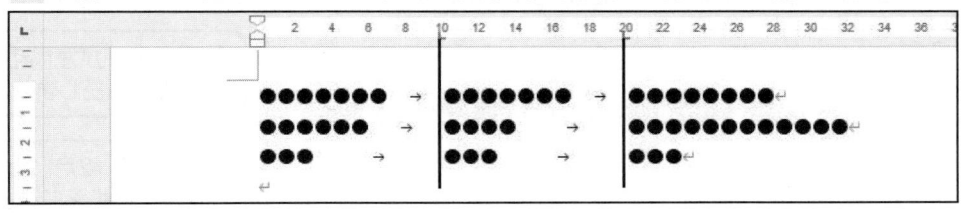

⊥ 中央揃えタブ：指定されたタブ位置で文字列を中央に揃えて配置

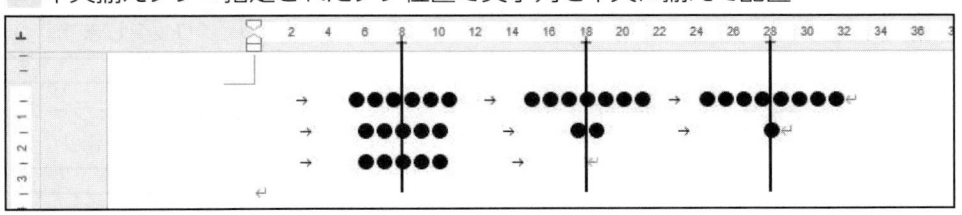

⌐ 右揃えタブ：指定されたタブ位置で文字列の最後の文字を右に揃えて配置

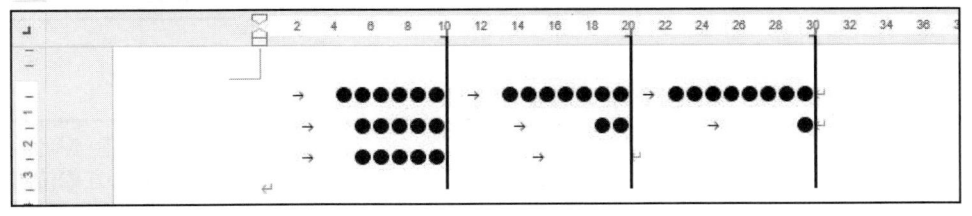

⊥ 小数点揃えタブ：指定されたタブ位置で数値の小数点の位置を揃えて配置

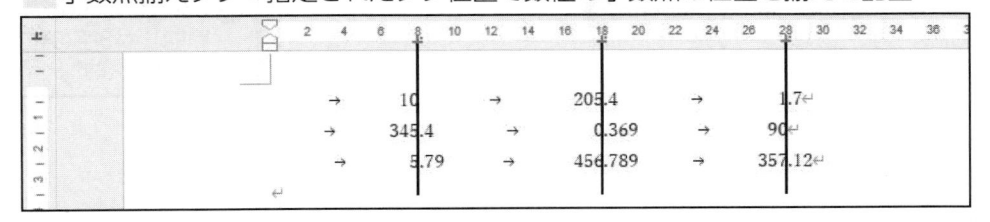

■ 縦棒タブ：指定されたタブ位置に縦線を配置

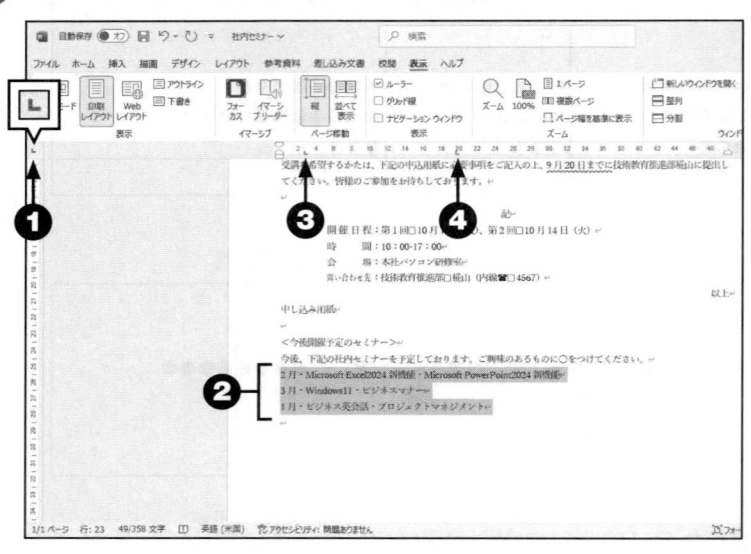

操作 ☞ タブを設定する

23行目「2月」から25行目「1月」までの3段落に対して、3字と20字の位置にタブを設定しましょう。
設定後、23行目から25行目に入力されている「月」と「セミナー名」の間に左揃えタブを入力しましょう。

Step 1 3字と20字の位置に左揃えタブを設定します。

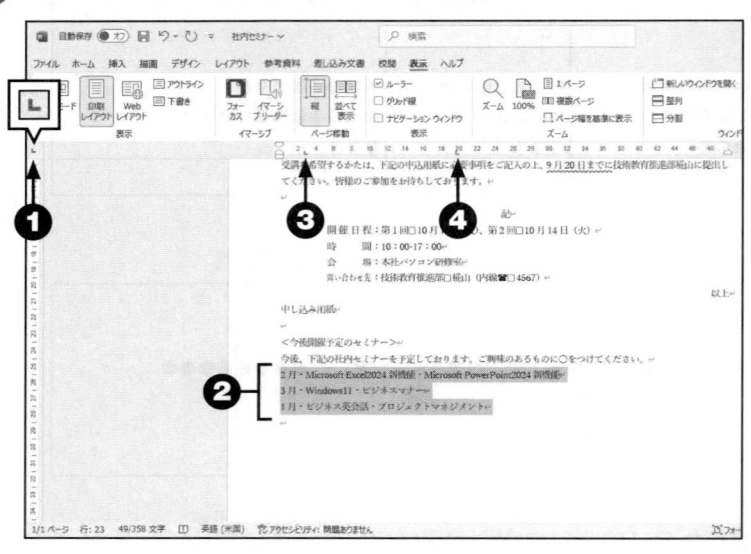

❶ ルーラーが左揃えタブになっていることを確認します。

❷ 23行目「2月」から25行目「1月」までの3段落を選択します。

❸ 水平ルーラーの約3字の位置をクリックします。

❹ 水平ルーラーの約20字の位置をクリックします。

❺ 水平ルーラーの3字と20字の位置にタブマーカーが表示されたことを確認します。

Step 2 タブを入力します。

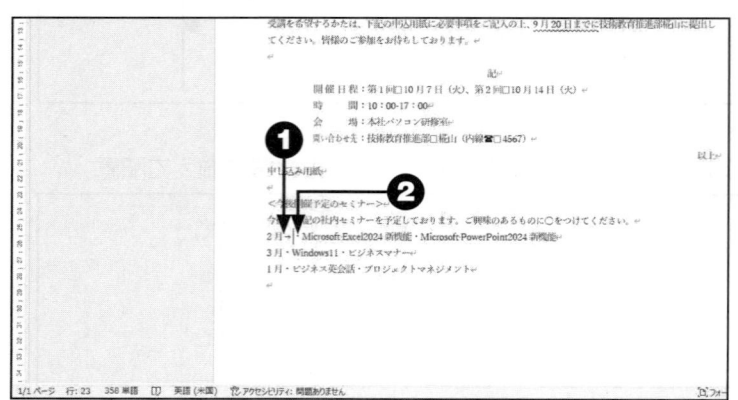

❶ 23行目「・Microsoft Excel2024新機能」の左の位置にカーソルを移動し、**Tab**キーを押します。

❷ 23行目「・Microsoft Excel2024新機能」が3字の位置に移動したことを確認します。

Step 3 各セミナーの表示位置を3字、20字の位置に揃えます。

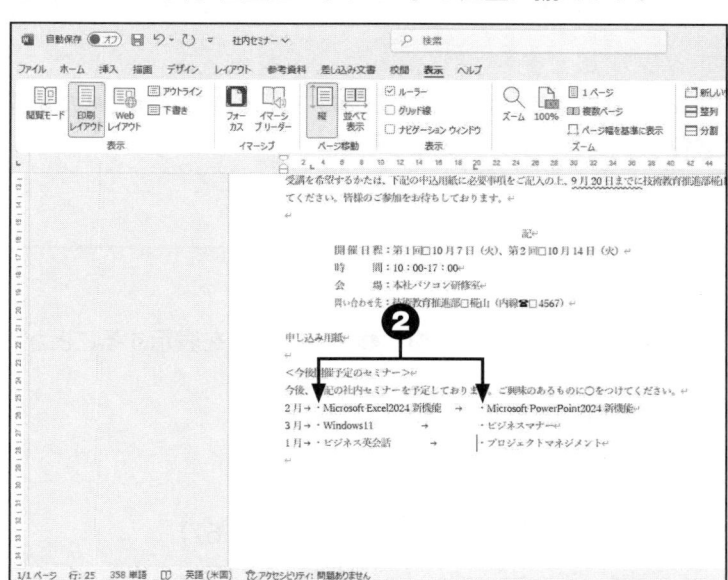

❶各セミナーの「・」の左にカーソルを移動し、**Tab**キーを押します。

❷各セミナーの表示位置が3字、20字の位置に揃えられたことを確認します。

💡 ヒント
タブを解除するには
タブを設定した段落を選択し、水平ルーラーに表示されたタブマーカーを文書内にドラッグすると、タブを解除することができます。

💡 ヒント **タブ位置を文字数で指定するには**

[タブとリーダー] ダイアログボックスを利用すると、タブを設定する位置を文字数で指定することができます。設定方法は次のとおりです。

1. [ホーム] タブの [段落] グループ右下の [段落の設定] ボタンをクリックします。
2. [段落] ダイアログボックスの [タブ設定] をクリックします。
3. [タブとリーダー] ダイアログボックスの [タブ位置] ボックスに、タブを設定したい文字位置を入力します。
4. [配置] からタブの種類を選択します。
5. リーダー (右下の図を参照) を使用する場合はリーダーの種類を選択します。
6. [設定] をクリックします。
7. すべてのタブ位置の指定が完了したら [OK] をクリックします。

■ **設定例**

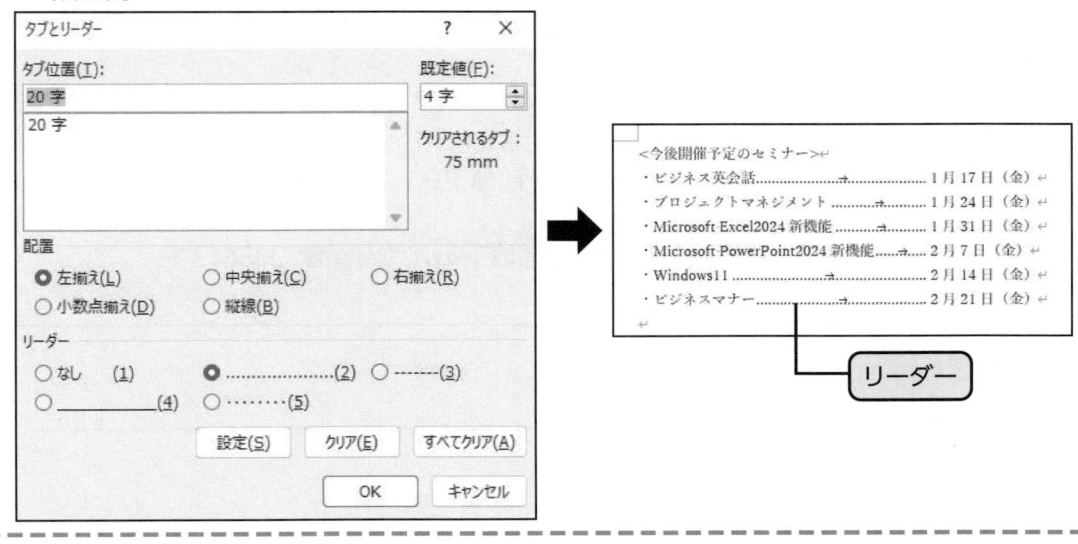

箇条書きの設定

段落の先頭に記号や番号を付けることができます。箇条書きの文章を読みやすくまとめたい場合に利用します。ここでは、段落の先頭に記号を付ける方法について学習します。

■ 箇条書き

次のように、段落の先頭に指定した種類の記号 (■や●、➢ など) を表示することができます。

- 開 催 日 程：2025年10月7日 (火)
- 時　　　　間：10：00-17：00
- 会　　　　場：本社パソコン研修室
- 問い合わせ先：技術教育推進部　椛山　（内線☎　4567）

■ 段落番号

次のように、段落の先頭に指定した種類の番号 (「①②③・・・」や「1.2.3.・・・」、「A) B) C)・・・)」など) を表示することができます。

1. 開 催 日 程：2025年10月7日 (火)
2. 時　　　　間：10：00-17：00
3. 会　　　　場：本社パソコン研修室
4. 問い合わせ先：技術教育推進部　椛山　（内線☎　4567）

■ 完成例

> ➢ → 開 催 日 程：第1回□10月7日（火）、第2回□10月14日（火）↵
>
> ➢ → 時　　　　間：10：00-17：00↵
>
> ➢ → 会　　　　場：本社パソコン研修室↵
>
> ➢ → 問い合わせ先：技術教育推進部□椛山（内線☎□4567）↵

操作☞ 段落の先頭に記号を付ける

14行目「開催日程」から17行目「問い合わせ先」までの4段落の先頭に「➢」を付けましょう。

Step 1 箇条書きの記号を付ける段落を選択します。

❶14行目「開催日程」から17行目「問い合わせ先」までの4段落を選択します。

Step 2 箇条書きの記号を選択します。

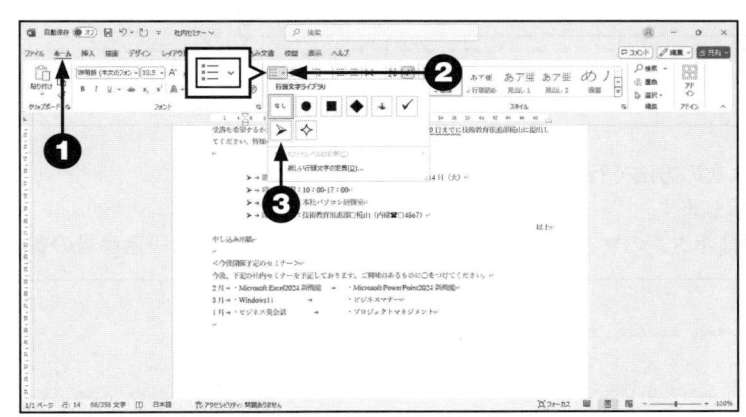

❶[ホーム] タブをクリックします。

❷[箇条書き] ボタンの▼をクリックします。

❸行頭文字ライブラリの一覧から➢をクリックします。

Step 3 選択を解除して、段落の先頭に記号が付いたことを確認します。

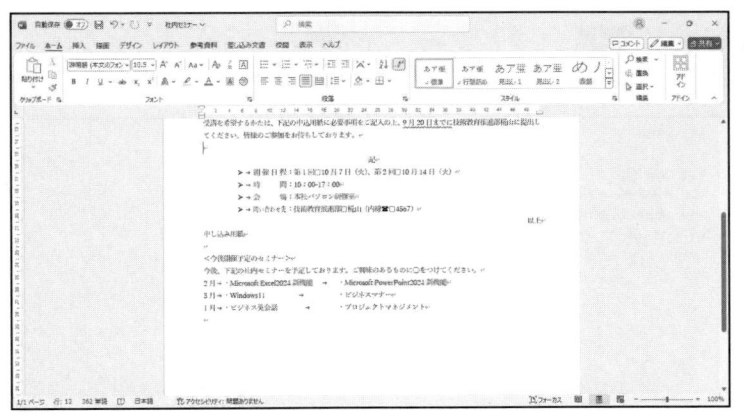

💡 **ヒント**

箇条書きを解除するには
箇条書きを設定した段落を選択し、[箇条書き] ボタンをクリックします。

段落にその他の記号を付けるには

箇条書き記号には、[箇条書き] ボタンをクリックして表示される記号以外も設定できます。手順は次のとおりです。

1. [ホーム] タブの [箇条書き] ボタンの▼をクリックし、[新しい行頭文字の定義] をクリックします。
2. [新しい行頭文字の定義] ダイアログボックスの [記号] をクリックします。
3. [記号と特殊文字] ダイアログボックスで段落の先頭に付ける記号を選択し、[OK] をクリックします。

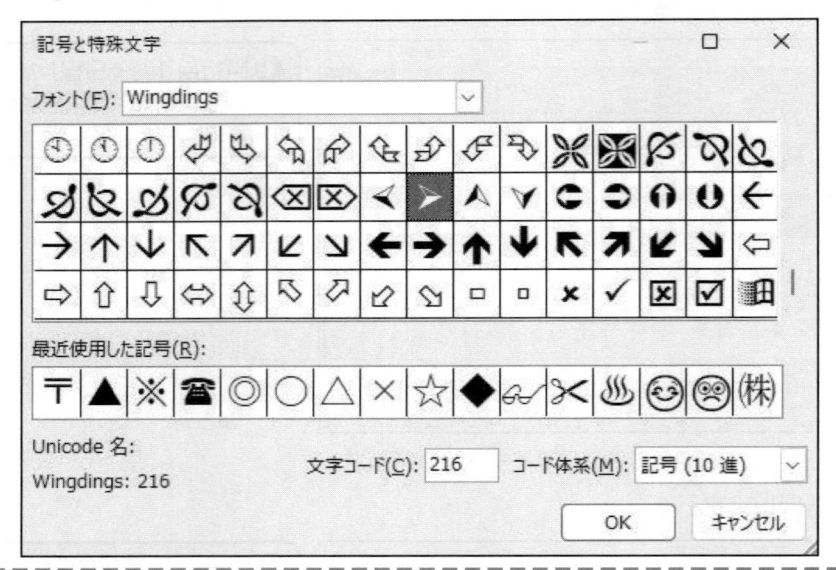

段落に番号を付けるには

段落に番号を付けたい場合は次の方法で行います。

1. 番号を付けたい段落を選択します。
2. [ホーム] タブの [段落番号] ボタンの▼をクリックし、番号ライブラリの一覧から段落番号の書式を選択します。

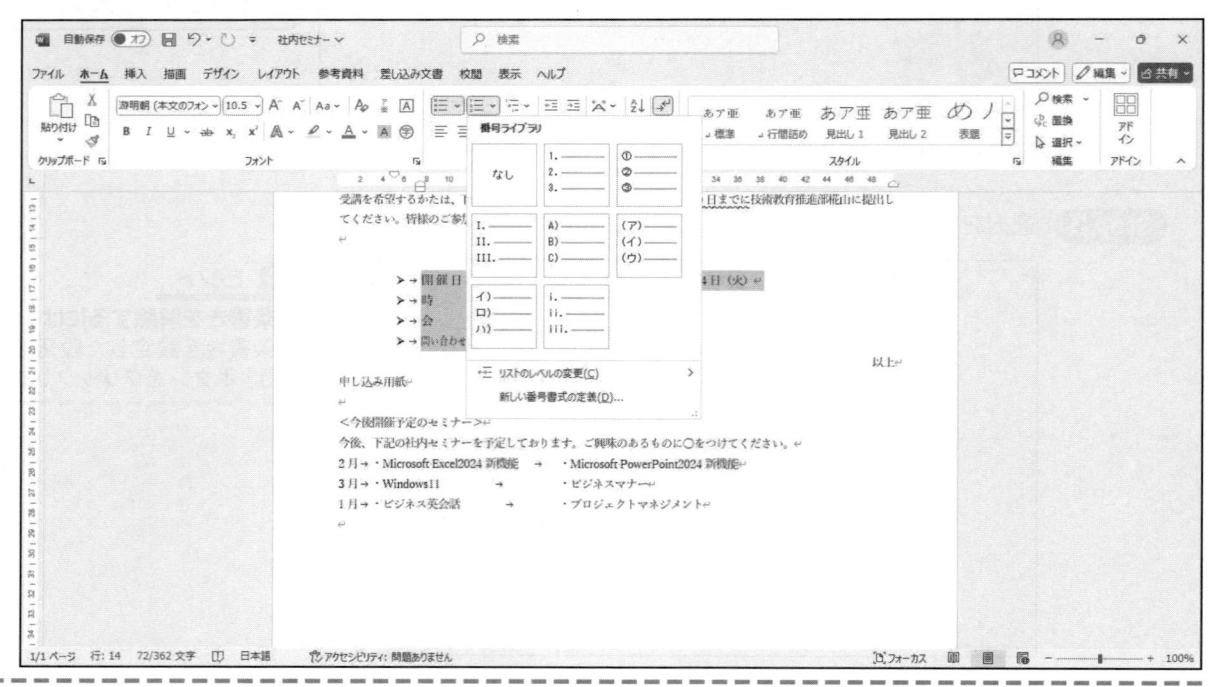

行間の変更

Wordでは、行の下端から次の行の下端までの間隔のことを「行間」と呼びます。行間の設定値を変更すると、選択されている段落のすべての行の行間が調整されます。

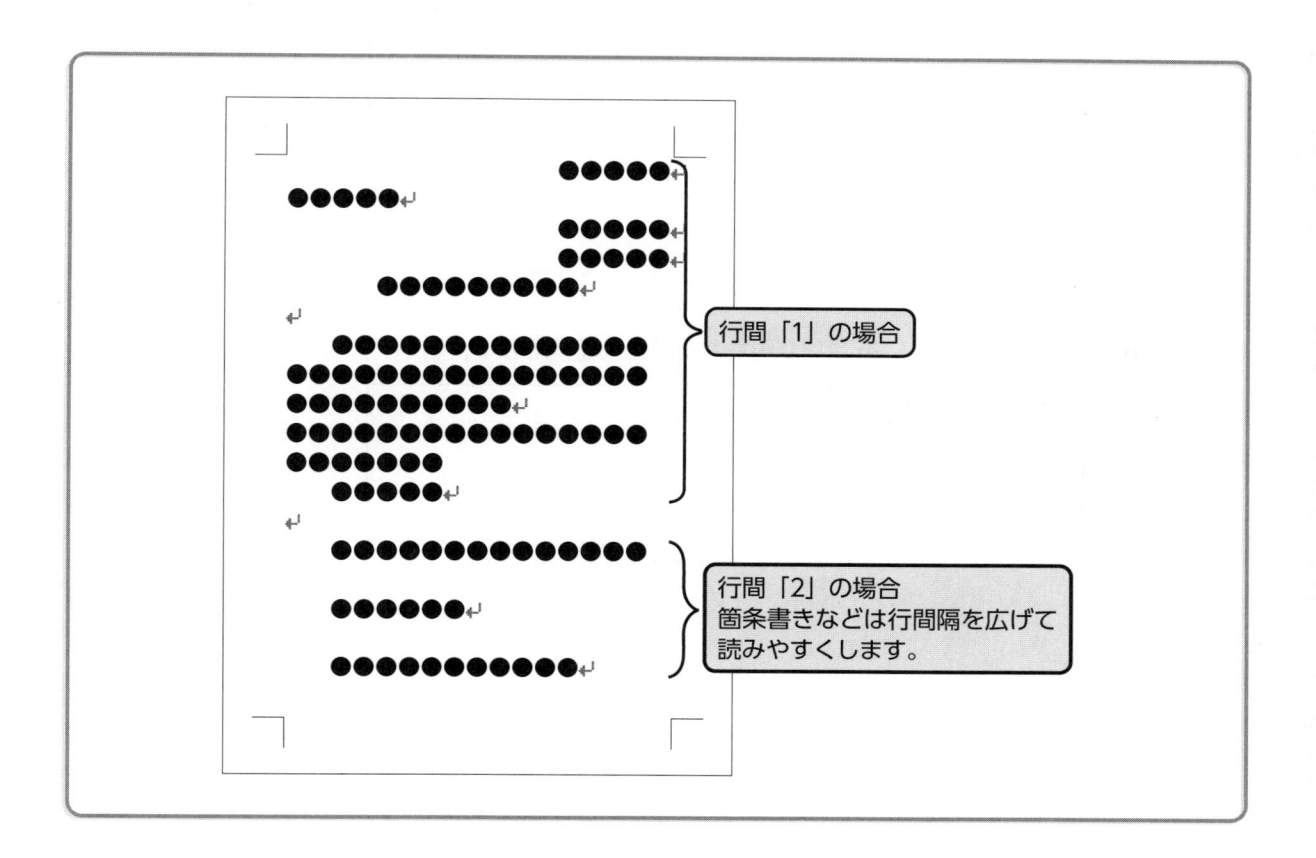

行間「1」の場合

行間「2」の場合
箇条書きなどは行間隔を広げて読みやすくします。

操作 👉 行間を変更する

14行目「開催日程」から17行目「問い合わせ先」までの4段落の行間を「1.5」に変更しましょう。

Step 1 行間を変更する段落を選択します。

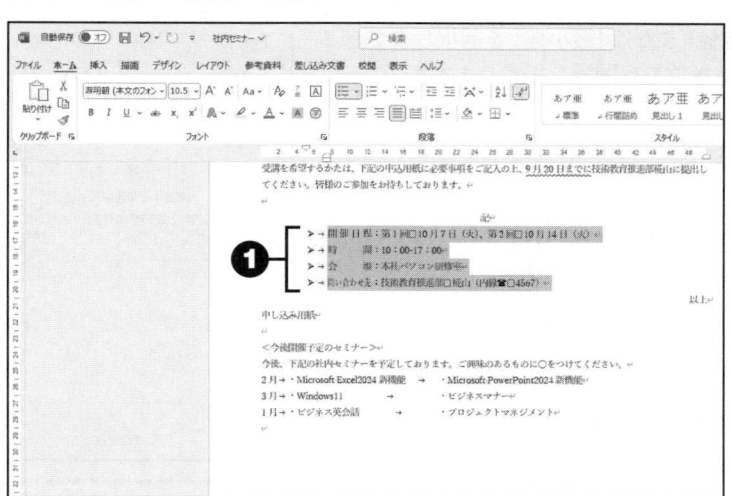

❶14行目「開催日程」から17行目「問い合わせ先」までの4段落を選択します。

Step 2 行間を変更します。

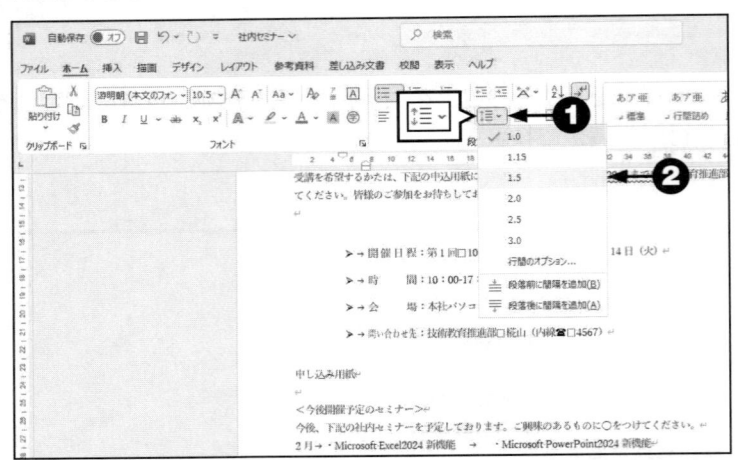

❶[行と段落の間隔] ボタンをクリックします。

❷[1.5] をクリックします。

Step 3 選択を解除して、行間が変更されたことを確認します。

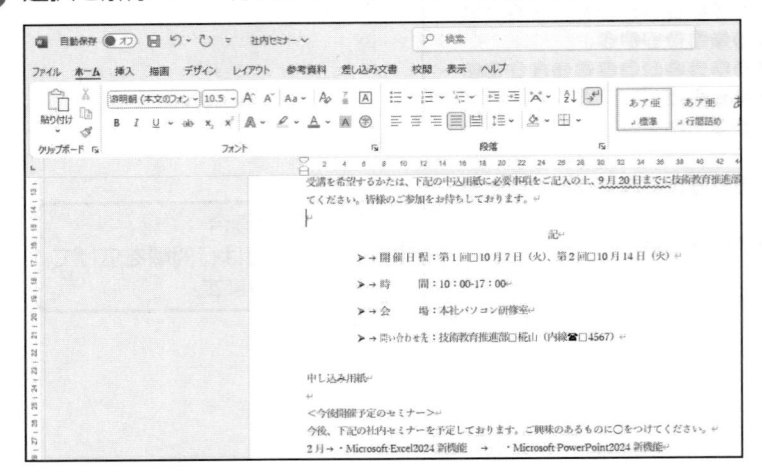

💡 **ヒント**

行間を微調整するには

[段落] ダイアログボックスを使うと、行間をポイント単位で指定して、微調整することができます。手順は次のとおりです。

1. [ホーム] タブの [行と段落の間隔] ボタンをクリックし、[行間のオプション] を選択します。
2. [段落] ダイアログボックスで [インデントと行間隔] タブをクリックします。
3. [行間] ボックスから [固定値] または [最小値] を選択します。
4. [間隔] ボックスにポイント単位で行間隔を指定します。

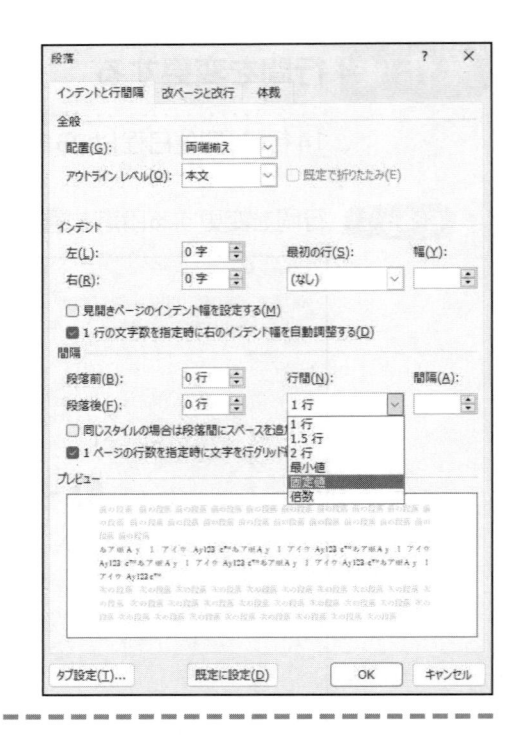

固定値	対象の段落に入力された文字に関係なく、行間を指定した値に固定します。
最小値	[間隔] ボックスに指定した値より大きなサイズの文字が対象の段落に入力されている場合、その文字に合わせて行間が調整されます。

また、[段落前] ボックスや [段落後] ボックスでは段落の前後の間隔を指定することができます。「6pt」などポイント単位で入力して指定することもできます。

段落の並べ替え

入力した文章は段落単位で日付や五十音順などに並べ替えることができます。ここでは、段落単位で並べ替える方法について学習します。

[並べ替え] ダイアログボックスの [種類] の一覧から選択できる並べ替えの種類は次のとおりです。

種類	並べ替えの順序
JISコード	JISコード番号順（半角1～9、A～Z、a～z、あ～ん、ア～ン、漢字）の順に並べ替えられます。
数値	全角、半角を区別しないで値の小さい順に並べ替えられます。
日付	日付と時刻の順に並べ替えられます。
五十音順	「A～Z、あ～ん」の順に並べ替えられます。ひらがな、カタカナは区別しません。

操作👉 段落単位で並べ替える

23行目「2月」から25行目「1月」までの3段落を並べ替えましょう。

Step 1 並べ替える段落を選択し、[並べ替え] ダイアログボックスを開きます。

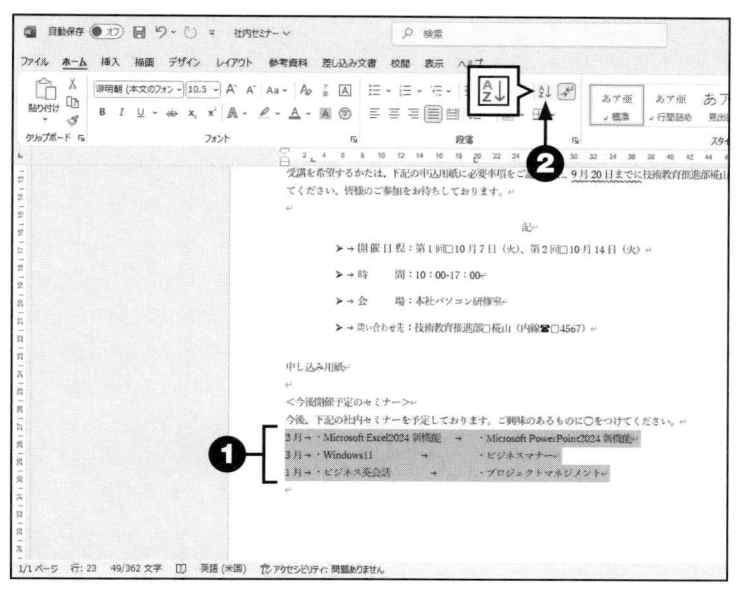

❶ 23行目「2月」から25行目「1月」までの3段落を選択します。

❷ [並べ替え] ボタンをクリックします。

Step 2 段落を並べ替えます。

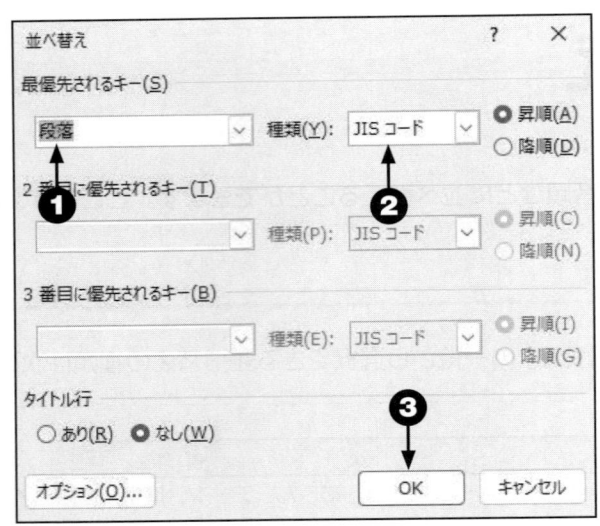

❶ [最優先されるキー] ボックスで「段落」が選択されていることを確認します。

❷ [種類] ボックスで「JISコード」が選択されていることを確認します。

❸ [OK] をクリックします。

Step 3 選択を解除し、段落が並べ替えられていることを確認します。

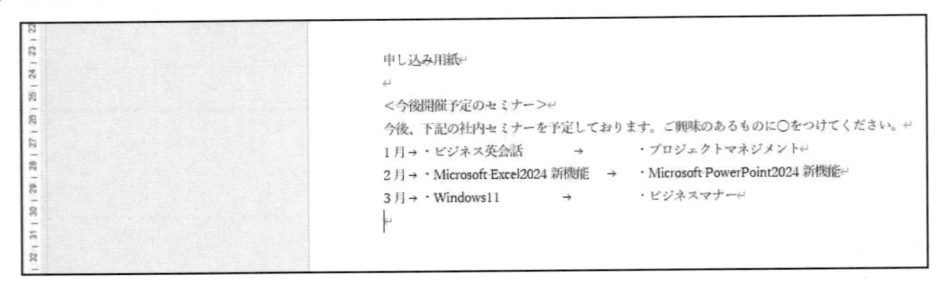

Step 4 🖫 [上書き保存] ボタンをクリックして文書を上書き保存します。

📶 この章の確認

☐ 文字単位や行単位で範囲を選択できますか？

☐ 選択した文章を移動またはコピーできますか？

☐ 文字のサイズや書体、色を変更できますか？

☐ 文字に下線を引くことができますか？

☐ 文字列を均等割り付けすることができますか？

☐ 文字列の配置（中央揃えや右揃え）を変更できますか？

☐ 段落にインデントを設定できますか？

☐ 段落にタブを設定できますか？

☐ 段落に箇条書きや段落番号を設定できますか？

☐ 段落の行間隔や段落間隔を変更できますか？

☐ 段落を並べ替えることができますか？

文字のフォントサイズ、書体、種類を変更し、均等割り付けや下線を設定しましょう。また、文字列の配置の変更、行や段落の間隔の変更、タブの設定をしましょう。

1. ［Word2024基礎］フォルダーの中の［復習問題］フォルダーから、ファイル「復習3-1　歓迎会」を開きましょう。

2. 20行目の「<10月に異動してきた方々>」のフォントサイズを14ポイントに変更し、太字と二重下線を設定しましょう。

3. 27行目の「氏名」と28行目の「参加・不参加」のフォントサイズを16ポイントに変更し、フォントを「HG創英角ゴシックUB」に変更しましょう。

4. 16行目の「日時　2025年10月17日（金）」を13行目に移動しましょう。

5. 9行目の「10月10日（金）」に波線の下線を設定しましょう。

6. 13行目の「日時」、14行目の「場所」、15行目の「TEL」、16行目の「参加費」が3文字幅になるように、均等割り付けを設定しましょう。

7. 1行目の「2025年10月3日」と3行目の「総務部　本田」を右揃えにし、25行目の「切り取り線」を中央揃えにしましょう。

8. 13行目の「日時」から16行目の「参加費」までの段落の後に0.5行の間隔を追加しましょう。

9. 21行目の「吉田秀雄」から23行目の「森崎一郎」までの行間隔を1.5に変更しましょう。

10. 13行目の「日時」から16行目の「参加費」までの4段落の14文字目に左揃えタブを設定してから、項目名（「日時」、「場所」など）と内容の間にタブを入力しましょう。

11. 13行目の「日時」から16行目の「参加費」までの4段落と、21行目の「吉田秀雄」から23行目の「森崎一郎」までの3段落に約6文字分の左インデントを設定しましょう。

12. ［Word2024基礎］フォルダーの中の［保存用］フォルダーに、「復習3-1　歓迎会」という名前でファイルを保存しましょう。

13. ファイル「復習3-1　歓迎会」を閉じましょう。

2025 年 10 月 3 日

関係者各位

総務部□ 本田

歓迎会のお知らせ

10 月の人事異動で、3 名が総務部に異動してきました。新しい仲間との親交を深めるため、下記のように歓迎会を開催したいと存じます。
つきましては、下記フォームにご記入いただき <u>10 月 10 日（金）</u>までに、本田（内線□ 4587）にご提出いただきたくお願いします。

記

日　時	→	2025 年 10 月 17 日（金）
場　所	→	居酒屋「いっぺい」（みさき銀行となりのビル□ 1 階）
ＴＥＬ	→	☎03-1234-5678
参加費	→	5,000 円

以上

＜10 月に異動してきた方々＞

吉田秀雄（新潟支社より異動）

斉藤明人（大阪支社より異動）

森崎一郎（名古屋支社より異動）

切り取り線

氏名

参加・不参加

 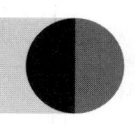

文字を他の場所にコピーをしましょう。文字のフォントサイズと色を変更し、均等割り付けや下線を設定しましょう。文字列の配置を変更し、インデントや箇条書き記号を設定しましょう。

1. ［Word2024基礎］フォルダーの中の［復習問題］フォルダーから、ファイル「復習3-2　社員旅行」を開きましょう。

2. 12行目の「☎」を13行目の「内線」の後ろにコピーしましょう。

3. 5行目の「社員旅行のご案内」のフォントサイズを24ポイントに変更し、「塗りつぶし：オレンジ、アクセントカラー2;輪郭:オレンジ、アクセントカラー2」の文字の効果と体裁を設定しましょう。

4. 10行目の「日程」と15行目の「料金および集合時間」のフォントサイズを12ポイントに変更し、太字と二重下線を設定しましょう。

5. 11行目の「日時」、12行目の「宿泊先」、13行目の「担当者」が6文字幅になるように均等割り付けを設定しましょう。

6. 1行目の「福利厚生課」、2行目の「2025年10月3日」を右揃えにし、5行目の「社員旅行のご案内」を中央揃えにしましょう。

7. 7行目の「今年も」から8行目の「ご参加ください。」までの段落の最初の行に、約1文字分のインデントを設定しましょう。

8. 11行目の「日時」から13行目の「担当者」の先頭に、箇条書き記号「◆」を付けましょう。

9. ［Word2024基礎］フォルダーの中の［保存用］フォルダーに、「復習3-2　社員旅行」という名前でファイルを保存しましょう。

10. ファイル「復習3-2　社員旅行」を閉じましょう。

福利厚生課↵
2025 年 10 月 3 日↵

社員各位↵
↵

社員旅行のご案内↵

　今年も恒例の社員旅行の時期となりました。下記の通り社員旅行を実施いたします。今年は、現地集合とバスの参加が選べます。皆さま、是非ともご参加ください。↵
↵

日程↵

◆→日　　　時：2025 年 11 月 15 日（土）〜16 日（日）↵
◆→宿　　泊　先：🚌箱根レイクサイド・ビレッジホテル（TEL☎□0120-2222-3333）↵
◆→担　　当　者：三枝（福利厚生課□内線☎□1234）↵
↵

料金および集合時間↵

↵
参加申込書↵

↵
↵

第4章

表の作成と編集

- 表の概念と構成要素
- 表の挿入
- 表への文字の入力
- 表の編集
- 表のデザインと配置

表の概念と構成要素

表を利用すると、集計値や項目を見やすくまとめたり、文字や画像を整列して配置したりすることができます。

表は次のような部分で構成されます。

文書に5行4列の表を挿入し、文字を入力してデザインを整えます。

■ 完成例

表の挿入

Wordには、表を作成するためのさまざまなツールが用意されています。必要な列数と行数を指定して作成することも、マウスのドラッグ操作で線を引きながら作成することもできます。また、既に入力されたタブ区切りの文字列を表に変換することもできます。

ここでは、列数と行数を指定して表を作成する方法について学習します。

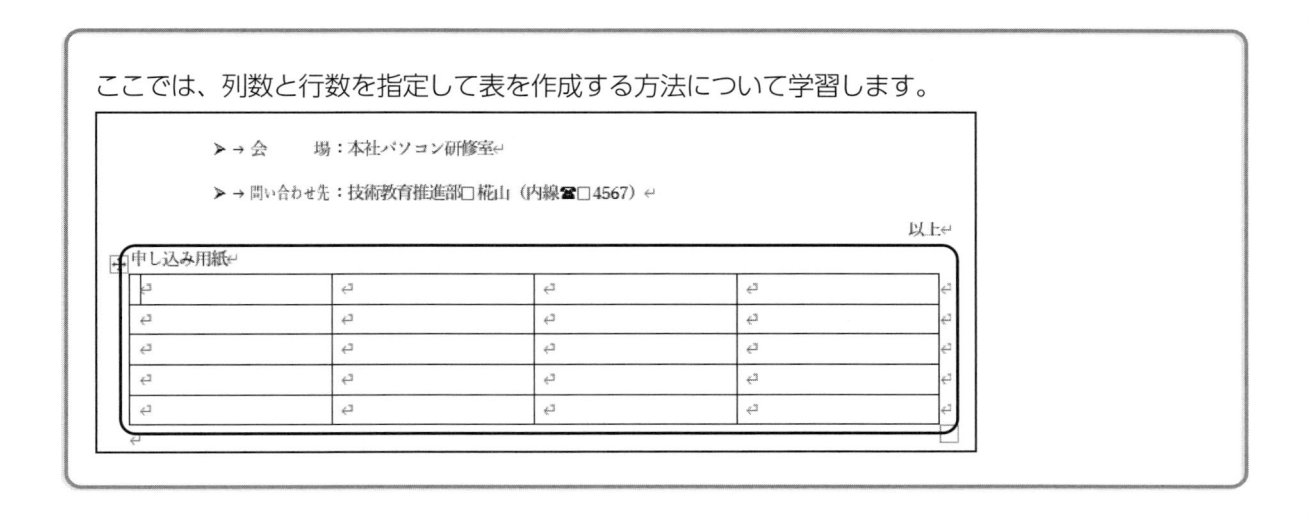

操作☞ 表を挿入する

20行目、「申し込み用紙」の次の行に5行4列の表を挿入しましょう。

Step 1 [保存用] フォルダーにある文書「社内セミナー」を開きます。本章から学習を開始する場合は、[Word2024基礎] フォルダーにある文書「4章_社内セミナー」を開きます。

Step 2 表を挿入する位置にカーソルを移動します。

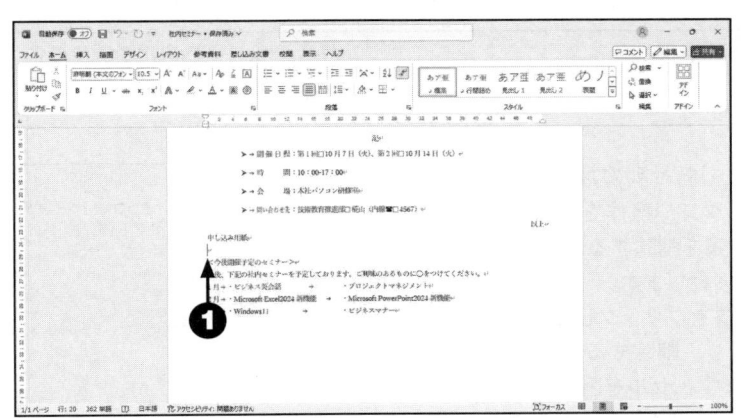

❶20行目、「申し込み用紙」の次の行をクリックします。

Step 3 表を挿入します。

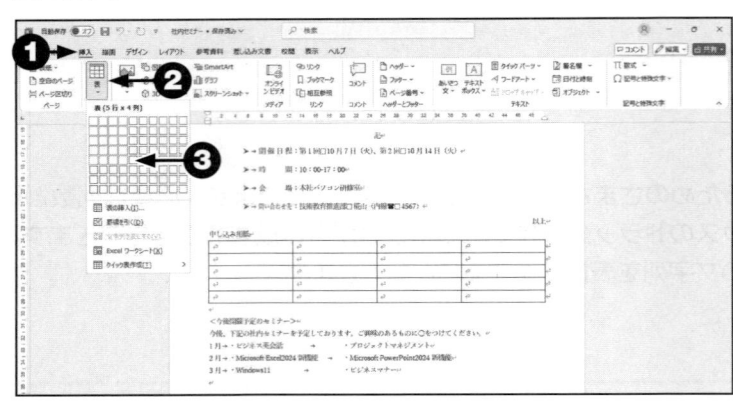

❶[挿入] タブをクリックします。

❷[表] ボタンをクリックします。

❸5行4列の位置のボックスをクリックします。

💡 ヒント
表のプレビュー
[表] ボタンをクリックしてボックスをポイントすると、表が文書にリアルタイムでプレビューされ、挿入される表を事前に確認することができます。

Step 4 表が挿入されたことを確認します。

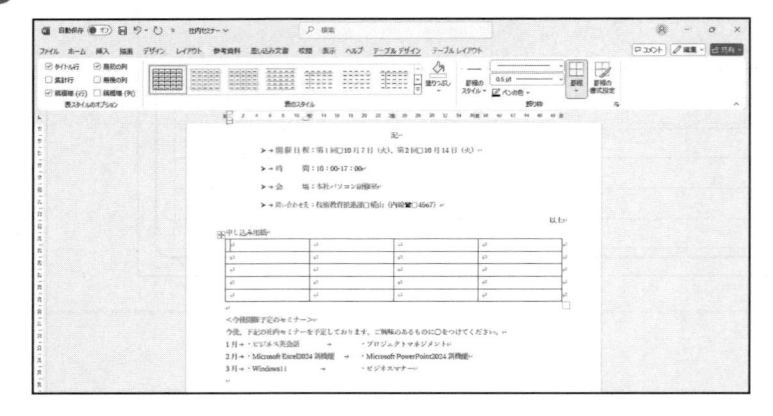

💡 ヒント　**[テーブルデザイン]タブ**

文書に表を挿入すると、リボンは表を編集するためのボタンが集められた [テーブルデザイン] タブに自動的に切り替わります。表以外をクリックすると、非表示になります。再度 [テーブルデザイン] タブを表示するには、表内をクリックします。

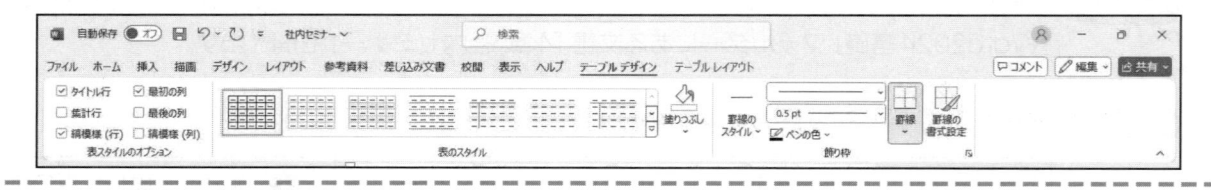

💡 ヒント　**表を誤って挿入した場合**

表を挿入する場所を間違えたり行や列の数を間違えたりした場合、🔄 [元に戻す] ボタンで操作を元に戻すことができます。また、次の操作で表を削除することができます。
1. 挿入した表にカーソルを移動します。
2. [テーブルレイアウト] タブをクリックします。
3. [削除] ボタンをクリックし、削除する対象（セル、列、行、または表）を選択します。セルを選択した場合に表示される [表の行/列/セルの削除] ダイアログボックスでは、削除後に左または上のどちらに詰めるかを指定できます。

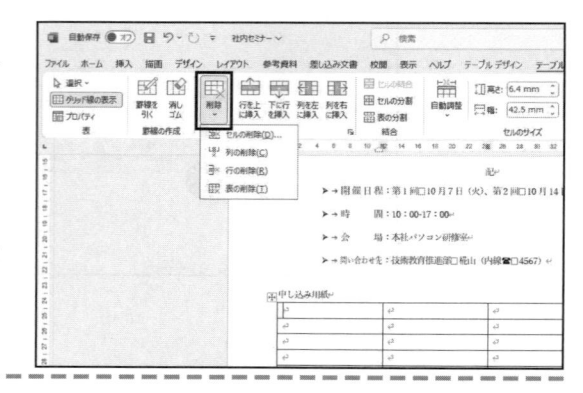

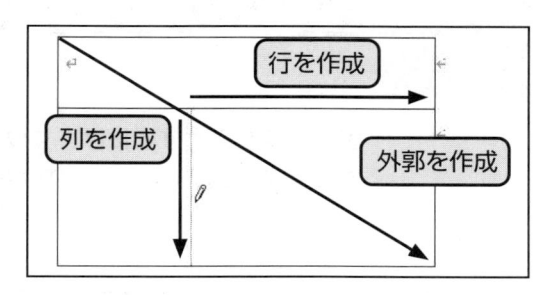

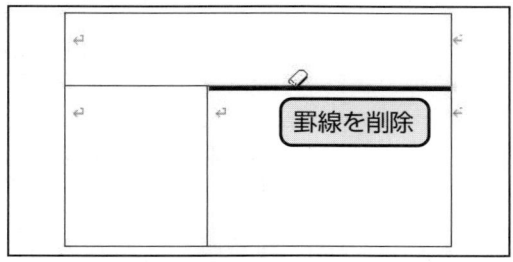

🔆 ヒント　その他の表の作成方法

表を作成する他の方法として、次のような方法があります。

■ マウスのドラッグ操作で作成する方法

1. ［挿入］タブの［表］ボタンをクリックし、［罫線を引く］を
   クリックします。
2. マウスポインターの形状が ✏ に変わったことを確認し、
   斜め方向にドラッグして表の外郭の四角形を作成します。
3. 四角形の中で横方向または縦方向にドラッグして罫線を
   引き、行と列を作成します。
4. 誤った罫線を引いてしまった場合は［テーブルレイアウト］
   タブの［消しゴム］ボタンをクリックし、削除したい罫線
   をクリックします。再び罫線を引く場合は［罫線を引く］
   ボタンをクリックします。
5. **Esc**キーを押して作成を終了します。

■ 列数と行数を指定して作成する方法

1. 表を挿入する位置にカーソルを移動します。
2. ［挿入］タブの［表］ボタンをクリックし、［表の挿入］をクリックしま
   す。
3. ［表の挿入］ダイアログボックスで作成する表の列数と行数を指定し、
   ［OK］をクリックします。

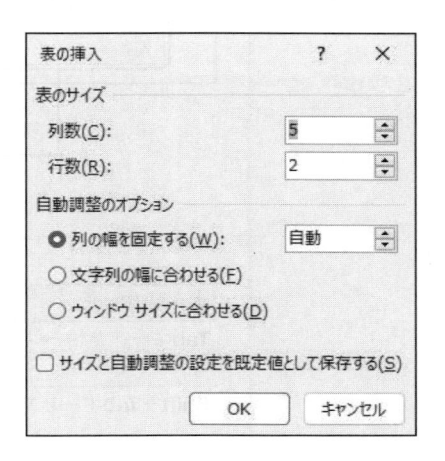

■ タブ区切りの文字列を表に変換する方法

1. 表に変換したいタブ区切りの文字列を選択します。
2. ［挿入］タブの［表］ボタンをクリックし、［文字列を表にする］をク
   リックします。
3. ［文字列を表にする］ダイアログボックスで列数と行数を確認し、
   ［OK］をクリックします。

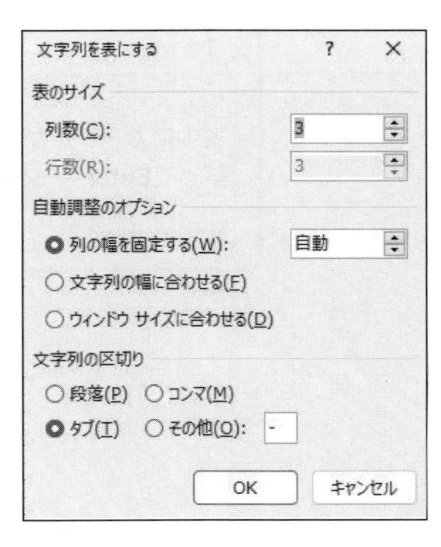

表への文字の入力

表に文字を入力するには、マウスまたはキー操作で文字を入力したいセルにカーソルを移動して入力します。ここでは、表に文字を入力する方法を学習します。

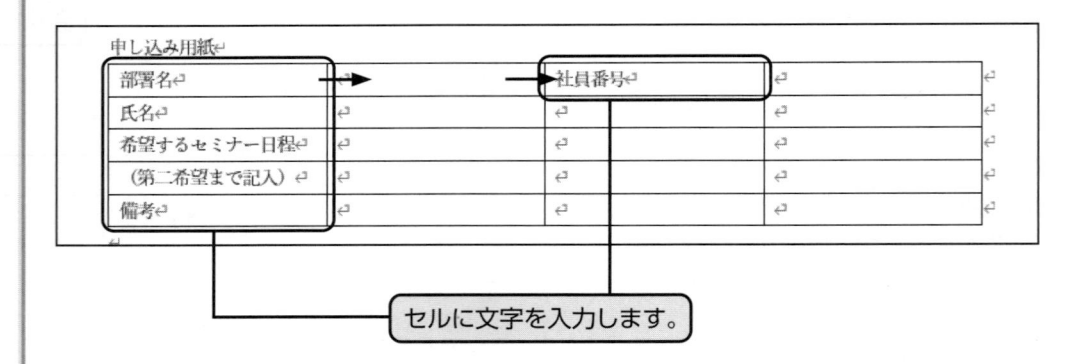

次のキー操作でカーソルを移動することができます。

キー操作	動作
Tabキーまたは➡キー	右のセルにカーソルを移動します。 右端のセルにカーソルがある場合は次の行に移動します。
Shift＋**Tab**キーまたは⬅キー	左のセルにカーソルを移動します。 左端のセルにカーソルがある場合は上の行に移動します。
↓キー	下のセルにカーソルを移動します。
↑キー	上のセルにカーソルを移動します。

表中にカーソルがある状態で**Enter**キーを押すと、セル内で改行され、行の高さが拡大されます。誤って**Enter**キーを押してしまった場合は、**BackSpace**キーを押して改行を削除します。

操作 👉 セルに文字を入力する

Step 1 1行目1列目と3列目のセルに文字を入力します。

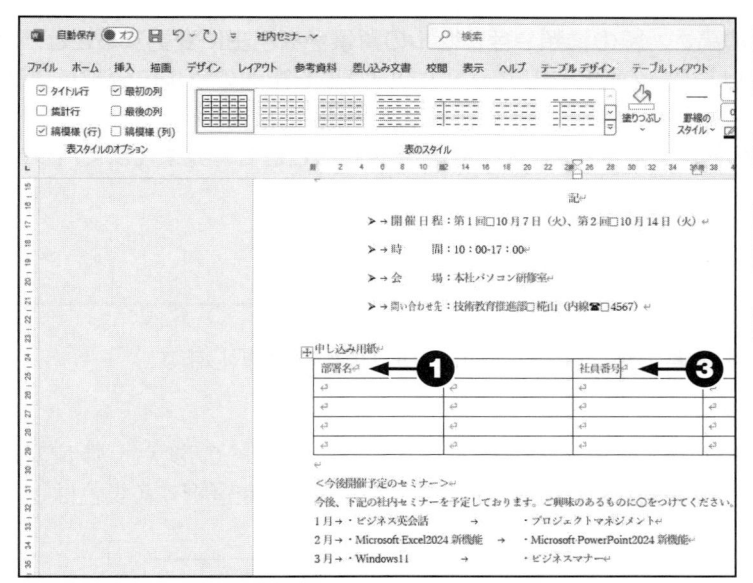

❶ 1行目1列目のセルをクリックします。

❷ 「部署名」と入力します。

❸ **Tab**キーを2回押してカーソルを1行目3列目のセルに移動します。

❹ 「社員番号」と入力します。

Step 2 同様に他の文字を入力します。

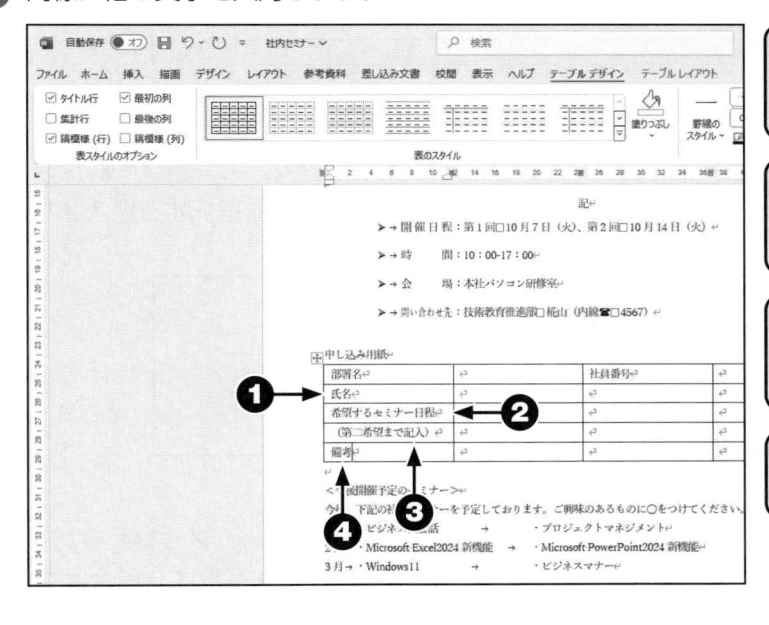

❶ 2行目1列目のセルをクリックし、「氏名」と入力して↓キーを押します。

❷ 3行目1列目のセルに「希望するセミナー日程」と入力して↓キーを押します。

❸ 4行目1列目のセル「(第二希望まで記入)」と入力して↓キーを押します。

❹ 5行目1列目のセルに「備考」と入力します。

表の編集

作成した表の列の幅、行の高さ、線の種類や色、セルの背景色を自由に変更することができます。また、複数のセルを結合して1つのセルにしたり、1つのセルを複数のセルに分割したりすることもできます。

各セルに入力する文字列の内容や量を考慮して表の編集を行うことで、見栄えよくバランスのとれた表に仕上げることができます。

表を編集するには、まず編集する範囲を行、列、セルの単位で選択します。

■ 行単位で選択するには

選択する行の左側にマウスポインターを移動し、マウスポインターの形状が $\nearrow$ に変わったときにクリックすると、1行を範囲選択することができます。複数行を選択する場合は上下の方向にドラッグします。

田 申し込み用紙↵				
部署名↵	↵	社員番号↵	↵	
氏名↵	↵	↵	↵	
希望するセミナー日程↵	↵	↵	↵	
(第二希望まで記入) ↵	↵	↵	↵	
備考↵	↵	↵	↵	
↵				

■ 列単位で選択するには

選択する列の上側にマウスポインターを移動し、マウスポインターの形状が $\downarrow$ に変わったときにクリックすると、1列を範囲選択することができます。複数列を選択する場合は左右の方向にドラッグします。

田 申し込み用紙↵				
部署名↵	↵	社員番号↵	↵	
氏名↵	↵	↵	↵	
希望するセミナー日程↵	↵	↵	↵	
(第二希望まで記入) ↵	↵	↵	↵	
備考↵	↵	↵	↵	
↵				

■ セル単位で選択するには

選択するセルの内側の左端をポイントし、マウスポインターの形状が $\nearrow$ に変わったときにクリックすると、1つのセルを選択することができます。複数のセルを選択する場合はマウスポインターの形状が $\nearrow$ のとき、またはセル内をポイントして I に変わったときにドラッグします。

田 申し込み用紙↵				
部署名↵	↵	社員番号↵	↵	
氏名↵	↵	↵	↵	
希望するセミナー日程↵	↵	↵	↵	
(第二希望まで記入) ↵	↵	↵	↵	
備考↵	↵	↵	↵	
↵				

■ 表全体を選択するには

表をポイントし、表の左上に表示される 田 (表の移動ハンドル) をクリックして表全体を選択することができます。カーソルを表内に移動して [テーブルレイアウト] タブの [表] グループにあ

る[選択]ボタンをクリックし、[表の選択]をクリックしても表全体を選択することができます。

⊞申し込み用紙			
部署名		社員番号	
氏名			
希望するセミナー日程			
（第二希望まで記入）			
備考			

■ 選択を解除するには

行、列、セル、表全体の選択を解除するには、選択範囲以外の場所をクリックします。

行や列の挿入と削除

挿入した表に行や列を追加または削除することができます。

操作👉 行を挿入する

表の3行目の上に行を挿入しましょう。

Step 1 挿入する行を選択します。

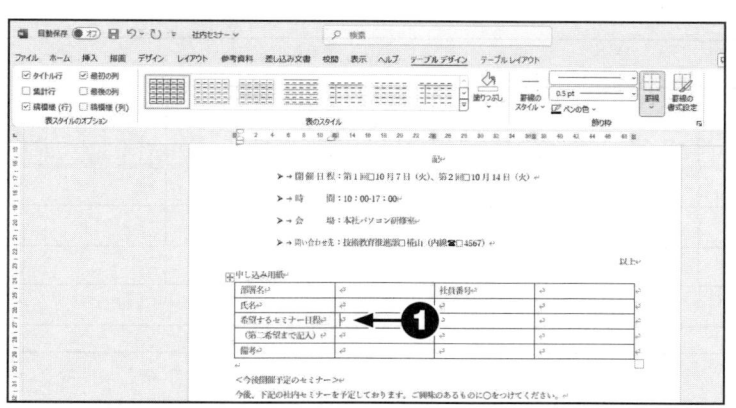

> ❶3行目のいずれかのセルをクリックします。

Step 2 行を挿入します。

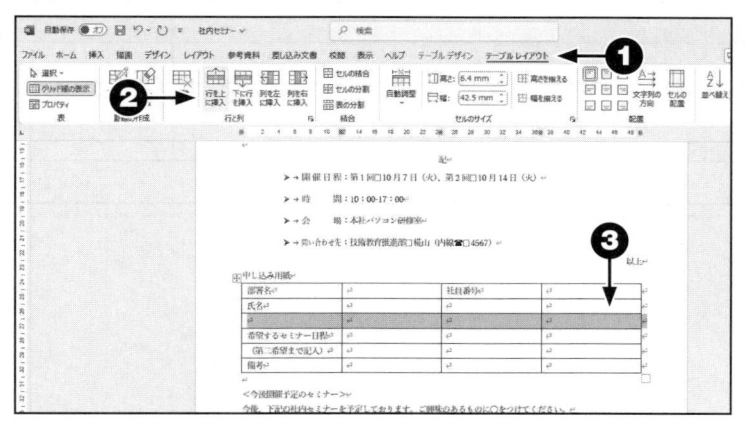

> ❶[テーブルレイアウト] タブをクリックします。
>
> ❷[行を上に挿入] ボタンをクリックします。
>
> ❸3行目に行が挿入されたことを確認します。

行と列の挿入ボタンについて

[レイアウト] タブにある [行と列] グループの各ボタンを利用して、表に行や列を挿入することができます。

ボタン	機能	ボタン	機能
行を上に挿入	選択した行の上の位置に行が挿入されます。	下に行を挿入	選択した行の下の位置に行が挿入されます。
列を左に挿入	選択した列の左の位置に列が挿入されます。	列を右に挿入	選択した列の右の位置に列が挿入されます。

🔆 ヒント

[セルの挿入] ボタンを使った挿入

[セルの挿入] ボタンを使用すると、行や列の他にセルの挿入もできます。手順は次のとおりです。

1. セル内にカーソルを移動します。
2. [テーブルレイアウト] タブをクリックし、[行と列] グループ右下の [セルの挿入] ボタンをクリックします。
3. [表の行/列/セルの挿入] ダイアログボックスが表示されたら、目的の操作をクリックして [OK] をクリックします。

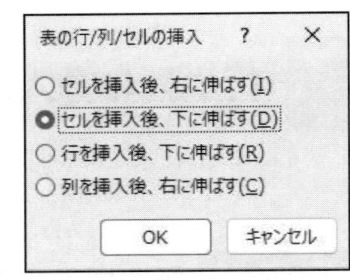

🔆 ヒント

行と列の挿入ガイドについて

行や列の境目にマウスポインターを合わせるとガイドが表示されます。クリックすると、ガイドが表示された位置に行や列を挿入することができます。

申し込み用紙				
部署名		社員番号		
氏名				
希望するセミナー日程				
(第二希望まで記入)				
備考				

申し込み用紙				
部署名		社員番号		
氏名				
希望するセミナー日程				
(第二希望まで記入)				
備考				

操作 🖐 行を削除する

3行目を削除しましょう。

Step 1 行を削除します。

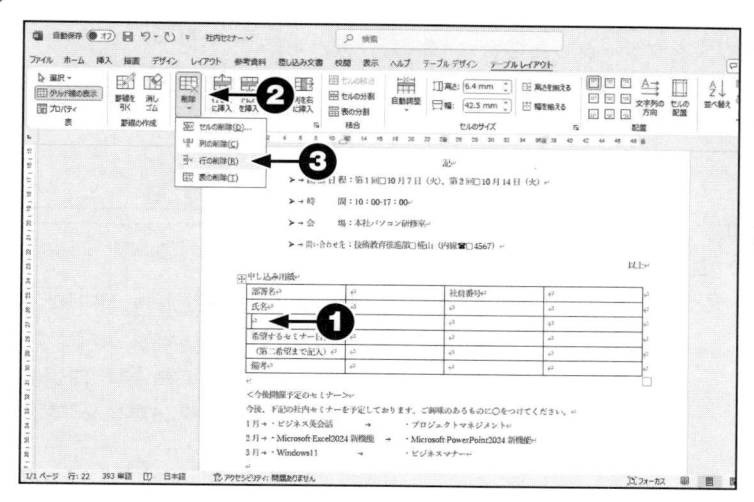

❶ 3行目のセルをクリックします。

❷ [テーブルレイアウト] タブの [削除] ボタンをクリックします。

❸ [行の削除] をクリックします。

Step 2 行が削除されたことを確認します。

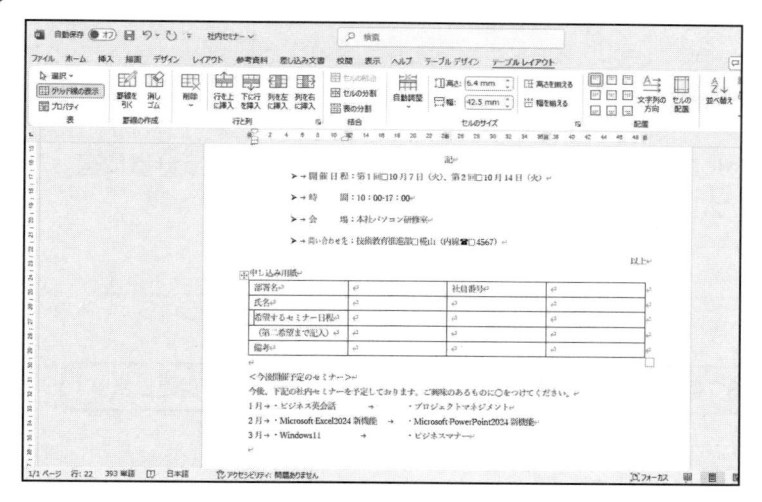

💡 ヒント　[削除] ボタンについて

[レイアウト] タブにある [削除] ボタンをクリックすると次のボタンが表示され、表のセル、列、行、および表全体を削除することができます。

ボタン	機能
🔲 セルの削除(D)...	選択したセルを削除します。
🔲 列の削除(C)	選択した列を削除します。
🔲 行の削除(R)	選択した行を削除します。
🔲 表の削除(T)	選択した表を削除します。

右クリックによる行、列、セルの挿入と削除について

行、列、セルを右クリックして表示されるメニューからも、行、列、セルの挿入や削除が行えます。

■ 行、列、セルの挿入

1. セルを右クリックします。
2. ショートカットメニューの [挿入] から行や列を挿入する位置をクリックします。[セルの挿入] をクリックした場合は [表の行/列/セルの挿入] ダイアログボックスで目的の操作を選択します。

■ 行、列、セルの削除

1. 行、列またはセルを右クリックします。
2. ショートカットメニューの [表の行/列/セルの削除] をクリックし、[表の行/列/セルの削除] ダイアログボックスで削除方法を選択します。

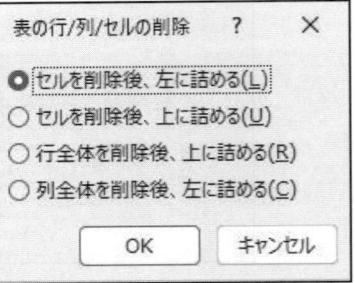

列の幅と行の高さの変更

列の幅や行の高さを調整して、セルのサイズをそれぞれの項目に記入してもらう分量に適したものにしたり、入力されている文字列の幅に合わせて見栄えをよくしたりします。

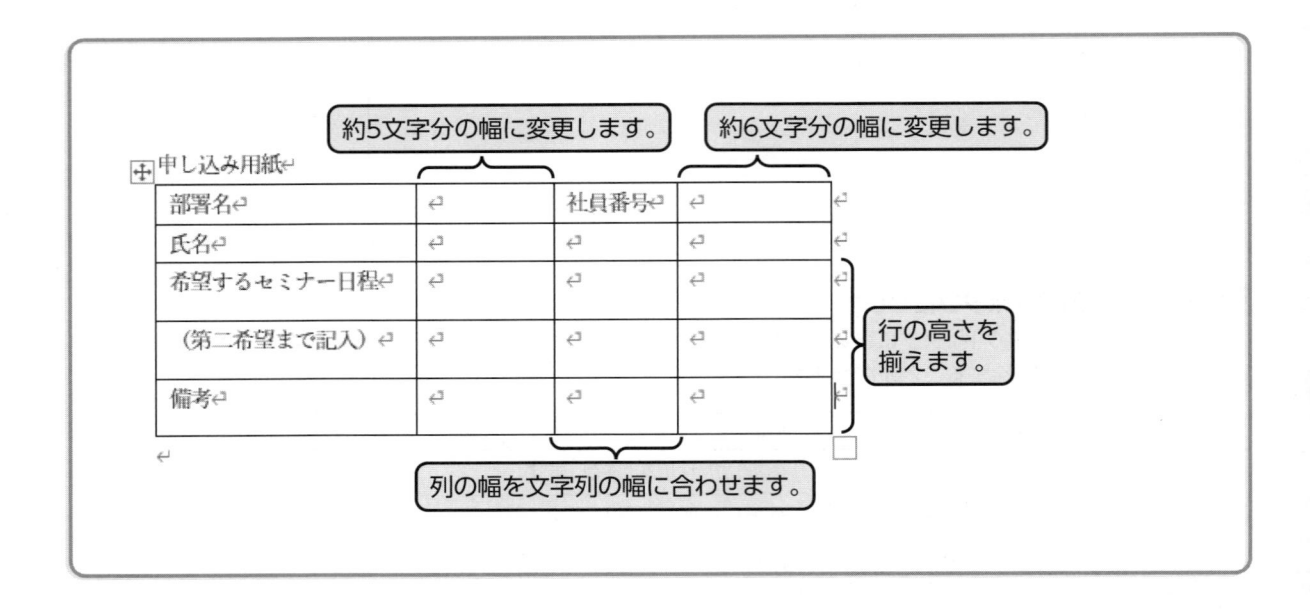

2列目を約5文字分の幅に、4列目を約6文字分の幅に変更し、3列目は入力されている文字列の幅に合わせましょう。

Step 1 2列目の幅を変更します。

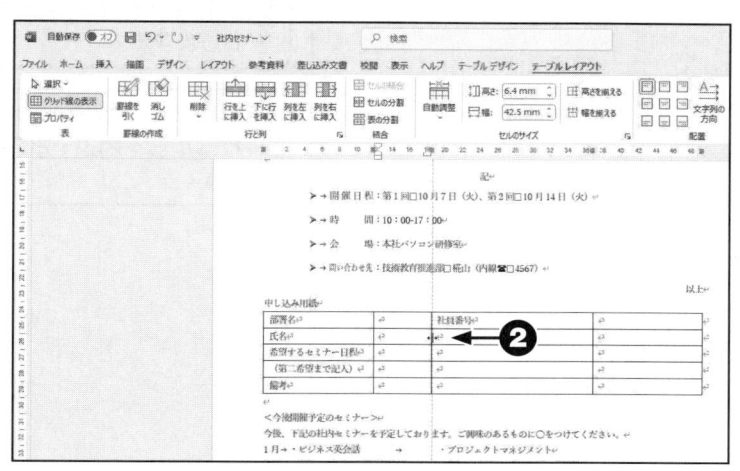

❶2列目の右側の罫線をポイントします。

❷マウスポインターの形状が ↔ に変わったら、水平ルーラーの18の位置まで左方向へドラッグします。

Step 2 同様に4列目の幅を変更します。

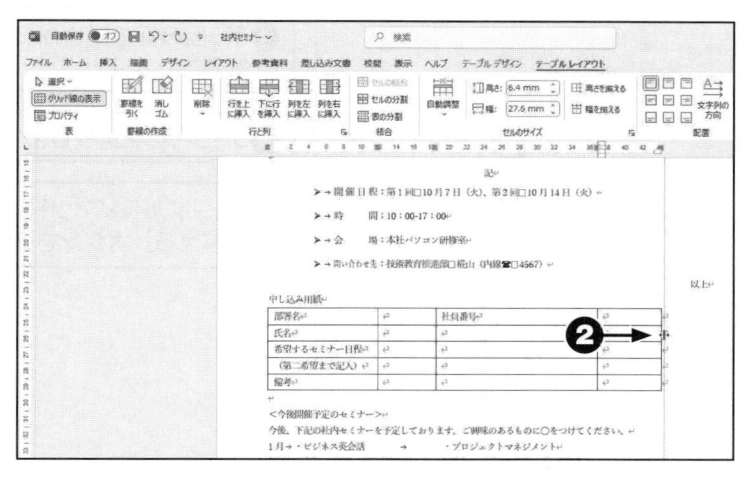

❶4列目の右側の罫線をポイントします。

❷マウスポインターの形状が ↔ に変わったら、水平ルーラーの44の位置まで左方向へドラッグします。

💡 **ヒント**

列の幅を数値で指定するには
幅を変更したい列を列単位で選択し、[テーブルレイアウト] タブの [列の幅の設定] ボックスで数値を指定します。

Step 3 3列目の幅を文字列に合わせます。

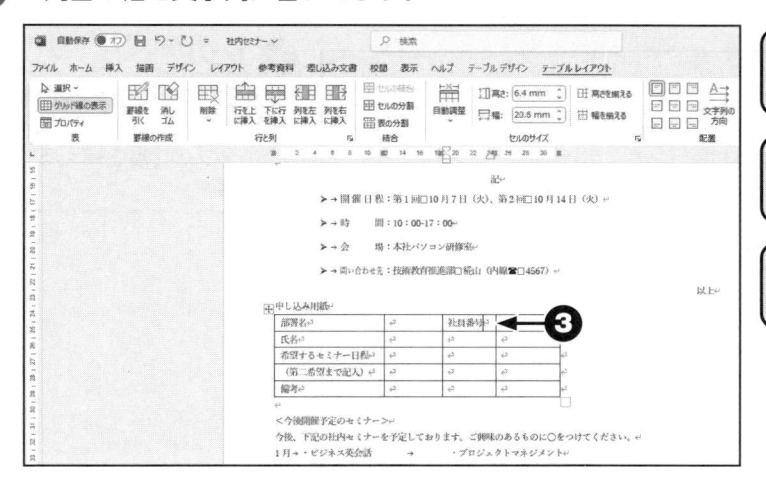

❶3列目の右側の罫線をポイントします。

❷マウスポインターの形状が ↔ に変わったら、ダブルクリックします。

❸文字列に合わせて3列目の列の幅が調整されたことを確認します。

操作☞ 行の高さを変更する

5行目の行の高さを3行分に変更してから、3～5行目の行の高さを揃えましょう。

Step 1 5行目の行の高さを変更します。

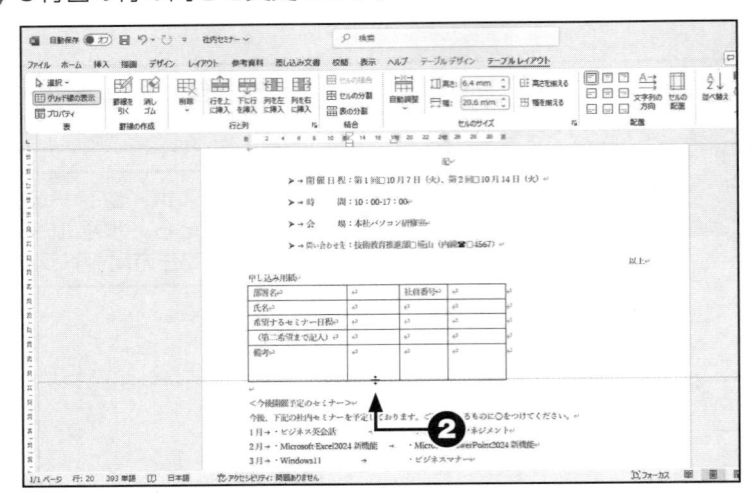

①5行目のセルの下側の罫線をポイントします。

②マウスポインターの形状が÷に変わったら、約2行分下にドラッグします。

Step 2 行の高さを揃えます。

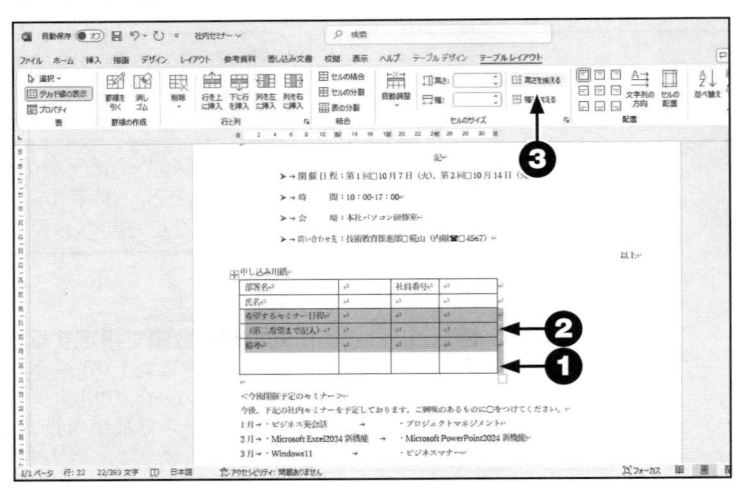

①5行目の行の高さが変更されたことを確認します。

②3～5行目を選択します。

③[テーブルレイアウト] タブの [高さを揃える] ボタンをクリックします。

Step 3 3～5行目の行の高さが揃ったことを確認します。

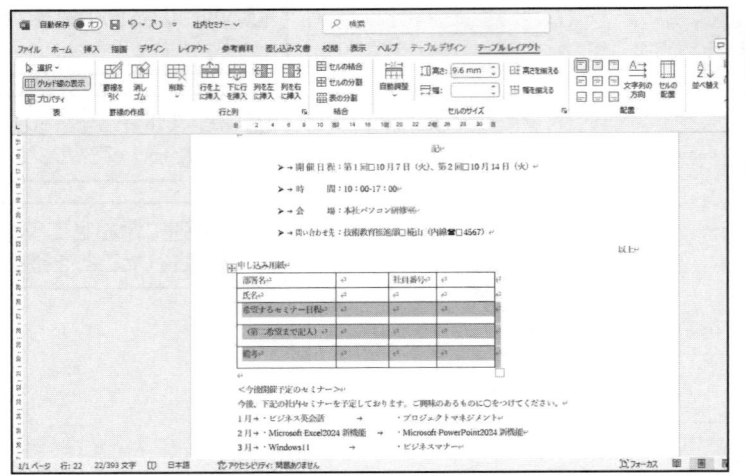

💡 **ヒント**

列の幅を均等に揃えるには
対象の列を範囲選択し、[テーブルレイアウト] タブの [幅を揃える] ボタンをクリックします。

セルの結合と分割

複数のセルを1つのセルとして結合したり、1つのセルを複数のセルに分割したりすることにより、さまざまな構造の表を作成することができます。

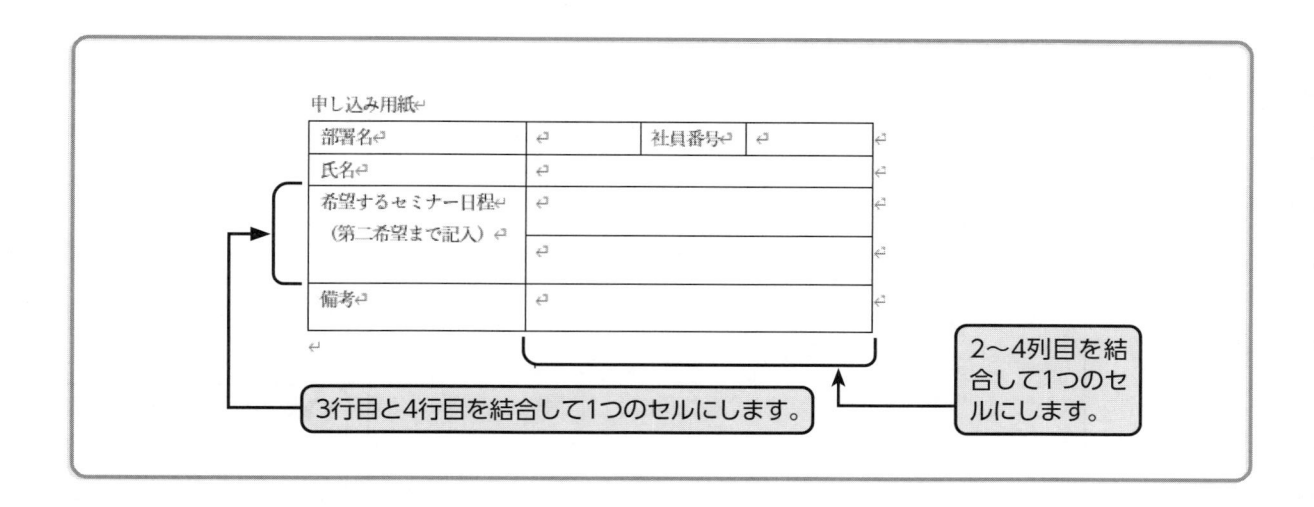

操作 👉 セルを結合する

2〜5行目の2〜4列目のセルを結合し、1列目の3行目と4行目のセルを結合しましょう。

Step 1 2行目の2〜4列目のセルを範囲選択します。

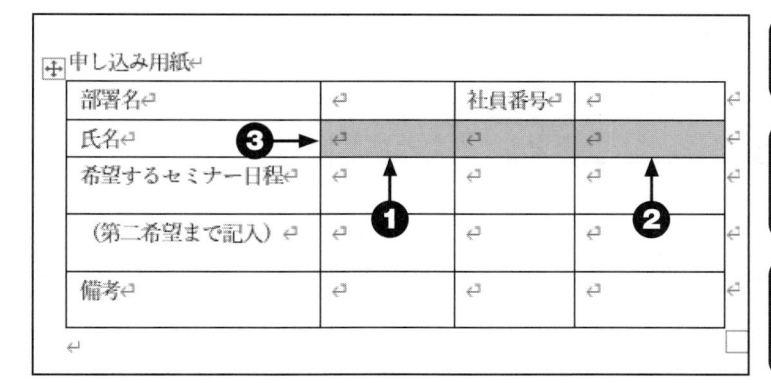

❶2行目の2列目のセルをポイントします。

❷マウスポインターの形状が I に変わったら、4列目まで右方向にドラッグします。

❸2〜4列目のセルが灰色にハイライトされ、選択されたことを確認します。

Step 2 選択したセルを結合します。

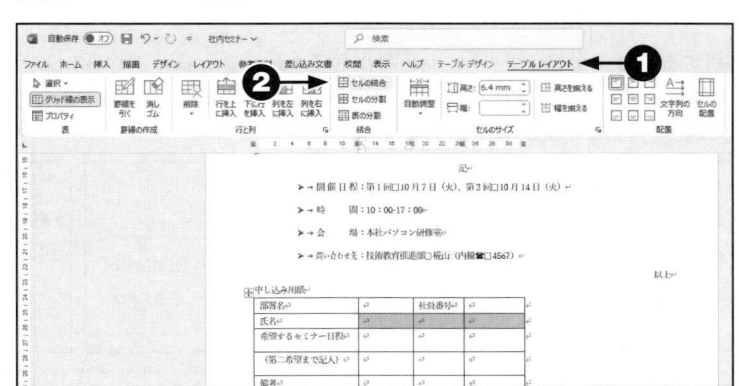

❶[テーブルレイアウト] タブが選択されていることを確認します。

❷[セルの結合] ボタンをクリックします。

💡 ヒント
セルの結合ボタン
[セルの結合] ボタンは複数セルを範囲選択していない状態のときは利用できません。

Step 3 同様に3～5行目の2～4列目のセルを結合します。

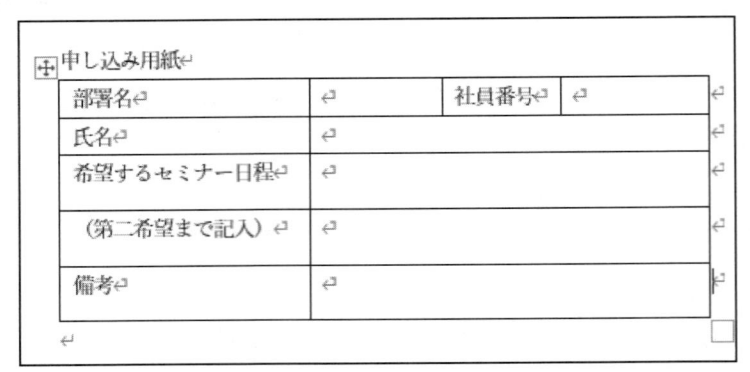

Step 4 3行目と4行目の1列目のセルを結合します。

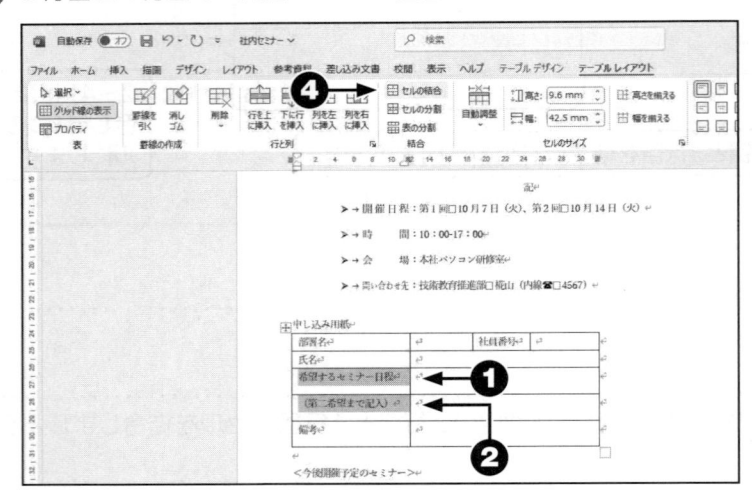

❶ 3行目1列目のセルをポイントします。

❷ マウスポインターの形状が I に変わったら、4行目まで下方向にドラッグします。

❸ 3、4行目のセルが灰色にハイライトされ、選択されたことを確認します。

❹ [セルの結合] ボタンをクリックします。

Step 5 セルが結合されたことを確認します。

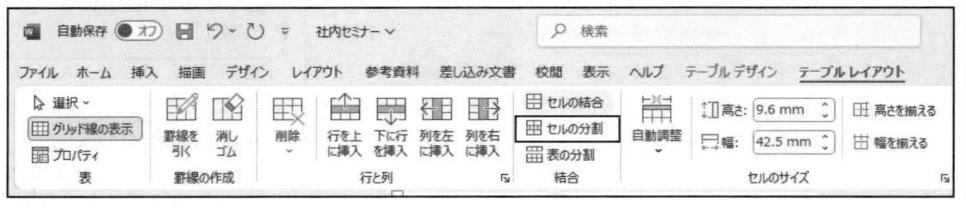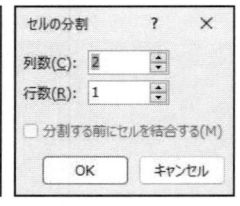

1つのセルを複数のセルに分割するには、分割したいセルを選択して [テーブルレイアウト] タブの [セルの分割] ボタンをクリックします。表示された [セルの分割] ダイアログボックスで、分割する列数や行数を指定して [OK] をクリックします。指定した列数、行数にセルが分割されます。

表のデザインと配置

作成した表の線の種類や色、セルの背景色などを変更することで、表中の重要な部分を強調することや表を見栄えよく整えることができます。また、セルの中での文字の配置や文書内での表の配置を変更することができます。

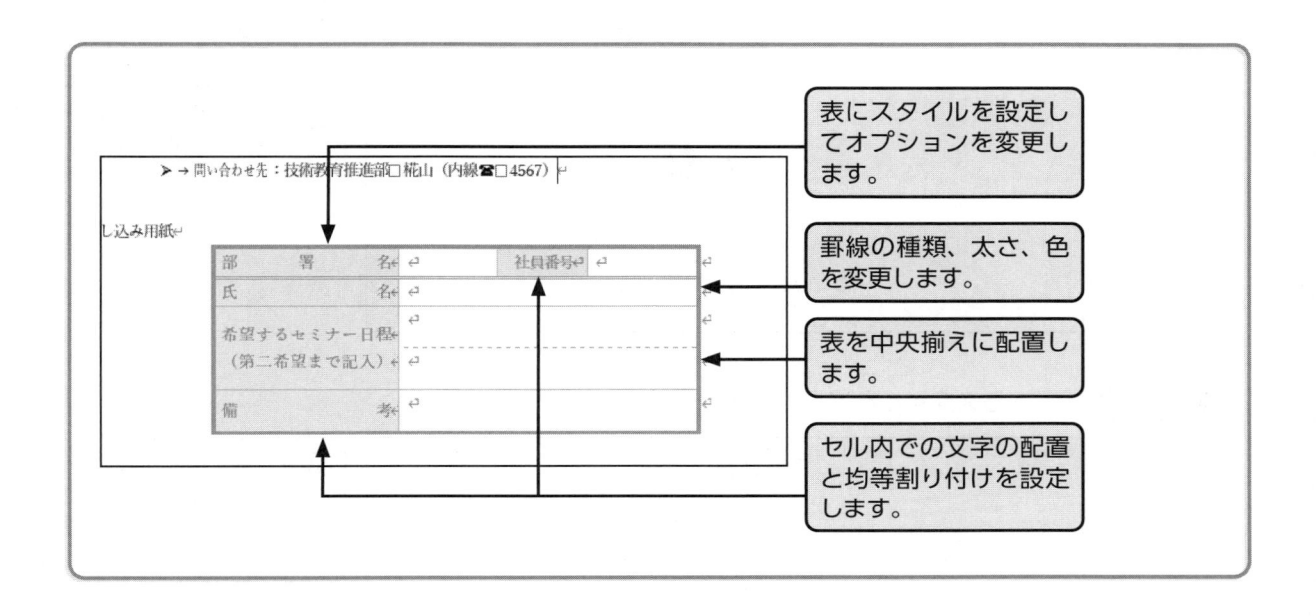

表にスタイルを設定してオプションを変更します。

罫線の種類、太さ、色を変更します。

表を中央揃えに配置します。

セル内での文字の配置と均等割り付けを設定します。

表のスタイルの利用

Wordでは、あらかじめ多数の表のスタイルが用意されています。表にスタイルを適用することで、表の線の色や種類、セルの色などのデザインを簡単に設定することができます。また、新しい表のスタイルに名前を付けて登録し、繰り返し利用することもできます。

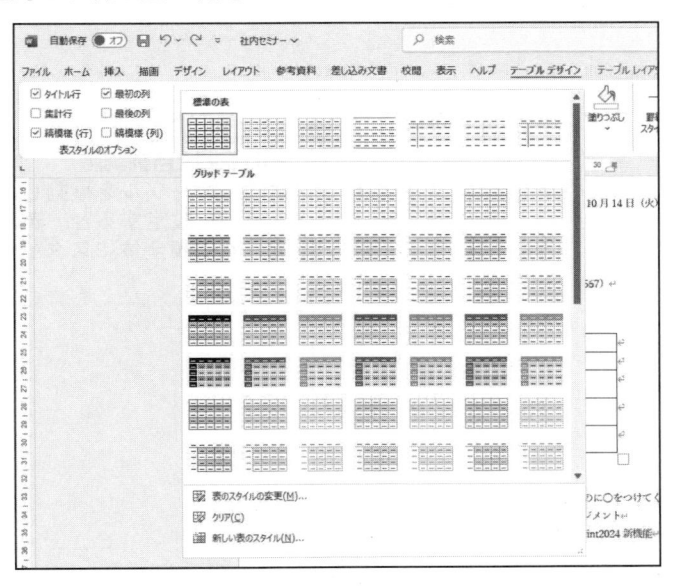

操作☞ 表にスタイルを設定する

. . . .

表にスタイル「グリッド（表）6 カラフル-アクセント2」を設定しましょう。

Step 1 表を選択し、表のスタイルの一覧を表示します。

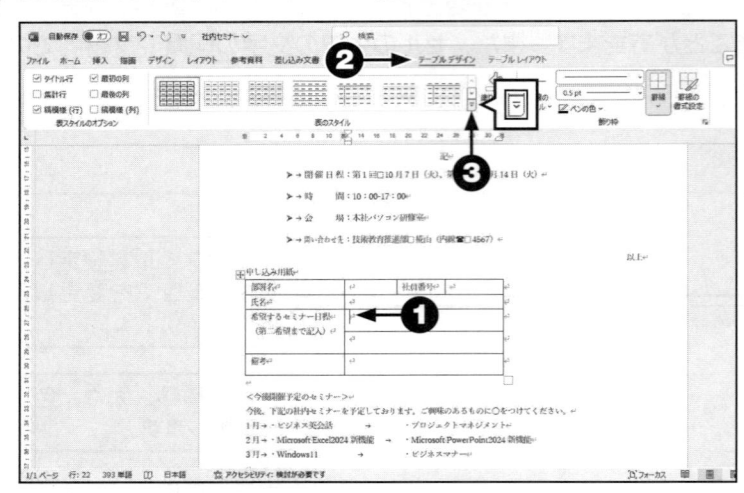

❶表内をクリックし、表内にカーソルが移動したことを確認します。

❷[テーブルデザイン] タブをクリックします。

❸[表のスタイル] グループの [表のスタイル] ボタンをクリックします。

Step 2 設定するスタイルを選択します。

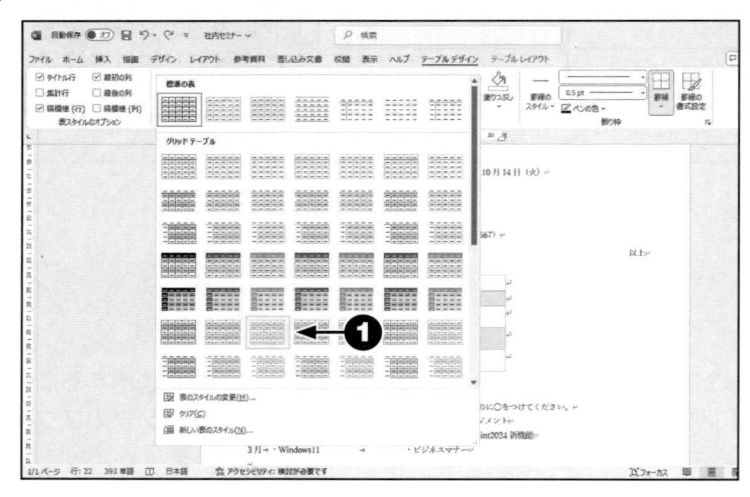

❶[グリッドテーブル] の [グリッド（表）6 カラフル-アクセント2]（上から6番目、左から3番目）をクリックします。

💡 ヒント
スタイルのプレビュー
表のスタイルの一覧にあるスタイルをポイントすると、表がポイントしているスタイルで表示され、結果を確認することができます。クリックして選択するまでスタイルは適用されません。

Step 3 表にスタイルが設定されたことを確認します。

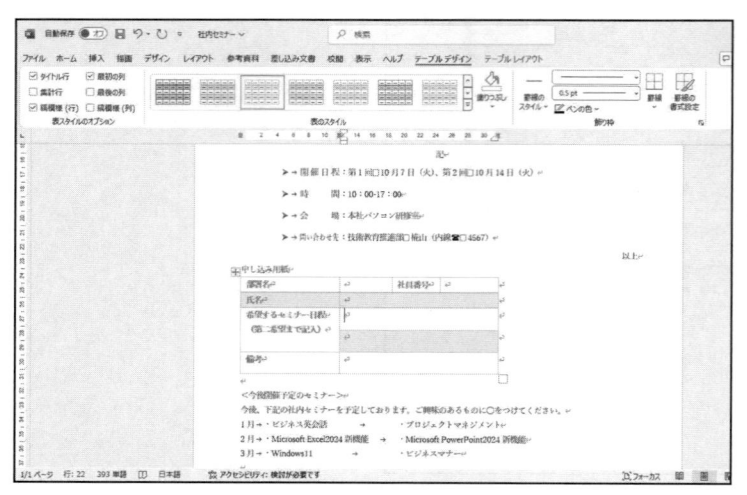

💡 ヒント
表の範囲と自動認識
表内にカーソルを移動した状態で表のスタイルを設定すると、表の範囲が自動認識されて表全体にスタイルが設定されます。

操作☞ 表のスタイルのオプションを変更する

行単位の塗りつぶしを解除し、列単位で塗りつぶしが設定されるようにスタイルのオプションを変更しましょう。

Step 1 タイトル行（1行目）のデザインを解除します。

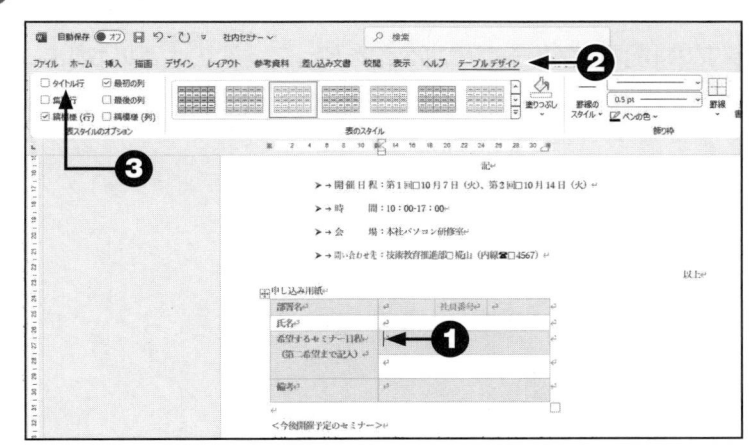

❶ 表内にカーソルがあることを確認します。

❷ [テーブルデザイン] タブが選択されていることを確認します。

❸ [タイトル行] のチェックボックスをオフにします。

❹ タイトル行（1行目）のスタイルが解除されたことを確認します。

Step 2 同様に、最初の列（1列目）と縞模様（行）のデザインを解除します。

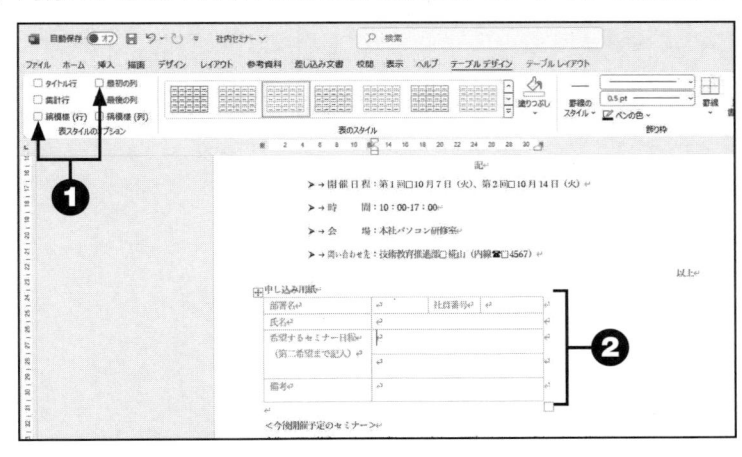

❶ [最初の列] と [縞模様（行）] のチェックボックスをオフにします。

❷ 最初の列（1列目）のテキストの太字スタイルと行単位の塗りつぶしの設定が解除されたことを確認します。

Step 3 [縞模様（列）] のデザインを設定します。

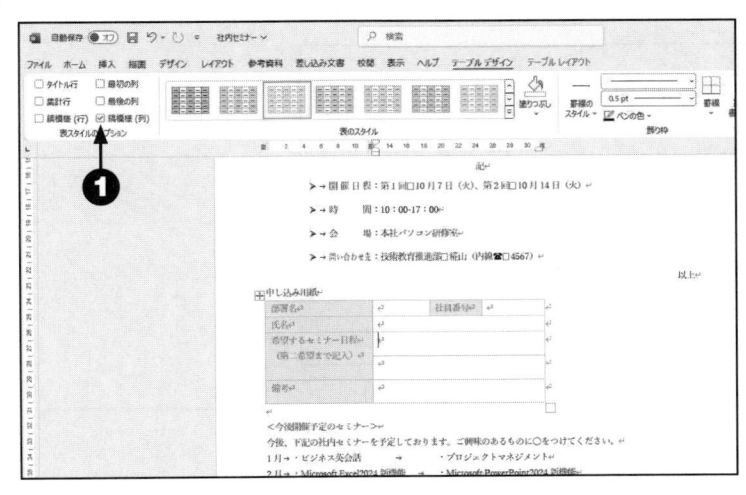

❶ [縞模様（列）] のチェックボックスをオンにします。

❷ 列単位の塗りつぶしが設定されたことを確認します。

💡 ヒント

表スタイルのオプション
[表スタイルのオプション] グループの各チェックボックスを調整後、[表のスタイル] グループの [表のスタイル] ボタンをクリックすると、設定したオプションが適用されたスタイル一覧からスタイルを適用することができます。

文字の配置

セルの高さや幅に合わせて、セルの中で文字列をバランスよく配置することができます。

[テーブルレイアウト] タブの [配置] グループのボタンを使って、次のようにセル内で文字列の配置を変更できます。

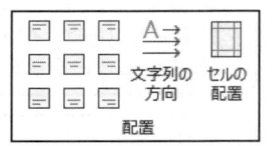

■ 上揃え(左)(既定値)

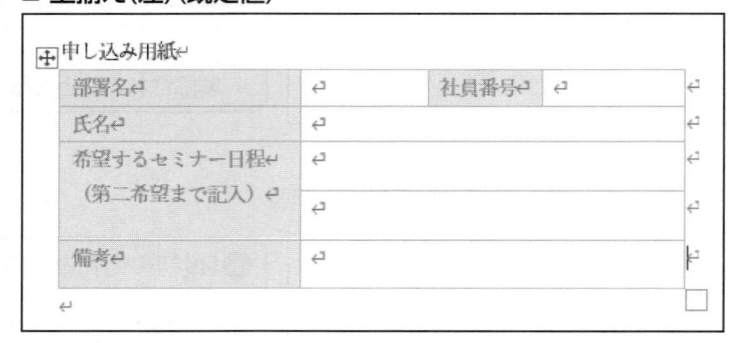

■ 中央揃え

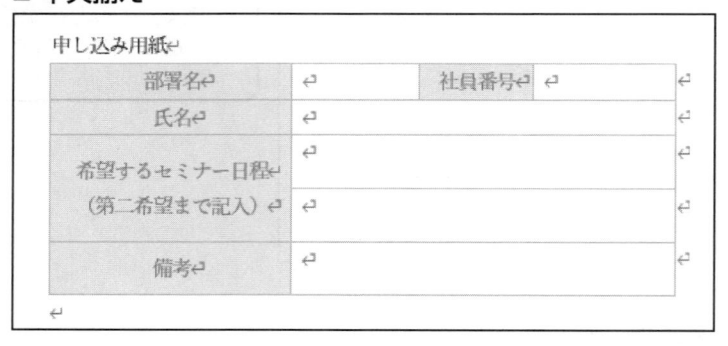

■ 中央揃え(右)

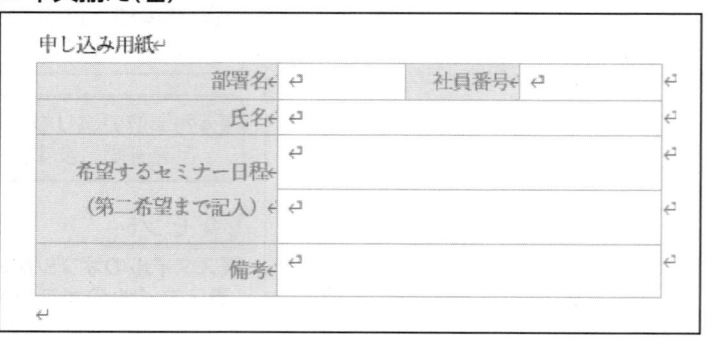

文字の配置を変更する

1列目と3列目の文字列がセルの縦横の中央に表示されるように配置し、1列目のセルの中で文字列を均等割り付けしましょう。

Step 1 文字列の配置を変更するセルを選択します。

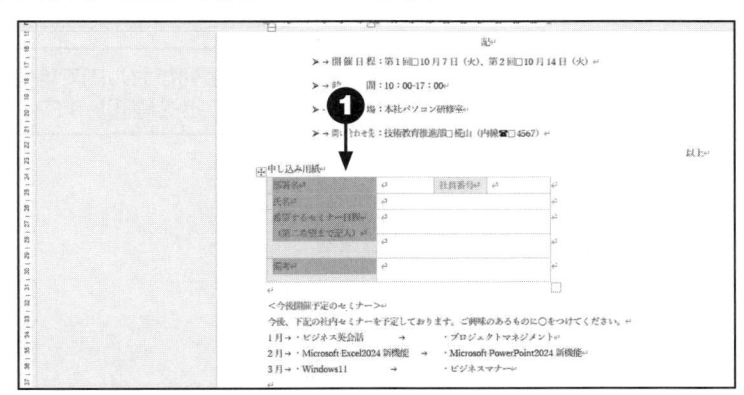

❶すべての行の1列目を選択します。

Step 2 文字列をセルの中央に配置します。

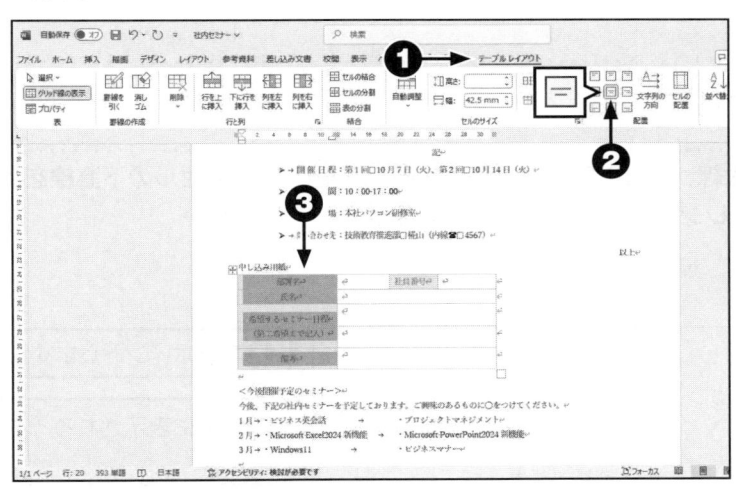

❶[テーブルレイアウト] タブをクリックします。

❷[中央揃え] ボタンをクリックします。

❸文字列がセルの中央に配置されたことを確認します。

Step 3 1行目3列目の文字列をセルの中央に配置します。

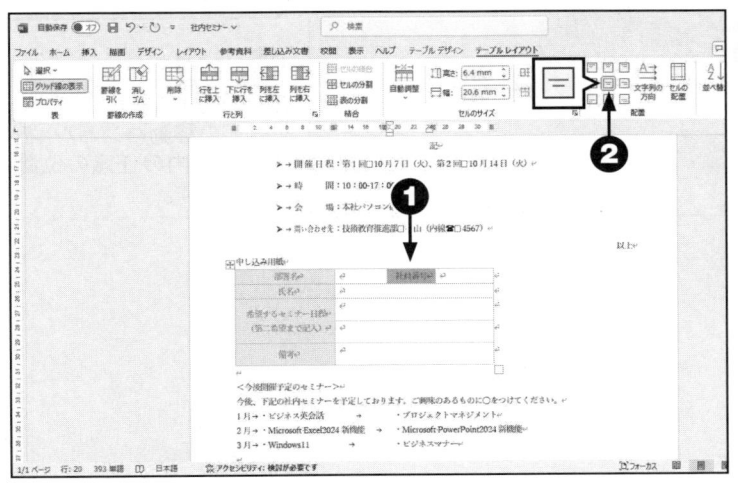

❶1行目3列目のセル内をクリックします。

❷[中央揃え] ボタンをクリックします。

❸文字列がセルの中央に配置されたことを確認します。

Step 4 1列目の文字列をセル内で均等割り付けします。

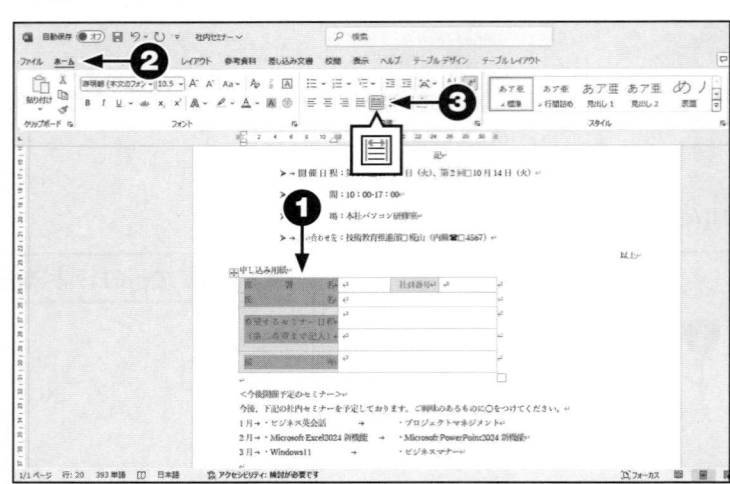

❶ すべての行の1列目を選択します。

❷ [ホーム] タブをクリックします。

❸ [均等割り付け] ボタンをクリックします。

❹ 文字列がセル内で均等割り付けされたことを確認します。

罫線の種類の変更

表にスタイルを設定した後でも、罫線のスタイルを変更することや新しい罫線を引くことができます。

操作☛ 罫線の種類を変更する

表の外枠を3ポイントの太線、1行目の下罫線を二重線、2列目3行目のセルの下罫線を点線にしましょう。罫線の色はすべて「オレンジ、アクセント2」にします。

Step 1 表を選択します。

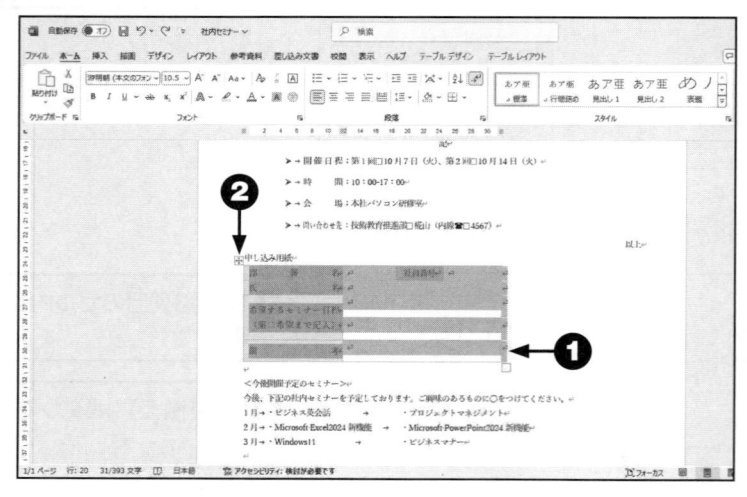

❶ 表をポイントします。

❷ 左上に表示される⊞をクリックします。

❸ 表全体が選択されたことを確認します。

💡 ヒント

表の移動ハンドル

⊞ (表の移動ハンドル) をドラッグすると、表を文書内の任意の位置に移動することができます。

Step 2 線の太さを変更します。

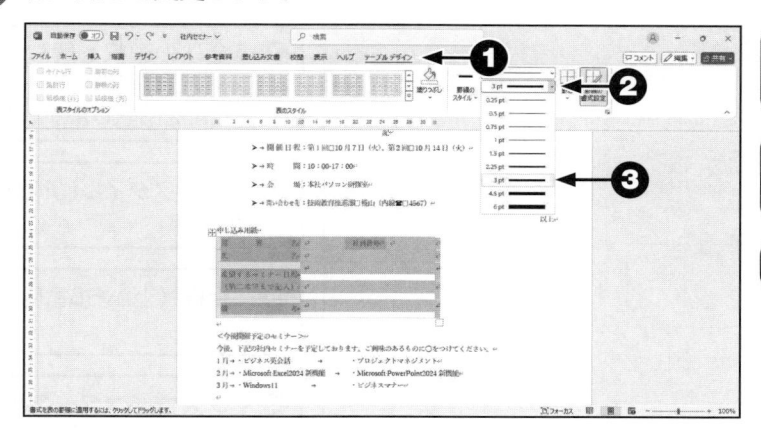

❶ [テーブルデザイン] タブをクリックします。

❷ [ペンの太さ] ボックスをクリックします。

❸ [3pt] をクリックします。

Step 3 線の色として「オレンジ、アクセント2」を設定します。

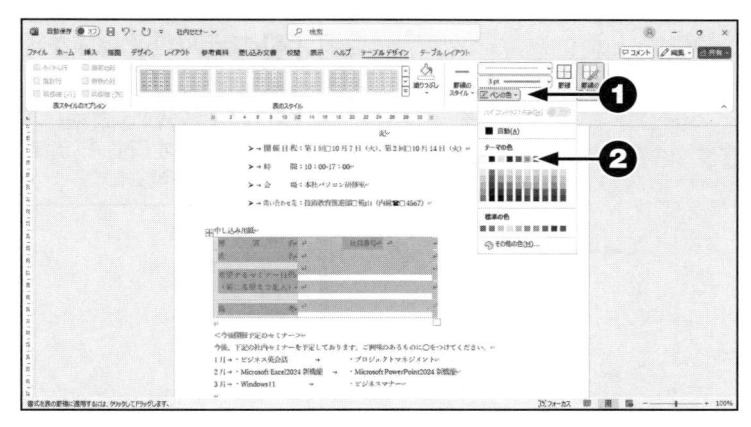

❶ [ペンの色] ボタンをクリックします。

❷ [オレンジ、アクセント2] をクリックします。

Step 4 外枠の太さを変更します。

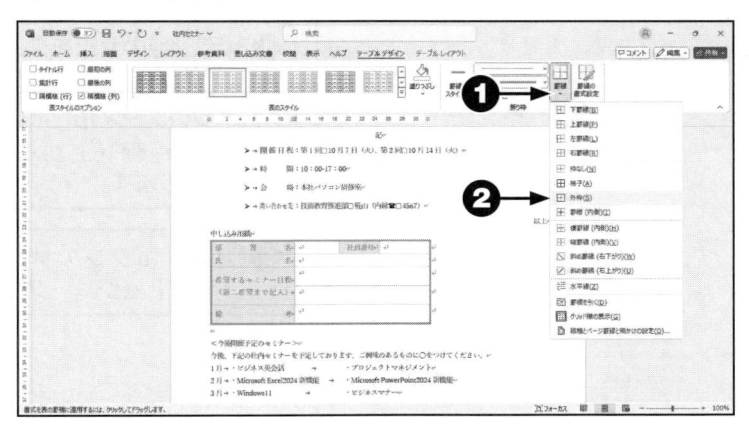

❶ [罫線] ボタンの▼をクリックします。

❷ [外枠] をクリックします。

Step 5 二重線を設定します。

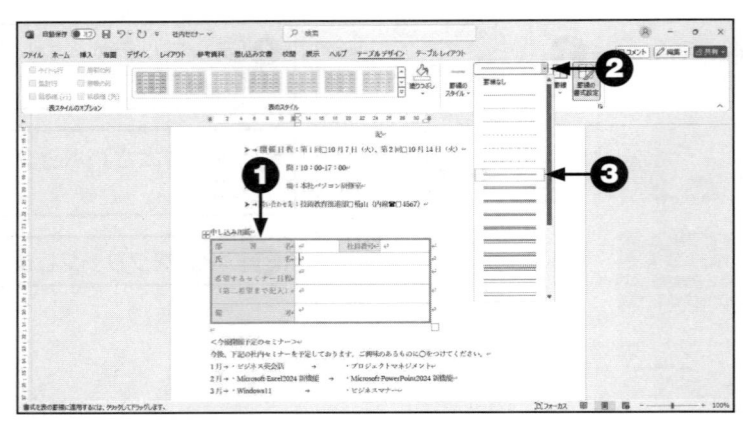

❶ 表全体の選択を解除して表内をクリックし、表内にカーソルが移動したことを確認します。

❷ [ペンのスタイル] ボックスをクリックします。

❸ 二重線（上から8番目）を選択します。

❹ マウスポインターの形状が ✐ に変わったことを確認します。

Step 6 1行目の下罫線を二重線にします。

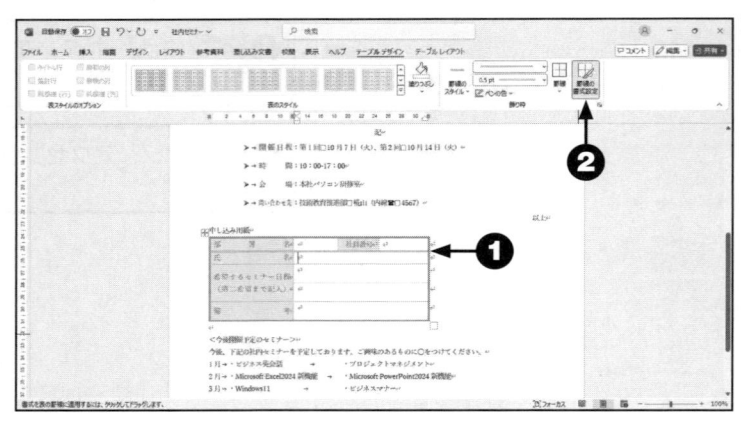

❶ 1行目の下の罫線をドラッグします。

❷ [罫線の書式設定] ボタンをクリックしてオフにします。または**ESC**キーを押します。

Step 7 [罫線] ボタンで3行2列目の下罫線を点線にします。

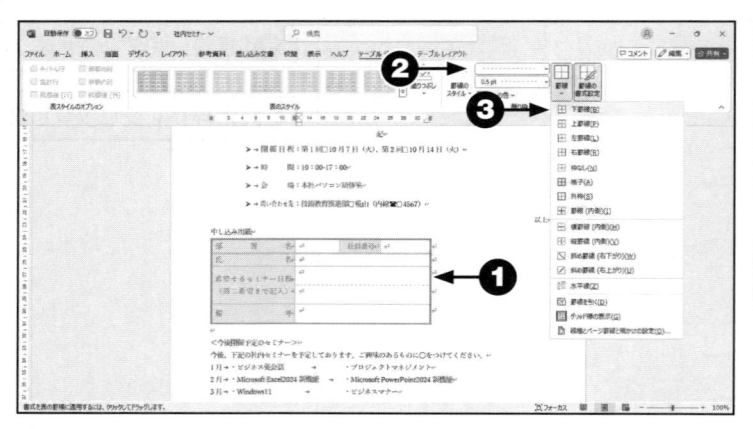

❶ 3行2列目のセルをクリックします。

❷ [ペンのスタイル] ボックスをクリックし、点線（上から5番目）をクリックします。

❸ [罫線] ボタンの▼をクリックし、[下罫線] をクリックします。

💡 **ヒント** **罫線を引く操作を終了するには**

ペンのスタイル、太さ、色のいずれかを選択すると、マウスポインターの形状が変わって [罫線の書式設定] ボタンがオンになります。**Esc**キーを押すか [罫線の書式設定] ボタンをクリックすると、マウスポインターの形状が元に戻り [罫線の書式設定] ボタンがオフになります。

ヒント **[罫線と網かけ] ダイアログボックスを使用した罫線の設定**

[テーブルデザイン] タブにある [罫線] ボタンの▼をクリックし、[線種とページ罫線と網かけの設定] をクリックすると、[罫線と網かけ] ダイアログボックスが表示されます。[罫線] タブでは選択している表の罫線の設定をまとめて行うことができます。

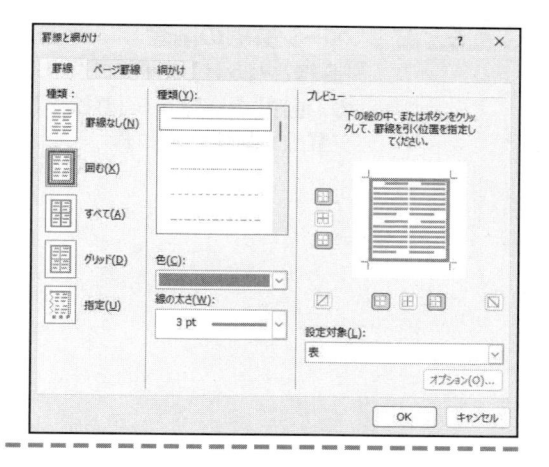

ヒント **段落に罫線を引くには**

表の罫線を引くときと同じような操作で、文章の段落に罫線を引くことができます。手順は次のとおりです。
1. 罫線を引きたい段落を選択します。
2. [ホーム] タブの [罫線] ボタンの▼をクリックし、罫線を引く場所を選択します。[線種とページ罫線と網かけの設定] を選択すると、罫線の種類や色を変更することができます。

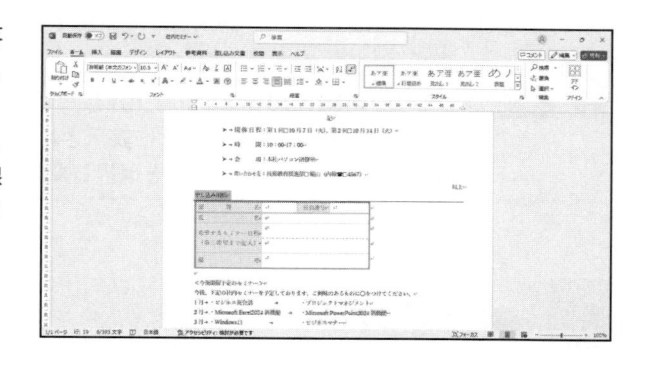

ヒント **ページ罫線**

ページ罫線を設定すると、ページの周りに罫線を引いて文書を華やかな印象にすることができます。設定方法は次のとおりです。
1. [ホーム] タブの [罫線] ボタンの▼をクリックし、[線種とページ罫線と網かけの設定] をクリックします。
2. [ページ罫線] タブをクリックします。
3. [種類] の一覧から [囲む] をクリックし、線の種類、色、太さを選択するか、[絵柄] ボックスで絵柄を選択します。
4. プレビューで確認し [OK] をクリックします。

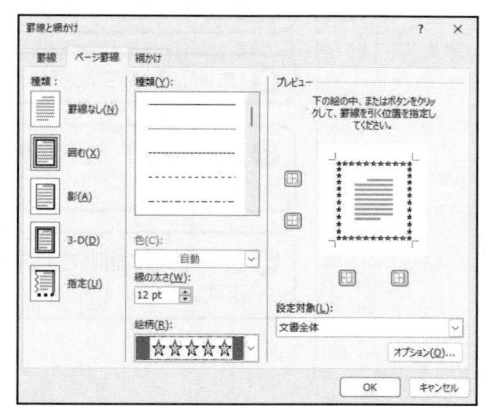 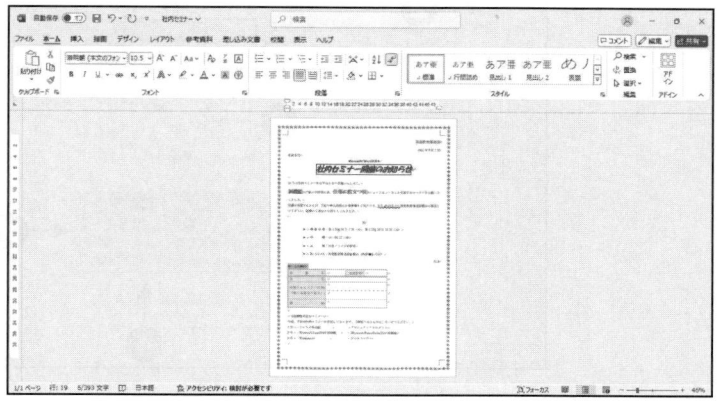

ページ罫線の削除

[罫線と網かけ] ダイアログボックスの [ページ罫線] タブの [種類] の一覧から [罫線なし] をクリックすると、ページ罫線を削除できます。

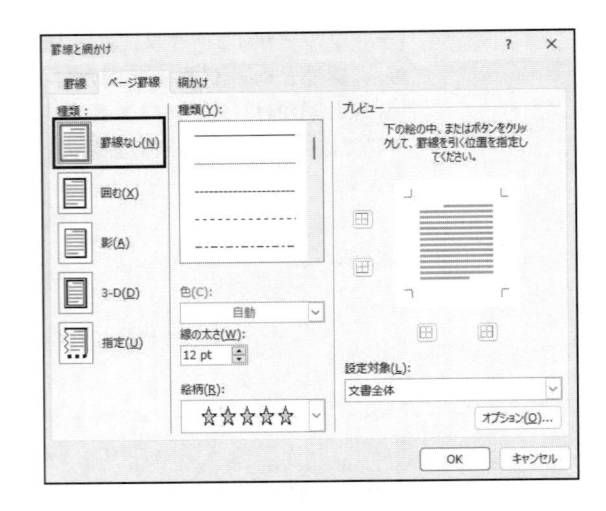

重 要 **ページ罫線の設定範囲について**

ページ罫線は通常文書全体に表示されます。設定対象を変更したい場合は、[ページ罫線] タブの [設定対象] の▼をクリックし、設定対象を選択します。

表の配置

文書内でバランスよく表を配置することができます。

操作 表の配置を変更する

表を中央揃えに配置しましょう。

Step 1 表を中央に配置します。

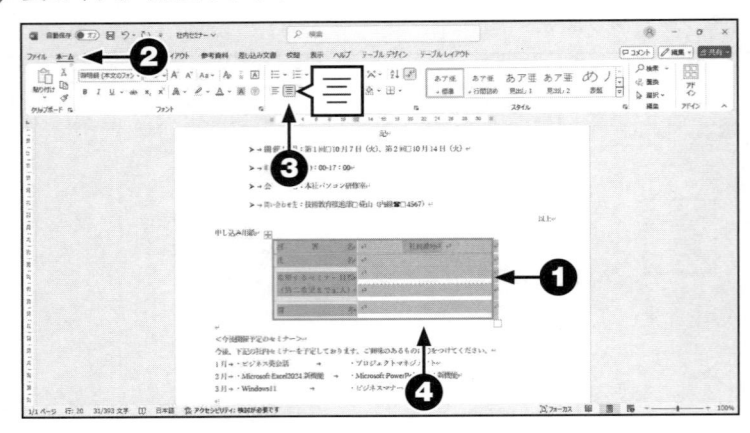

❶ 表全体を選択します。

❷ [ホーム] タブをクリックします。

❸ [中央揃え] ボタンをクリックします。

❹ 表が中央に配置されたことを確認します。

Step 2 🖫 [上書き保存] ボタンをクリックして文書を上書き保存します。

 ## この章の確認

- □ 表を作成できますか？
- □ 表に文字列を入力できますか？
- □ 行や列の挿入と削除ができますか？
- □ 行の高さや列の幅を変更できますか？
- □ セルの結合や分割ができますか？
- □ 表にスタイルを設定できますか？
- □ 表スタイルのオプションを変更できますか？
- □ セル内の文字列の配置を変更できますか？
- □ 罫線の種類を変更できますか？
- □ 表の配置を変更できますか？

復習問題　問題 4-1

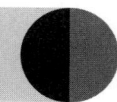

文書に表を挿入し、サイズと配置を変更しましょう。

1.　[Word2024基礎] フォルダーの中の [復習問題] フォルダーから、ファイル「復習4-1　歓迎会」を開きましょう。

2.　17行目の位置に1行2列の表を挿入し、表に次のように文字を入力しましょう。

HPアドレス	http://ippei.example.com

3.　表の1列目の幅を30㎜、2列目の幅を60㎜に変更しましょう。

4.　表を中央揃えにしましょう。

5.　[Word2024基礎] フォルダーの中の [保存用] フォルダーに、「復習4-1　歓迎会」という名前でファイルを保存しましょう。

6.　ファイル「復習4-1　歓迎会」を閉じましょう。

2025 年 10 月 3 日

関係者各位

総務部□本田

歓迎会のお知らせ

10 月の人事異動で、3 名が総務部に異動してきました。新しい仲間との親交を深めるため、下記のように歓迎会を開催したいと存じます。

つきましては、下記フォームにご記入いただき 10 月 10 日（金）までに、本田（内線□4587）にご提出いただきたくお願いします。

記

日　時　→　2025 年 10 月 17 日（金）

場　所　→　居酒屋「いっぺい」（みさき銀行となりのビル□1 階）

ＴＥＬ　→　☎03-1234-5678

参加費　→　5,000 円

HP アドレス	http://ippei.example.com

以上

＜10 月に異動してきた方々＞

吉田秀雄（新潟支社より異動）

斉藤明人（大阪支社より異動）

森崎一郎（名古屋支社より異動）

切り取り線

氏名

参加・不参加

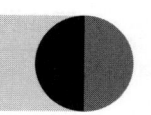

文書に表を挿入し、サイズやスタイル、文字の配置を変更しましょう。

1. ［Word2024基礎］フォルダーの中の［復習問題］フォルダーから、ファイル「復習4-2　社員旅行」を開きましょう。

2. 16行目の位置に3行3列の表を挿入し、次のように文字を入力しましょう。

集合方法	料金	集合場所および時間
バス	10,000円（昼食、夕食、朝食付き）	本社1階玄関前に8時集合
現地集合	7,000円（夕食、朝食付き）	17時までにホテルチェックイン

3. 挿入した「料金および集合時間」の表の1列目を20㎜、2列目を70㎜、3列目を60㎜に変更しましょう。

4. 21行目の位置に3行4列の表を挿入し、次のように文字を入力しましょう。

部署名		社員番号	
氏名			
参加方法	バス・現地集合		

5. 挿入した「参加申込書」の表の2行目の2列目から4列目と、3行目の2列目から4列目を結合しましょう。

6. 「料金および集合時間」の表にスタイル「一覧（表）3-アクセント4」を適用し、［タイトル行］チェックボックス以外をオフにしましょう。

7. 「参加申込書」の表にスタイル「グリッド（表）4-アクセント4」を適用し、［縞模様（列）］チェックボックスをオンにし、それ以外のチェックボックスをオフにしましょう。

8. 「参加申込書」の表のすべてのセルの文字列がセルの中心に表示されるように配置を変更しましょう。

9. ［Word2024基礎］フォルダーの中の［保存用］フォルダーに、「復習4-2　社員旅行」という名前でファイルを保存しましょう。

10. ファイル「復習4-2　社員旅行」を閉じましょう。

完成例

福利厚生課↵
2025 年 10 月 3 日↵

社員各位↵
↵

社員旅行のご案内↵

↵

　今年も恒例の社員旅行の時期となりました。下記の通り社員旅行を実施いたします。今年は、現地集合とバスの参加が選べます。皆さま、是非ともご参加ください。↵
↵

日程↵

◆→日　　　　時：2025 年 11 月 15 日（土）～16 日（日）↵
◆→宿　泊　　先：🚌箱根レイクサイド・ビレッジホテル（TEL☎□0120-2222-3333）↵
◆→担　当　者：三枝（福利厚生課□内線☎□1234）↵
↵

料金および集合時間↵

集合方法	料金	集合場所および時間
バス↵	10,000 円（昼食、夕食、朝食付き）↵	本社 1 階玄関前に 8 時集合↵
現地集合↵	7,000 円（夕食、朝食付き）↵	17 時までにホテルチェックイン↵

↵

参加申込書↵

部署名↵	↵	社員番号↵	↵	
氏名↵	↵			
参加方法↵	バス・現地集合↵			

↵
↵

第5章

グラフィックスの利用

- グラフィックス利用の効果
- ワードアートの利用
- 画像の利用
- 図形の利用

グラフィックス利用の効果

写真やイラスト、図形、装飾された文字などを用いると、文章の内容をわかりやすく説明したり重要な部分を強調したりすることができます。これらの要素をグラフィックスと呼びます。
グラフィックスを利用することで、文書にインパクトを与え、視覚効果を得られます。

文書にワードアート、画像、図形を挿入して編集します。

■ 完成例

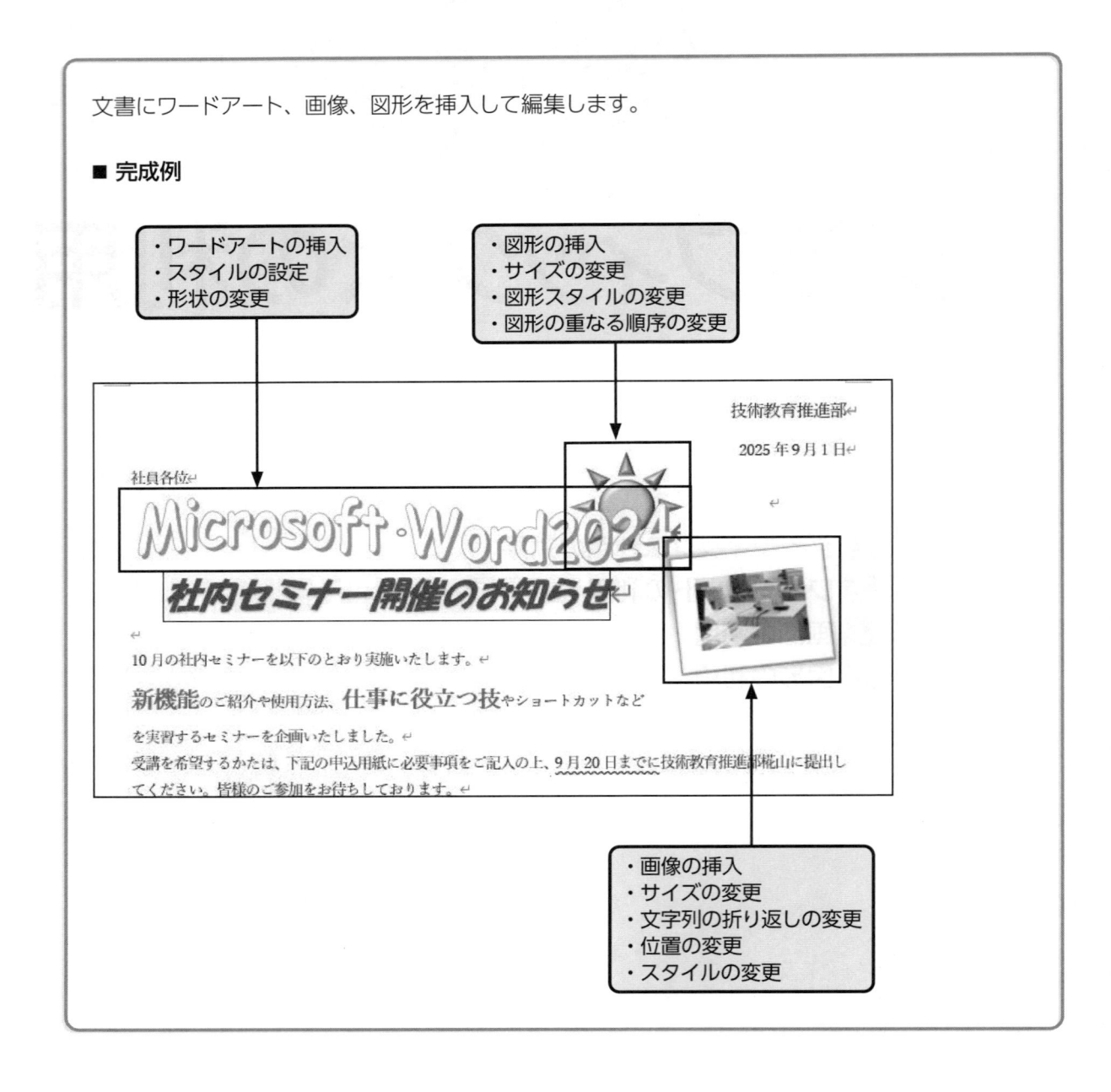

ワードアートの利用

タイトルなどの強調したい文字列に「ワードアート」を使用することで、文字の色やサイズ、書体だけでなく、さまざまな特殊効果を与えることができます。ここでは、ワードアートを挿入および編集する方法について学習します。

ワードアートを挿入してスタイルや形状を変更します。

■ 完成例

技術教育推進部↵

2025 年 9 月 1 日↵

社員各位↵

Microsoft・Word2024

社内セミ
ナー開催

のお知らせ↵

↵

10 月の社内セミナーを以下のとおり実施いたします。↵

新機能のご紹介や使用方法、**仕事に役立つ技**やショートカットなどを実習するセミナーを企画いたしました。

・ワードアートの挿入
・スタイルの設定
・形状の変更

 **用語** | **ワードアート**
あらかじめ用意されたスタイルからイメージを選択して、文字にさまざまなデザイン効果を与える機能です。インパクトのある文字を文書に挿入することができます。

ワードアートの挿入

文書にワードアートを挿入するには、入力済みの文字列をワードアートに変換する方法と、新規に文字列を入力してワードアートを作成する方法があります。ここでは、入力済みの文字列をワードアートに変換する方法について学習します。

4行目の「Microsoft Word2024」をワードアートに変換しましょう。

Step 1 [保存用] フォルダーにある文書「社内セミナー」を開きます。本章から学習を開始する場合は、[Word2024基礎] フォルダーにある文書「5章_社内セミナー」を開きます。

Step 2 ワードアートに変換する文字列を選択します。

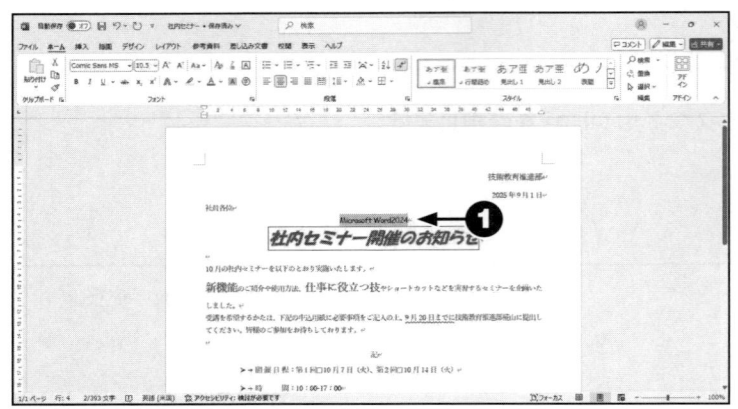

❶4行目の「Microsoft　Word2024」を選択します。段落記号は含まないようにします。

💡 ヒント
文字列の選択
ここでは改行を残すために段落記号を範囲選択に含めないようにしています。

Step 3 挿入するワードアートのスタイルを選択します。

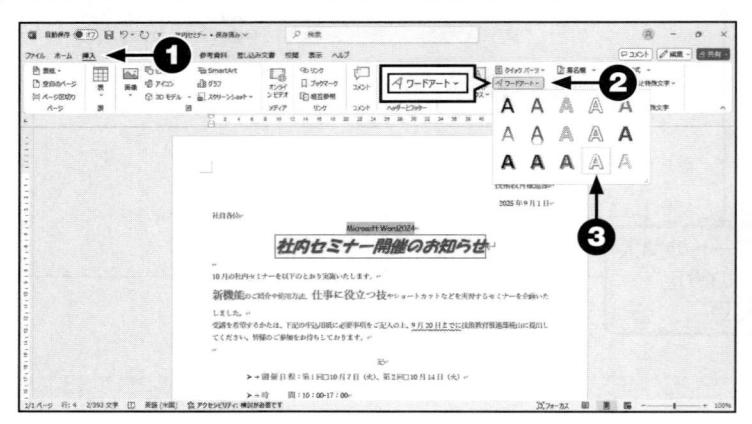

❶[挿入] タブをクリックします。

❷[ワードアート] ボタンをクリックします。

❸[塗りつぶし：白；輪郭：オレンジ、アクセントカラー2；影（ぼかしなし）：オレンジ、アクセントカラー2]（上から3番目、右から2番目）をクリックします。

Step 4 設定されたワードアートを確認します。

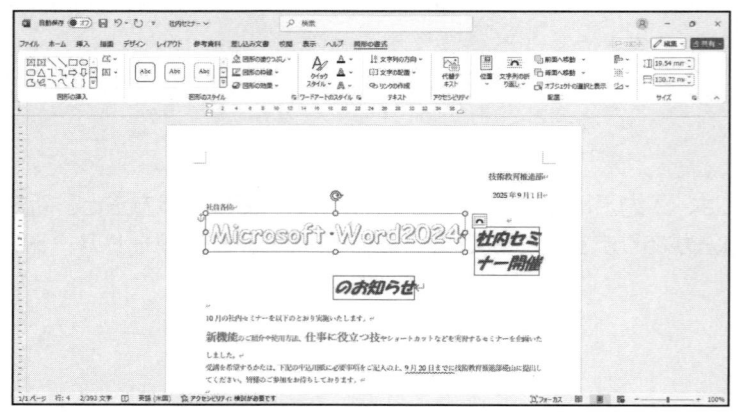

💡 ヒント
文字の効果と体裁
[ホーム] タブの [文字の効果と体裁] ボタンからも同じワードアートのスタイルを設定することができます。ただし、フォントのサイズは自動で変更されません。

💡 ヒント
ワードアートのテキストを修正するには
ワードアート内の修正したい場所をクリックし、カーソルが表示された状態で直接修正します。

文字列を新規に入力してワードアートを挿入するには

先にワードアートのスタイルを選択してから文字を入力することもできます。次の手順で操作します。

1. ワードアートを挿入したい位置にカーソルを移動します。
2. [挿入] タブの [ワードアート] ボタンをクリックし、挿入したいスタイルをクリックします。
3. 「ここに文字を入力」と表示された場所に文字列を入力します。

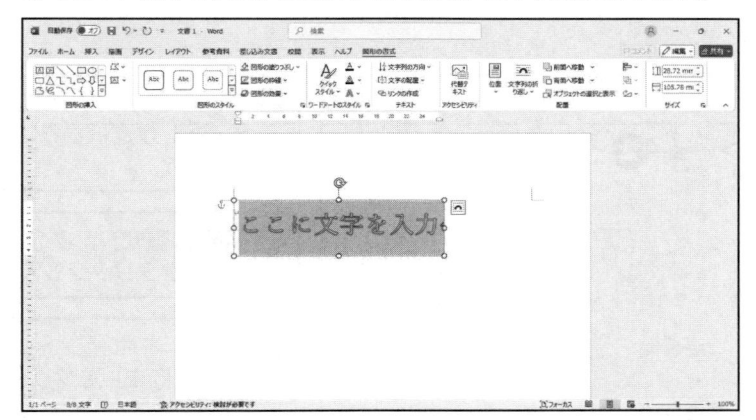

ワードアートの編集

挿入したワードアートは、形状を変更したり、グラデーションや影、3-D効果などの特殊効果を設定したりすることで、よりイメージどおりのインパクトのある文字にできます。

文書にワードアートを挿入すると、リボンはワードアートを編集するためのボタンが集められた [図形の書式] タブに自動的に切り替わります。

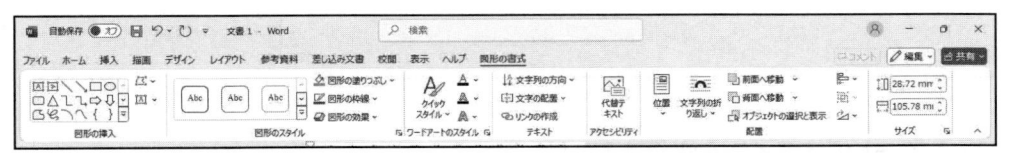

ワードアート以外の編集作業中に、再度 [図形の書式] タブを表示するには、文書に挿入されたワードアートをクリックします。

操作 ☞ **ワードアートの形状を変更する**

· ·

ワードアートの形状を「波：下向き」に変更しましょう。

Step 1 ワードアートを変形します。

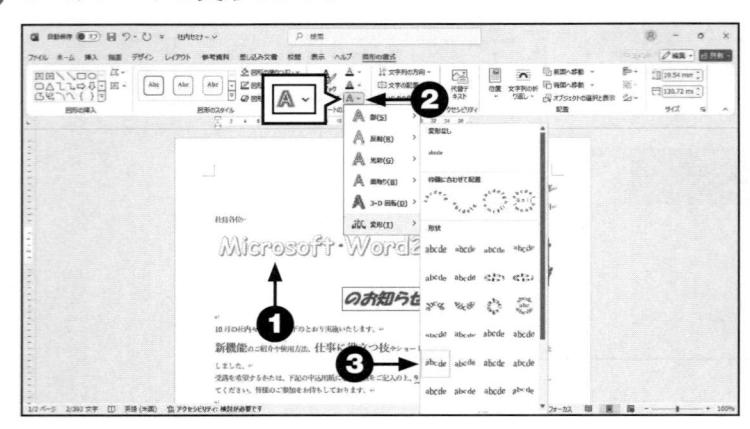

❶「Microsoft Word2024」のワードアートが選択されていることを確認します。

❷ [図形の書式] タブの [文字の効果] ボタンをクリックします。

❸ [変形] をポイントし、[形状] の [波：下向き] をクリックします。

Step 2 ワードアートが変形されたことを確認します。

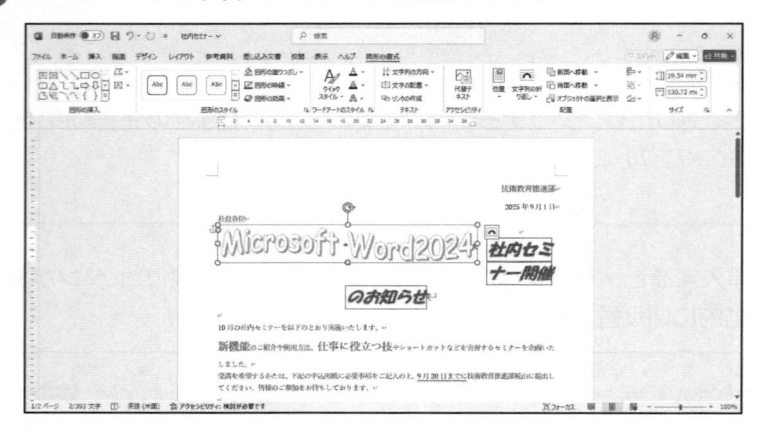

💡 **ヒント** **ワードアートのスタイルを変更するには**

ワードアートの挿入後にスタイルを変更するには、ワードアート内をクリックし、[図形の書式] タブの [クイックスタイル] ボタンをクリックしてスタイルを選択します。

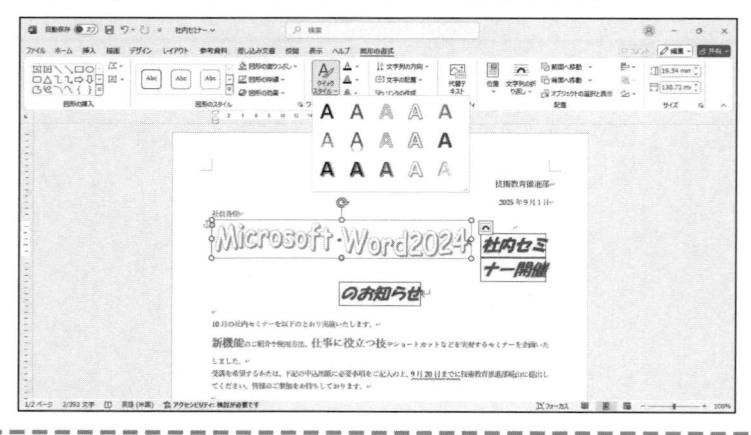

💡 ヒント　**ワードアートの文字の効果について**

ワードアートの文字の効果には、「変形」の他に「影」、「反射」、「光彩」、「面取り」、「3-D回転」があります。また、各効果のオプションで細かい設定が可能です。

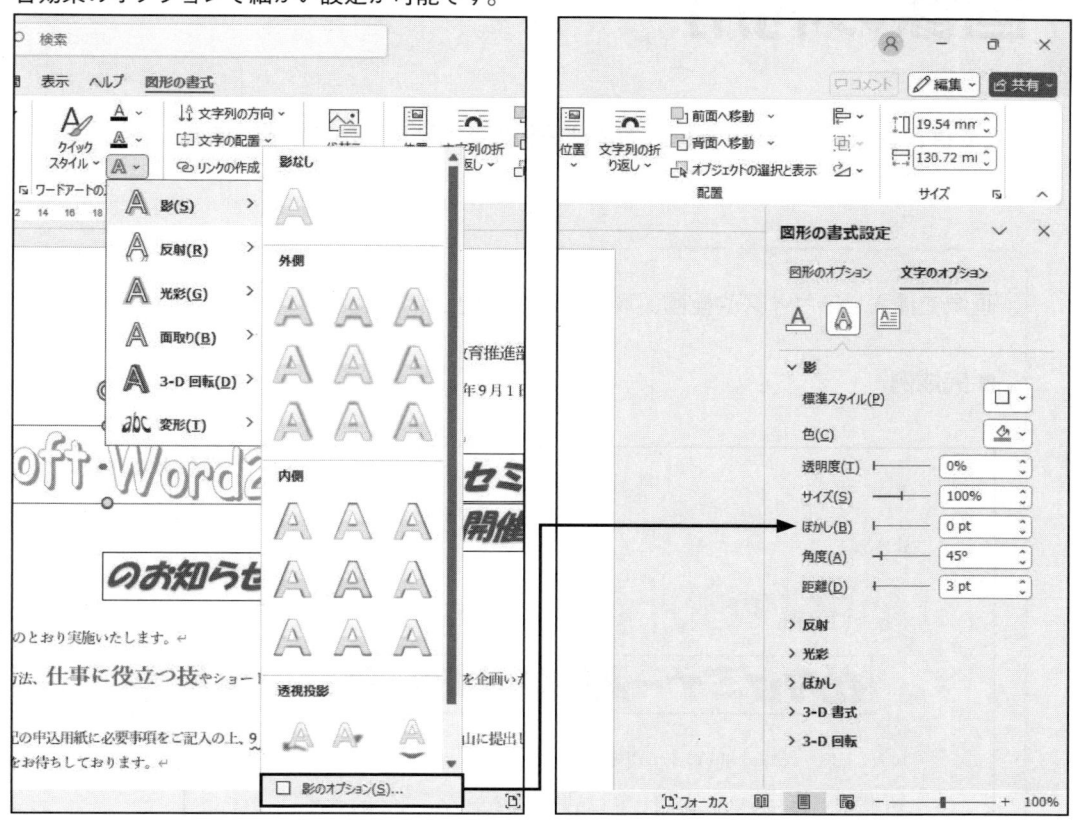

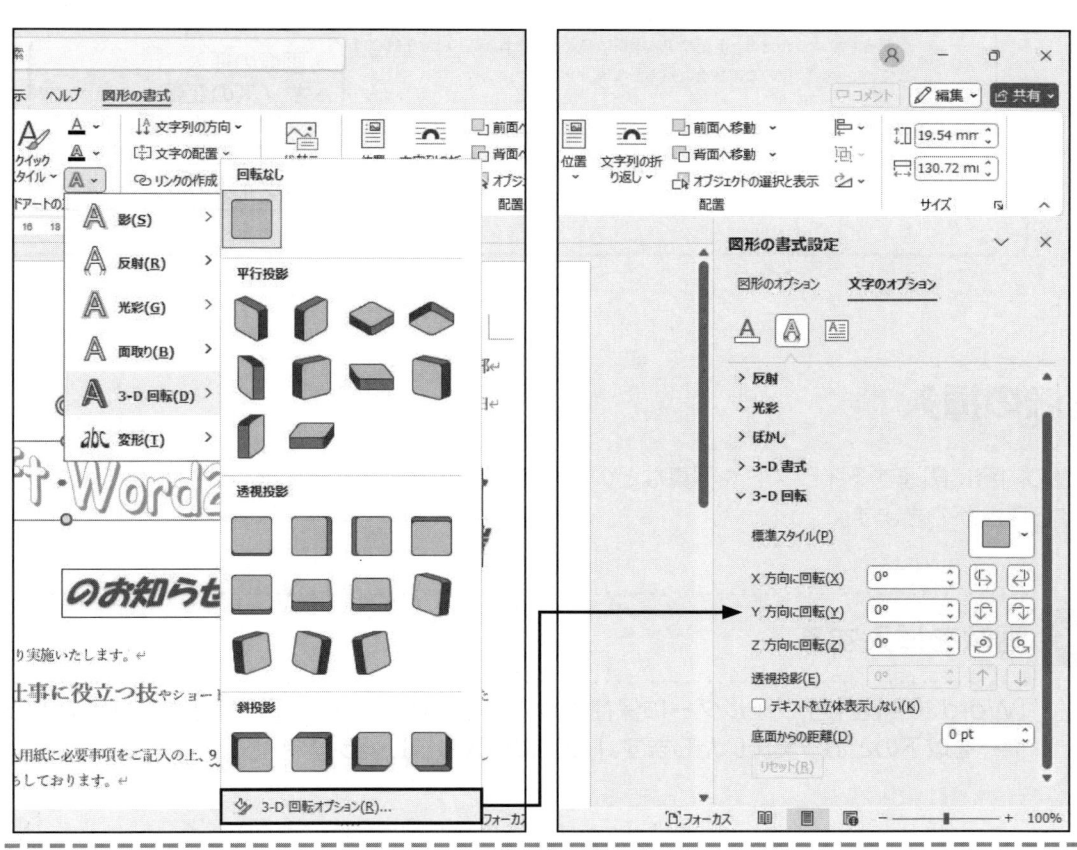

画像の利用

ここでは、画像（イラスト）を挿入および編集する方法について学習します。

画像を挿入してサイズや配置、スタイルを変更します。

■ **完成例**

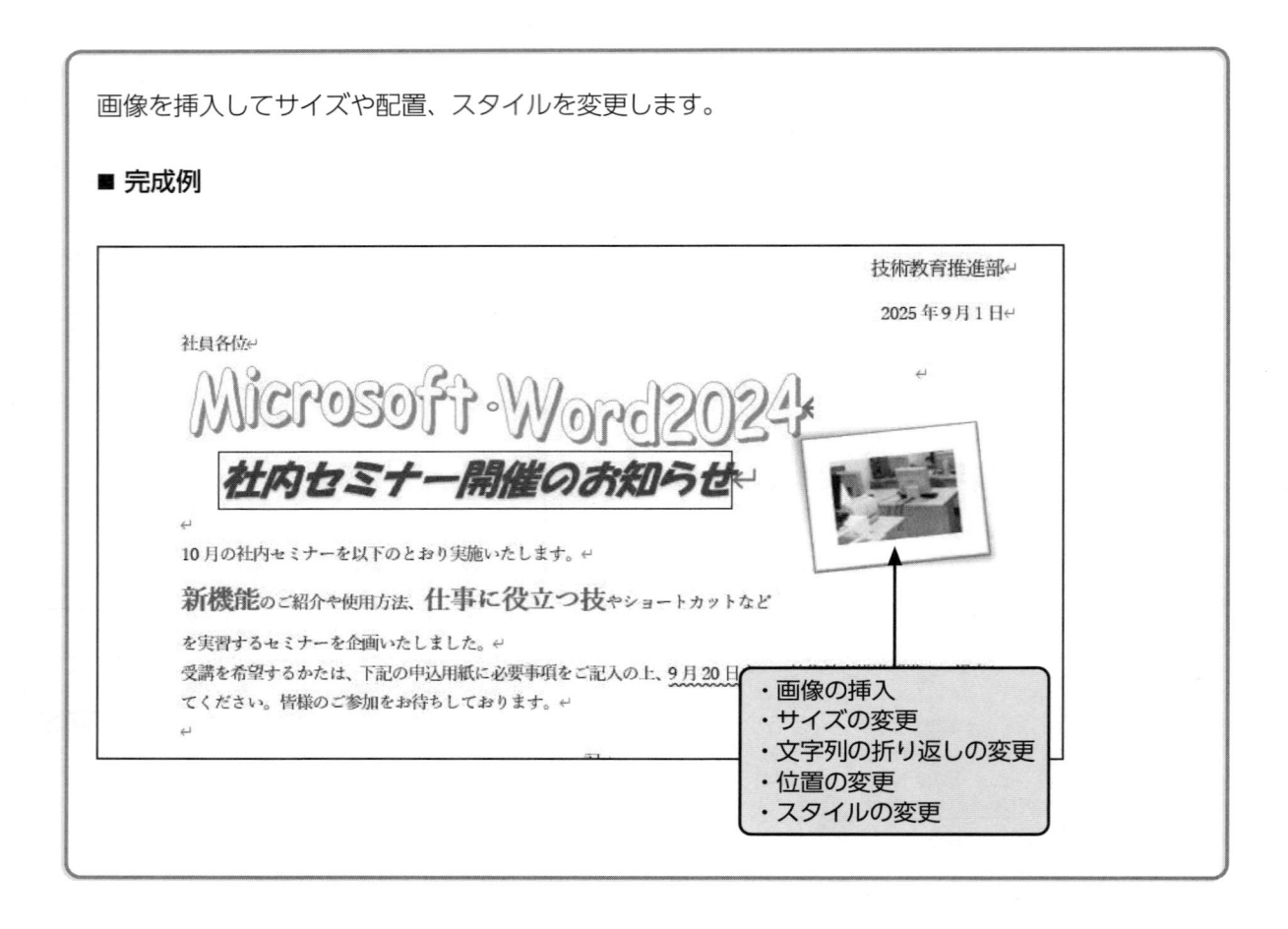

画像の挿入

文書の内容に関連するイラストや写真などの画像を挿入すると、文書にアクセントを与えたり、華やかにしたりすることができます。

操作☞ 画像を挿入する

[Word2024基礎] フォルダーに保存されている画像ファイル「研修室」を6行目の「10月の社内セミナーを以下のとおり実施いたします。」の上に挿入しましょう。

Step 1 [図の挿入] ダイアログボックスを開きます。

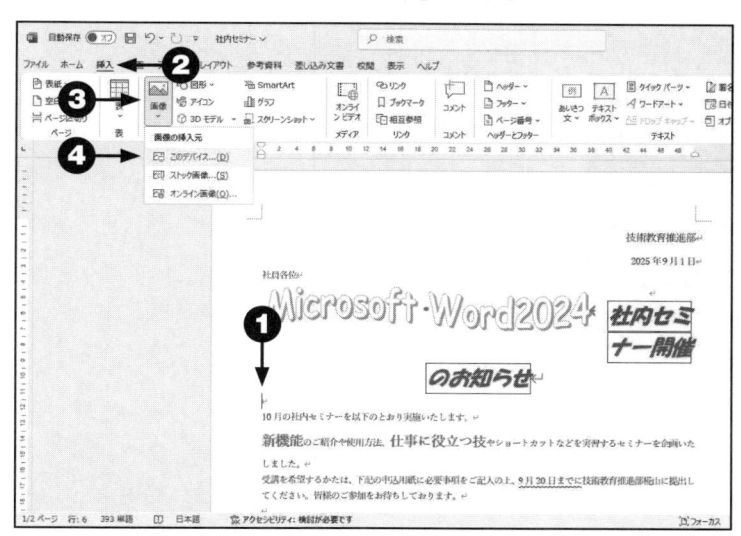

❶6行目の「10月の社内セミナーを以下のとおり実施いたします。」の上の行をクリックします。

❷[挿入] タブをクリックします。

❸[画像] ボタンをクリックします。

❹[このデバイス…] をクリックします。

Step 2 開くファイルが保存されているフォルダーを指定します。

❶[ドキュメント] をクリックします。

❷[Word2024基礎] をダブルクリックします。

Step 3 挿入するファイルを指定します。

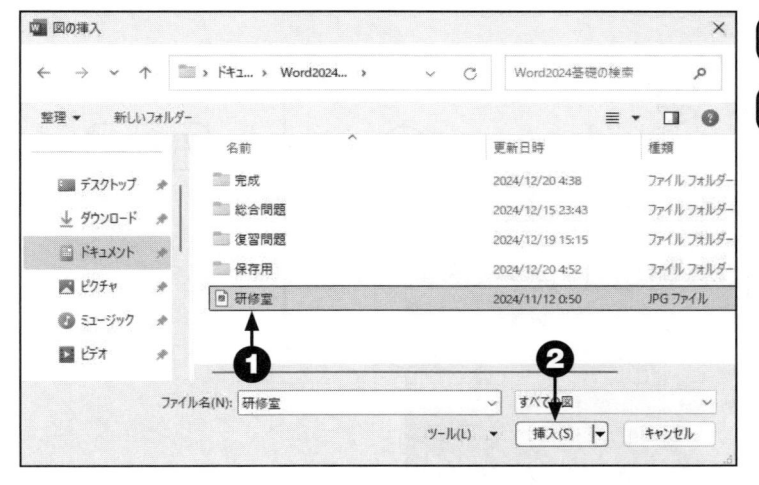

❶挿入する画像をクリックします。

❷[挿入] をクリックします。

Step 4 画像が文書内に挿入されたことを確認します。

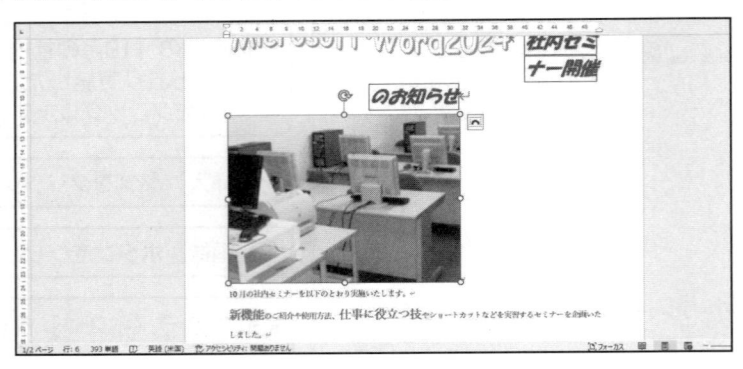

画像の編集

挿入した画像には、明るさやコントラストを変更する、周囲をぼかす、フレームで囲う、影を付けるなど、さまざまな効果を設定することができます。また、文書内での配置を変更することができます。

文書に画像を挿入すると、リボンは画像を編集するためのボタンが集められた[図の形式]タブに自動的に切り替わります。

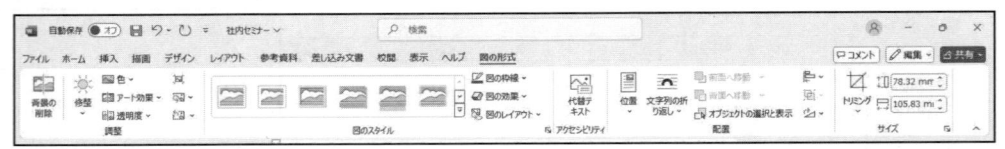

画像以外の編集作業中に、再度[図の形式]タブを表示するには、文書に挿入された画像をクリックします。

■ グラフィックスの選択と解除
グラフィックスを選択するには、グラフィックスをクリックします。選択されているグラフィックスの周囲にはハンドルが表示されます。グラフィックスの選択を解除するには、選択されているグラフィックス以外の部分をクリックします。

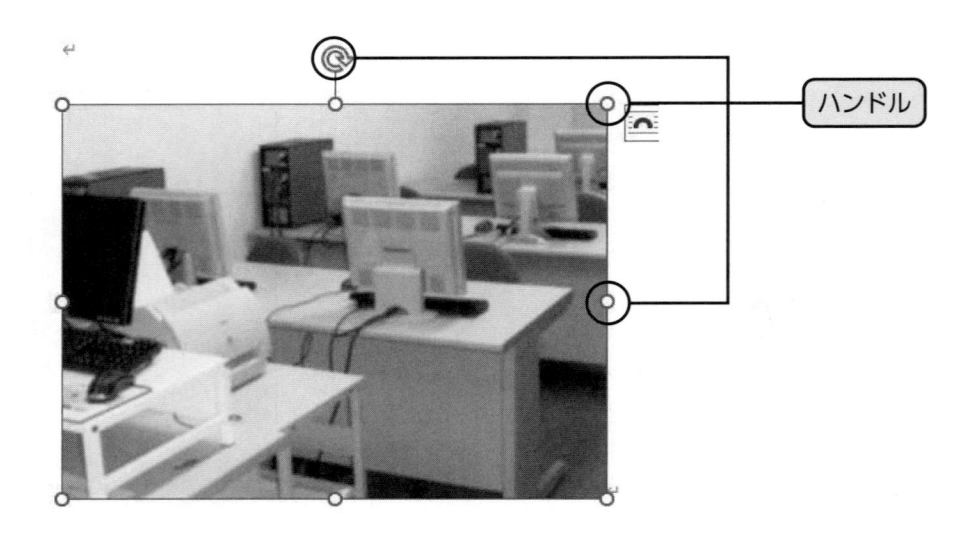

ハンドル

■ グラフィックスの移動とコピー

グラフィックスを移動するには、グラフィックスをポイントし、マウスポインターの形状が ✣
に変わったら目的の位置までドラッグします。**Shift**キーを押しながらドラッグすると、グラフィックスを水平または垂直方向のみに移動することができます。ただし、後述する文字列の折り返しの種類によっては移動できません。

Ctrlキーを押しながらドラッグすると、移動ではなくコピーになります。

■ グラフィックスの拡大/縮小

グラフィックスの拡大/縮小を行うには、グラフィックスを選択してからハンドルをポイントし、マウスポインターの形状が ↔ ↕ ⤡ ⤢ のいずれかに変わったら目的の大きさになるまでドラッグします。

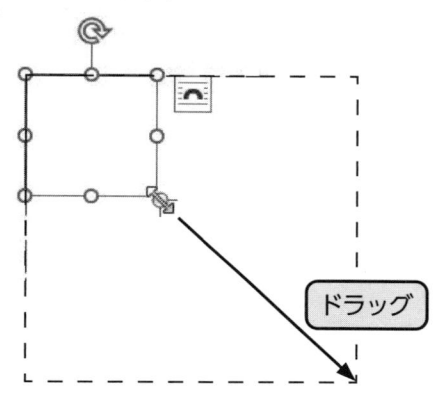

■ グラフィックスの回転

グラフィックスを回転させるには、グラフィックスを選択したときに上部に表示されるハンドルをドラッグします。図形の中心点を軸にして、ドラッグする方向に回転させることができます。

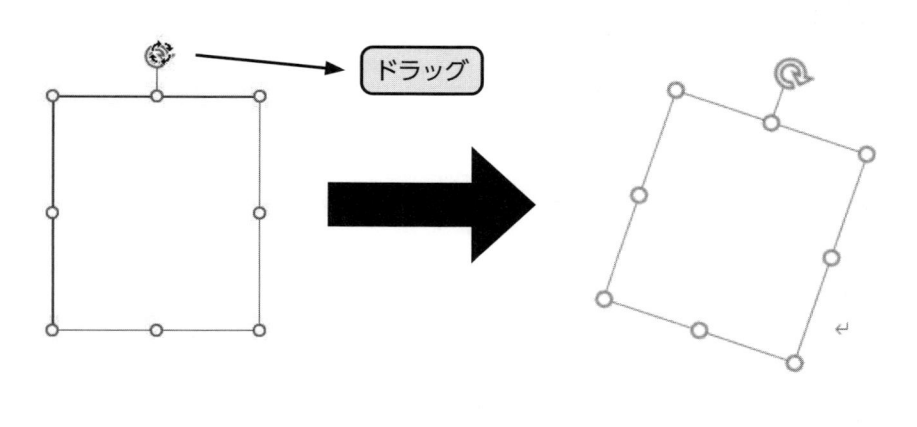

画像のサイズを小さく（約3cmの幅に）調整しましょう。

Step 1 画像のサイズ変更ハンドルをポイントします。

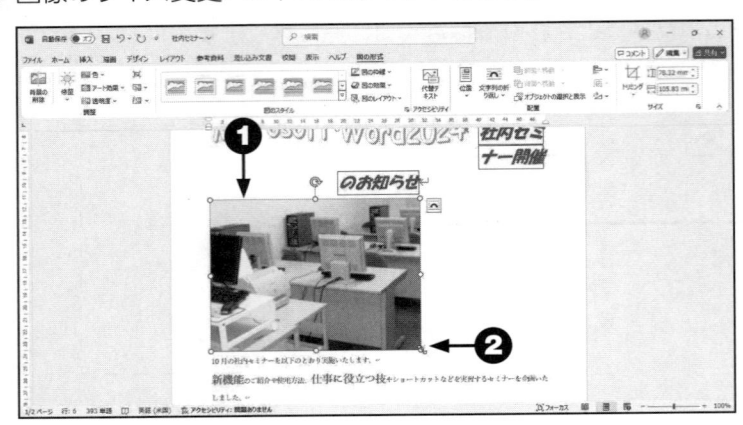

❶画像が選択されていることを確認します。

❷画像の右下のハンドルをポイントします。

❸マウスポインターの形状が🔸に変わったことを確認します。

Step 2 画像のサイズを小さくします。

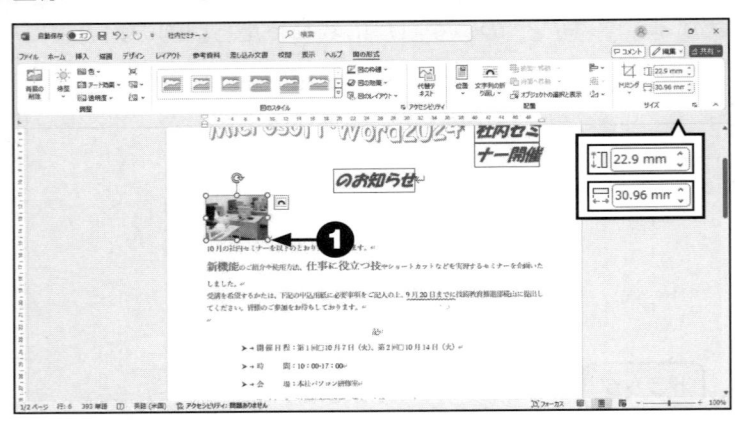

❶左上の方向にドラッグします。

❷画像のサイズが変更されたことを確認します。

💡 ヒント **サイズを正確に変更するには**

［図の形式］タブにある［図形の高さ］ボックスや［図形の幅］ボックスを利用して、図形のサイズをmm単位で変更することもできます。既定では縦横比が固定になっているため、どちらかのサイズを変更するともう一方のサイズも自動的に調整されます。

↕ 22.9 mm　　　↔ 30.96 mm

図形の高さ　　　　　図形の幅

操作☞ 画像の文字列の折り返しの種類を変更する

画像の文字列の折り返しの種類を「四角形」に変更しましょう。

Step 1 画像の文字列の折り返しの種類を選択します。

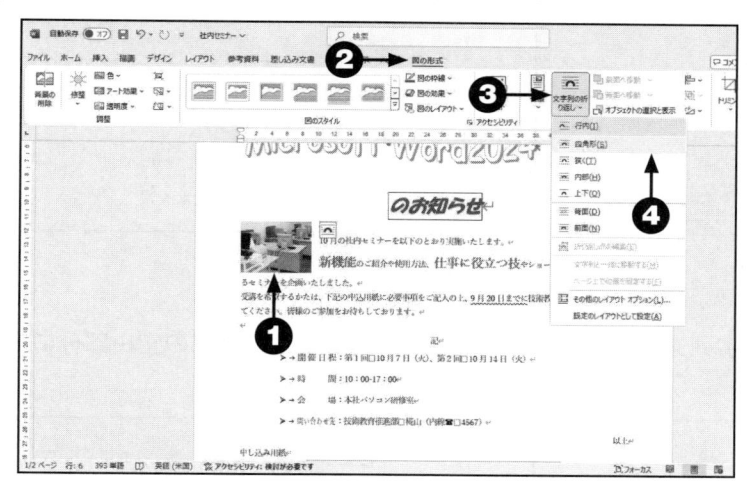

❶画像が選択されていることを確認します。

❷[図の形式] タブが選択されていることを確認します。

❸[文字列の折り返し] ボタンをクリックします。

❹[四角形] をクリックします。

Step 2 画像の周囲の文字列が折り返されていることを確認します。

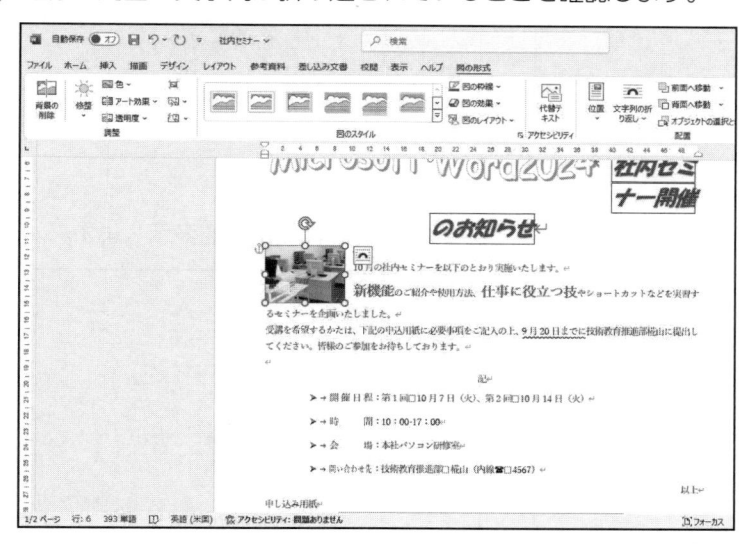

💡ヒント **レイアウトオプション**
画像の右に表示されるレイアウトオプションのボタンをクリックして文字列の折り返しの種類を設定することもできます。

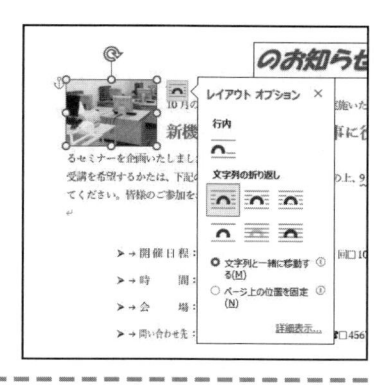

■ 行内

文字と同様にカーソルのある位置に図形が挿入されます。

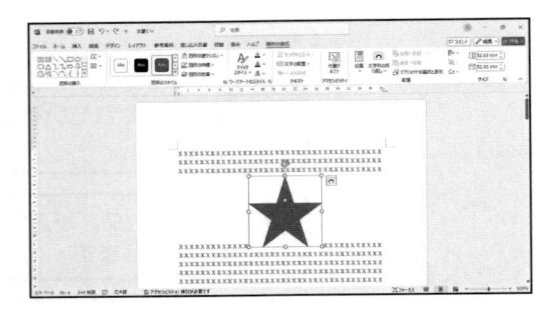

■ 四角形

図形の周囲のボックスの線に沿って文字列を折り返します。

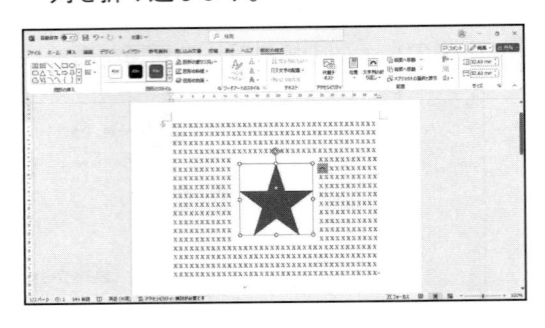

■ 狭く

図形の形状に沿って文字列を折り返します。

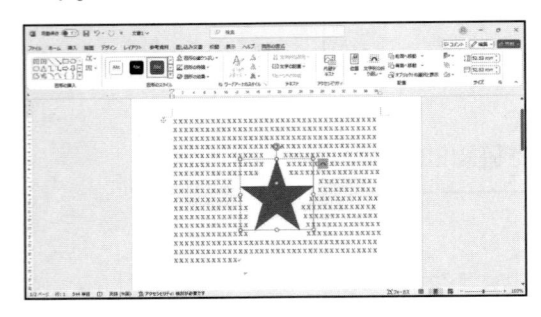

■ 内部

図形の周囲および内部の空白部分に文字列を折り返します。

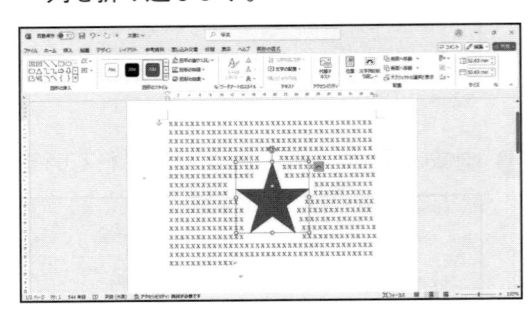

■ 上下

図形の上下で文字列を折り返します。

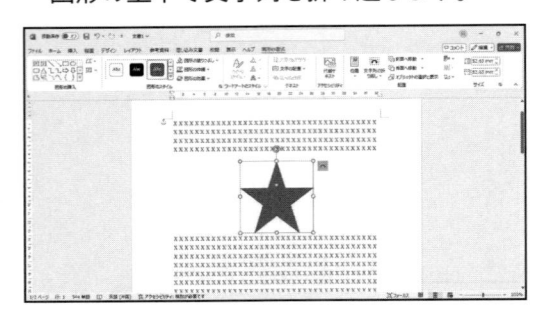

■ 背面

図形の前面に文字列を表示します。

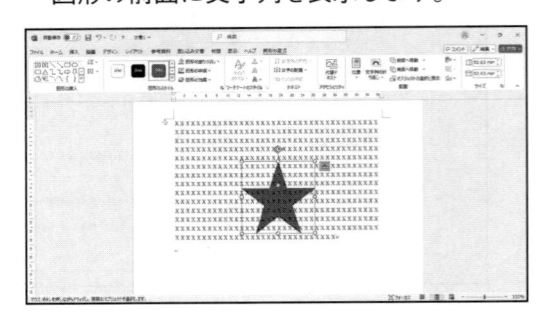

■ 前面

図形の背面に文字列を表示します。

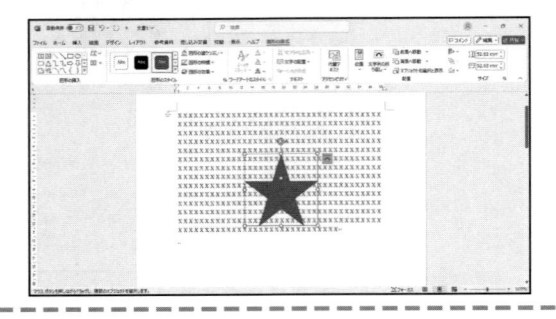

■ 折り返し点の編集

折り返す位置を編集できます。

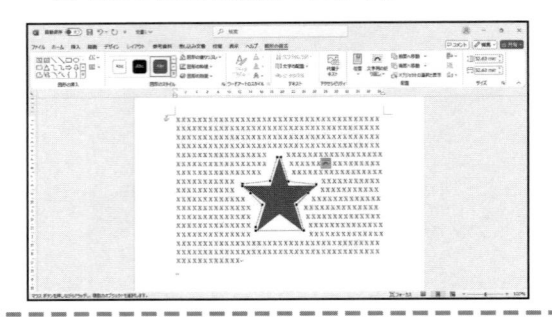

操作 🖝 画像を移動する

画像を5行目の「社内セミナー開催のお知らせ」の右に移動しましょう。

Step 1 画像をポイントします。

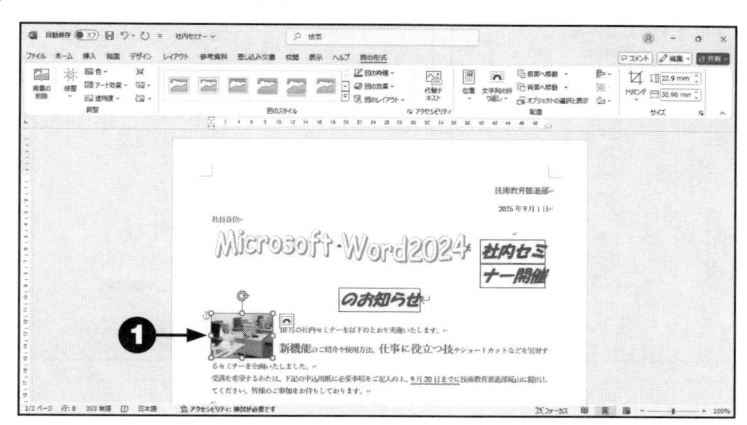

❶画像をポイントします。

❷マウスポインターの形状が ✛ に変わったことを確認します。

Step 2 画像を移動します。

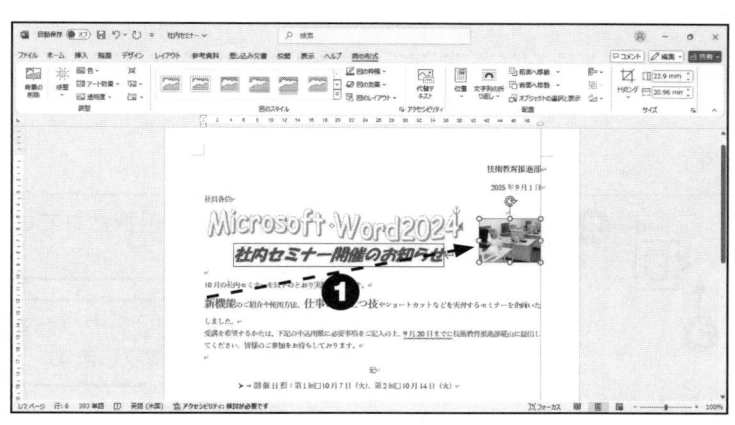

❶5行目「社内セミナー開催のお知らせ」の右の位置までドラッグします。

💡 **ヒント**

配置ガイド

文書内の画像や図形を移動すると、文書の余白や中央などに合わせて緑色の配置ガイドが表示されます。

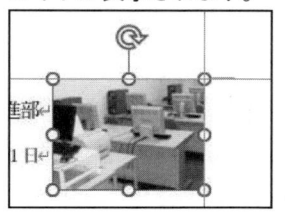

Step 3 画像が移動したことを確認します。

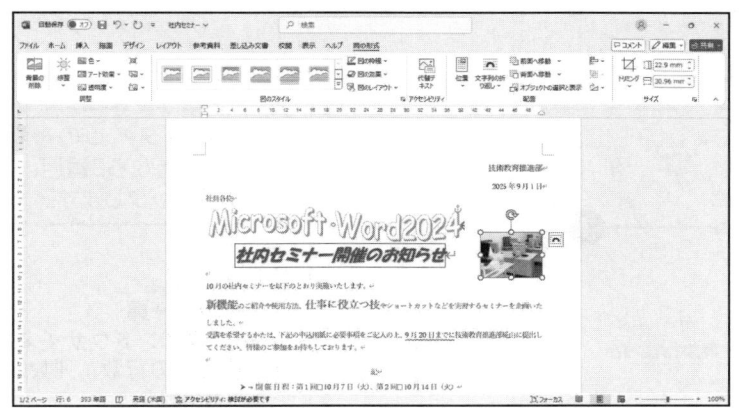

💡 **ヒント**

方向キーによる移動

文字列の折り返しが「行内」以外に設定されている場合、画像を選択した状態で↑キー、↓キー、→キー、←キーを押すと矢印の方向に少しずつ移動することができます。

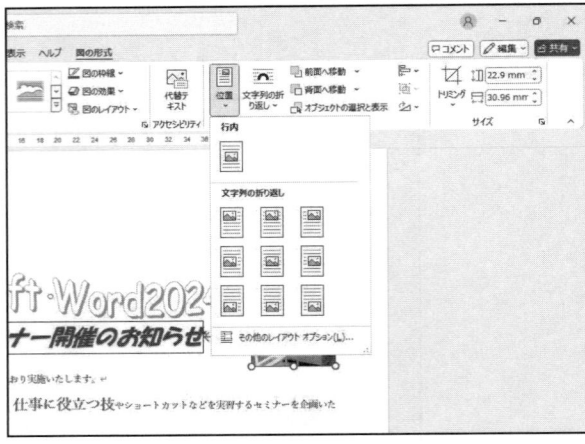

ヒント　画像の位置

画像を選択し、［図の形式］タブの［オブジェクトの配置］ボタンをクリックして［左揃え］や［右揃え］を選択することで、配置を変更することができます。また、［図の形式］タブの［位置］ボタンをクリックして画像をページのどの位置に表示するかを選択することもできます。

操作 👉 画像のスタイルを変更する

画像のスタイルを「回転、白」に変更しましょう。

Step 1 スタイルの一覧を表示します。

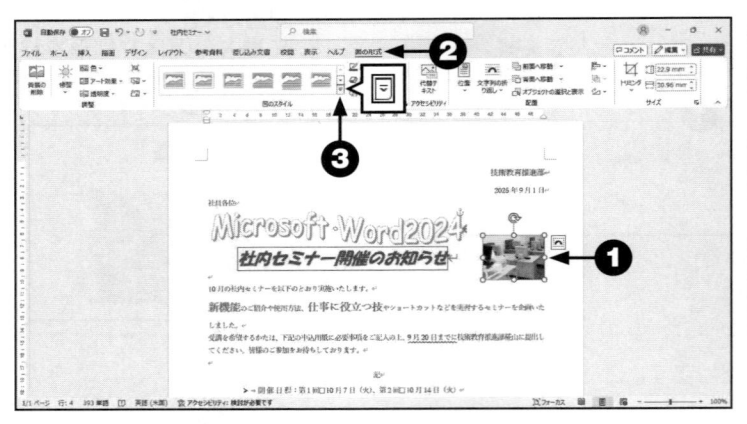

> ❶ 画像が選択されていることを確認します。

> ❷ ［図の形式］タブが選択されていることを確認します。

> ❸ ［図のスタイル］グループの［クイックスタイル］ボタンをクリックします。

Step 2 画像のスタイルを選択します。

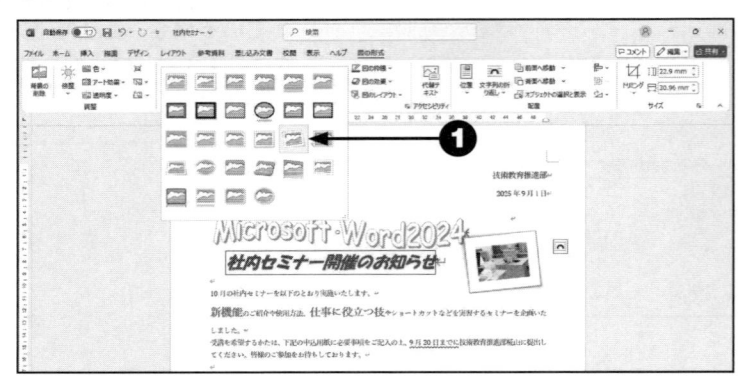

> ❶ 図のスタイルの一覧から［回転、白］（上から3番目、右から2番目）をクリックします。

💡 ヒント
スタイルの一覧
Wordのウィンドウサイズによって、スタイルの一覧の行数、列数は異なります。

Step 3 画像のスタイルが変更されたことを確認します。

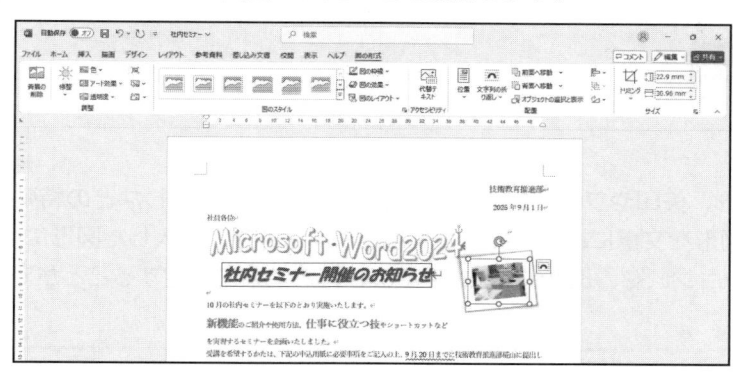

ヒント

ワードアートが隠れた場合
画像を回転させたことによりワードアート
の一部に重なってしまった場合は、画像の
サイズや位置を調整してください。

Step 4 画像の選択を解除します。

ヒント　オンライン画像の挿入

Officeからインターネットを経由して画像を挿入することもできます。インターネットに接続した状態で［挿入］タブの［画像］ボタンをクリックし、［オンライン画像］をクリックすると、［オンライン画像］ウィンドウが表示され、キーワードを入力してインターネット上の画像を検索することができます。ただし、その画像が利用可能かどうか、可能な場合は画像にどのようなライセンスが適用されているかを確認し、準拠した形で使用する必要があります。なお、MicrosoftアカウントでOfficeにサインインしている場合は、［オンライン画像］ウィンドウからOneDriveに保存されている画像を挿入することができます。

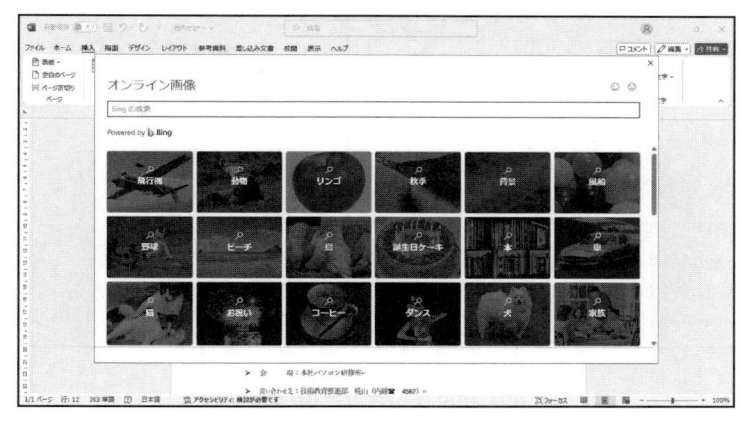

ヒント　図の背景を削除する

図の背景を削除することができます。操作方法は次のとおりです。
1. 挿入した図を選択します。
2. ［図の形式］タブの［背景の削除］ボタンをクリックします。
3. ［背景の削除］タブのボタンで保持または削除する領域を鉛筆ツールを使用して設定します。
4. 調整が終わったら［変更を保持］ボタンをクリックします。

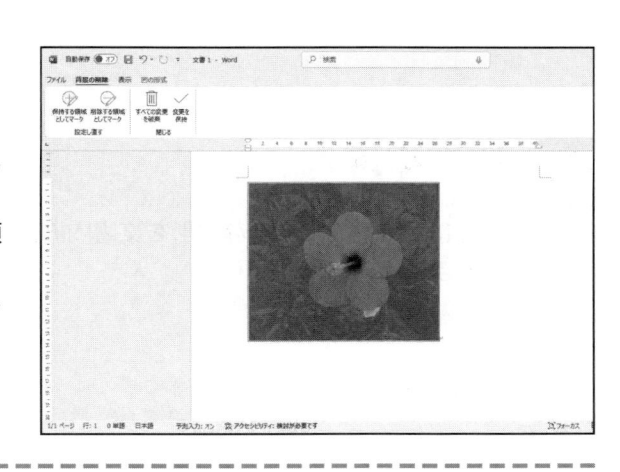

図形の利用

円や四角形などの基本図形、矢印やフローチャート用の図形、星や吹き出しなどの特殊図形など、用途に応じてさまざまな図形を文書に挿入することができます。また、挿入した図形には、線や塗りつぶしの色、グラデーション、影、3-Dなど、さまざまな特殊効果を設定することができます。

Wordで使用できる図形には、線（直線、曲線、矢印など）、四角形、基本図形（多角形、円、立方体など）、ブロック矢印、数式図形、フローチャート（流れ図に用いられる図形）、星とリボン、吹き出しがあります。これらの図形を組み合わせれば、簡単な地図や図面を描くことも可能です。

■ 完成例

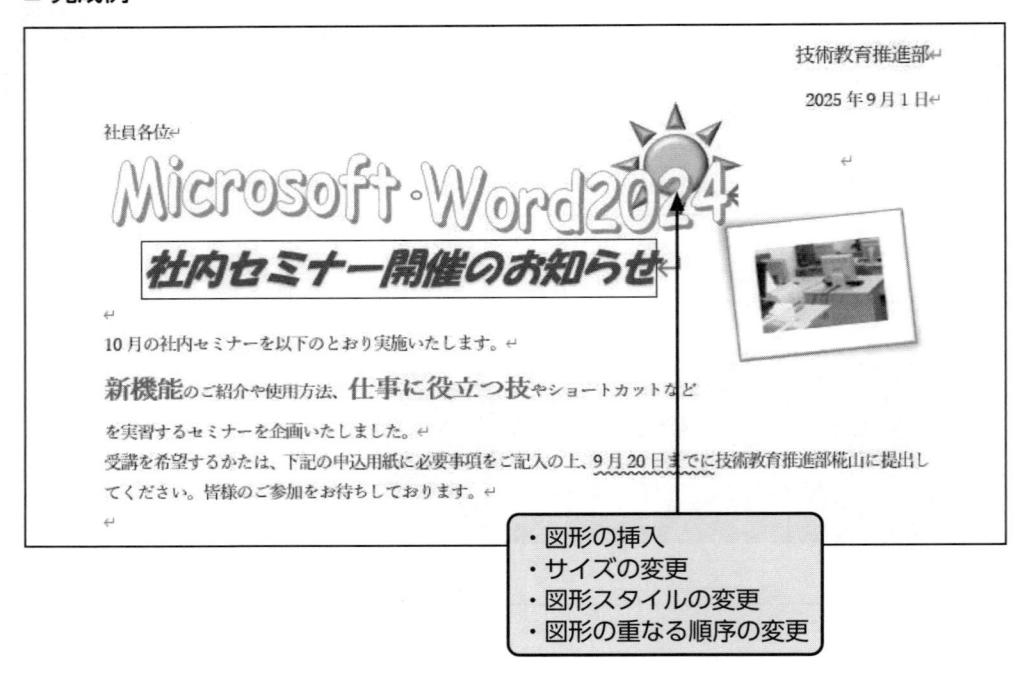

図形の挿入

用途に応じてさまざまな図形を文書内に挿入することができます。ここでは、図形を挿入する方法について学習します。

ワードアートの右上に図形「太陽」を挿入しましょう。

Step 1 挿入する図形を選択します。

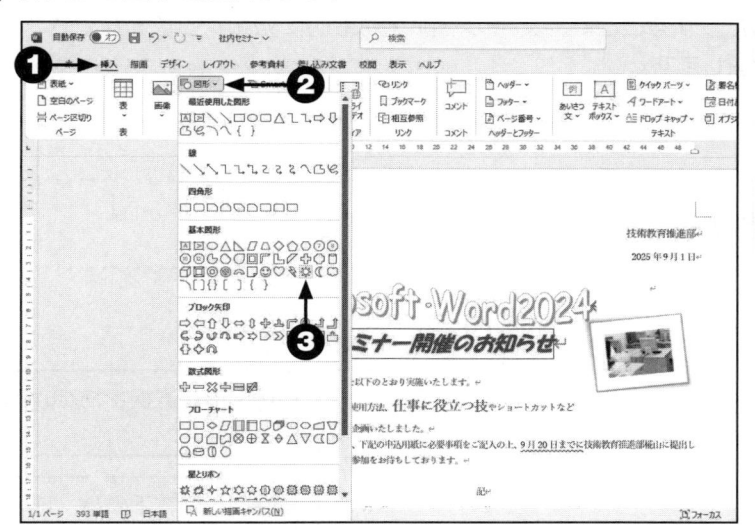

❶ [挿入] タブをクリックします。

❷ [図形] ボタンをクリックします。

❸ [基本図形] の一覧から [太陽] (上から3番目、右から3番目) をクリックします。

Step 2 図形を挿入します。

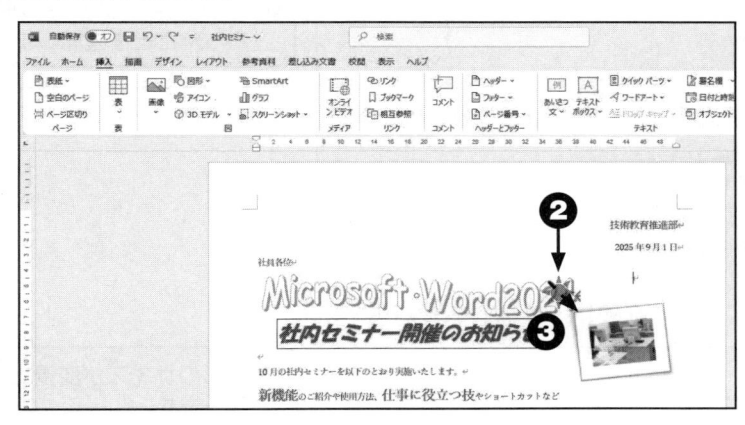

❶ マウスポインターの形状が十に変わったことを確認します。

❷ 図形を挿入したい位置をポイントします。

❸ 左上から右下に向かってドラッグします。

Step 3 図形が挿入されたことを確認します。

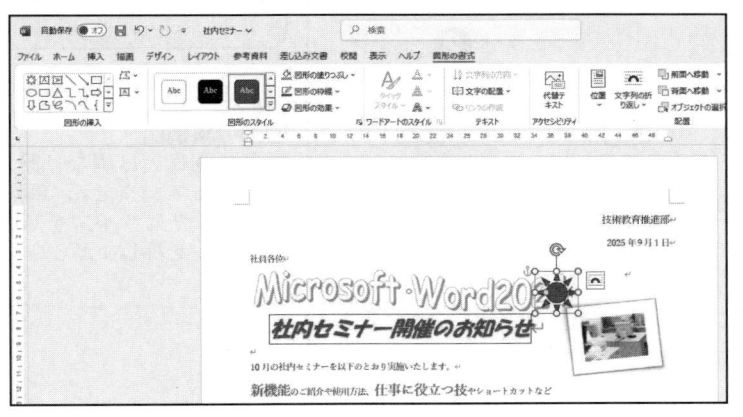

💡 ヒント

図形の削除

図形を削除するには、図形を選択して **Delete** キーを押します。

図形の編集

文書に図形を挿入すると、ワードアートの場合と同様に、リボンは図形を編集するためのボタンが集められた [図形の書式] タブに切り替わります。
挿入した図形には、さまざまな特殊効果を設定することができます。また、挿入した図形を文章の背面に配置したり、図形内に文章を入力したりすることで、文書の一部を効果的に強調することができます。ここでは、図形を編集する方法について学習します。

操作 👉 図形のサイズを変更する

Step 1 図形のサイズを大きくします。

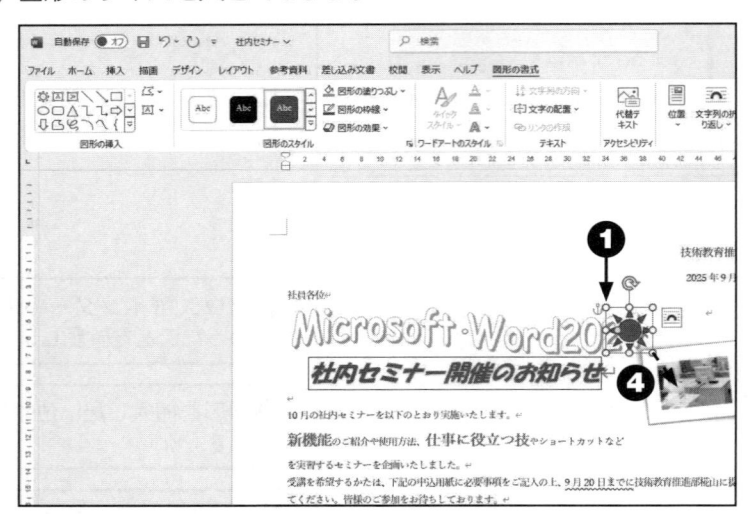

❶ 図形が選択されていることを確認します。

❷ 図形の右下のハンドルをポイントします。

❸ マウスポインターの形状が に変わったことを確認します。

❹ 右下の方向にドラッグします。

Step 2 図形のサイズが変更されたことを確認し、位置を調整します。

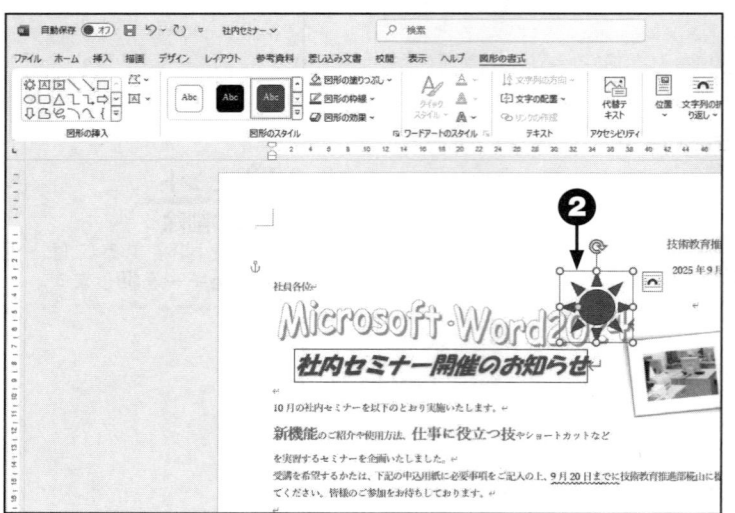

❶ 図形のサイズが変更されたことを確認します。

❷ 図形をドラッグして位置を調整します。

💡 ヒント
図形の縦横比
図形は画像とは異なり既定で縦横比が固定になっていません。同じ縦横比で図形を挿入またはサイズを変更したい場合は、**Shift**キーを押しながらハンドルをドラッグします。

操作☞ 図形のスタイルを変更する

図形のスタイルを「パステル-オレンジ、アクセント2」に変更しましょう。

Step 1 図形のスタイルを変更します。

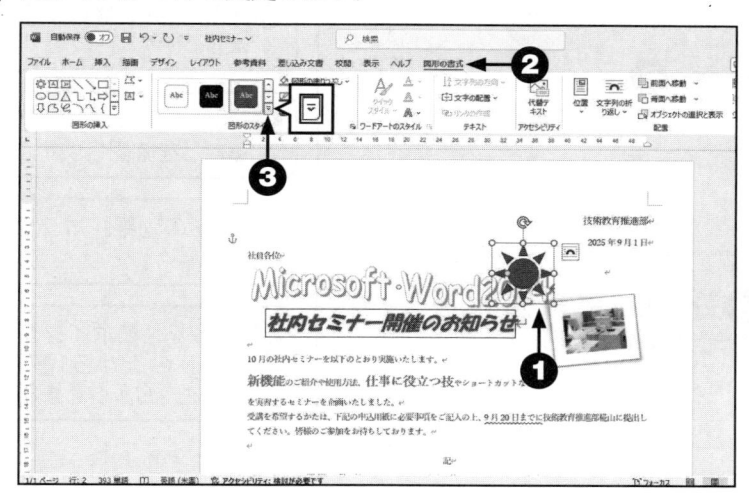

❶図形が選択されていることを確認します。

❷[図形の書式] タブが選択されていることを確認します。

❸[図形のスタイル] グループの [クイックスタイル] ボタンをクリックします。

Step 2 図形のスタイルを選択します。

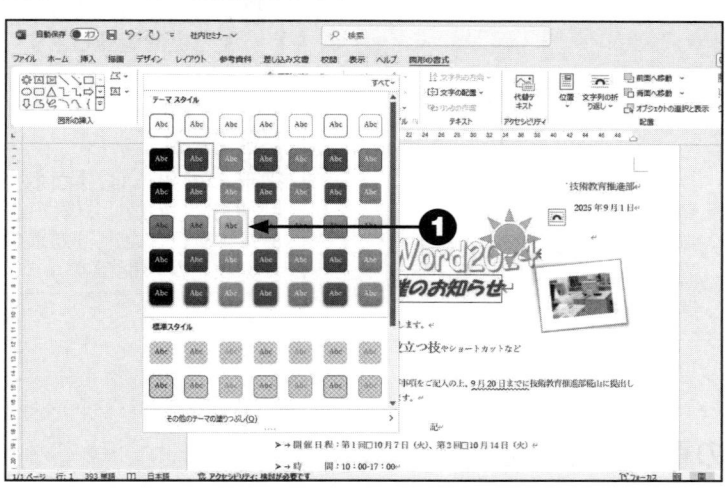

❶[パステル-オレンジ、アクセント2]（上から4番目、左から3番目）をクリックします。

Step 3 図形のスタイルが変更されたことを確認します。

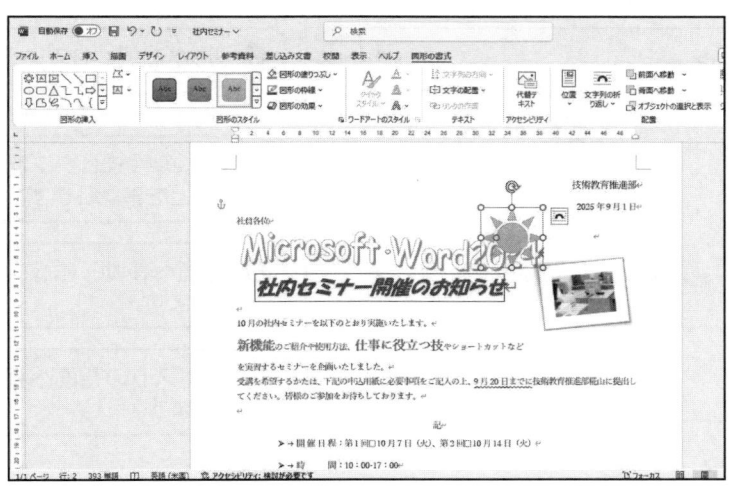

操作☞ 図形に面取り効果を設定する

Step 1 図形に面取り効果「丸」を設定します。

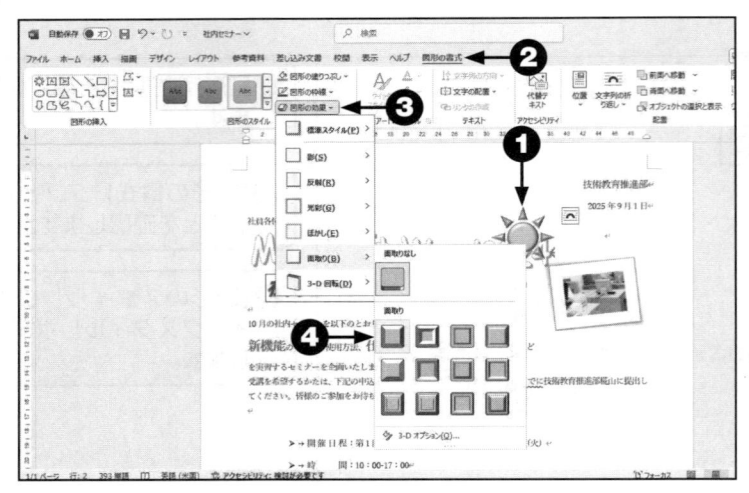

❶図形が選択されていることを確認します。

❷[図形の書式] タブが選択されていることを確認します。

❸[図形の効果] ボタンをクリックします。

❹[面取り] をポイントし、[丸]([面取り] の上から1番目、左から1番目)をクリックします。

Step 2 面取り効果が設定されたことを確認します。

❶丸みを帯びた立体的な図形に変わったことを確認します。

💡 ヒント

図形の効果
図形の効果には、「面取り」の他に「影」、「反射」、「光彩」、「ぼかし」、「3-D回転」があります。また、各効果のオプションで細かい設定が可能です。

操作☞ 図形とワードアートの重なる順番を変更する

Step 1 図形をワードアートの背面へ移動します。

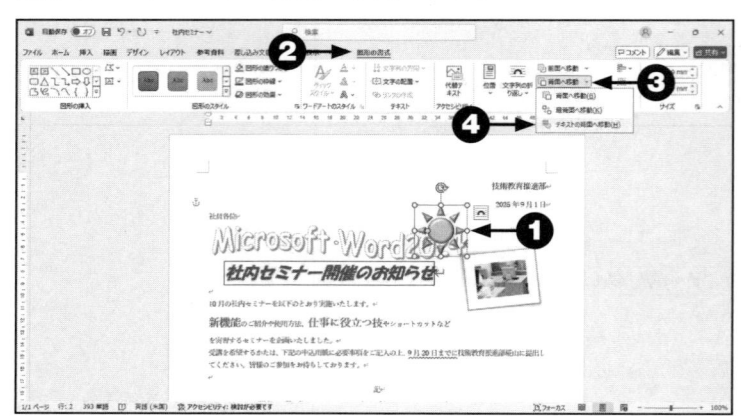

❶図形が選択されていることを確認します。

❷[図形の書式] タブが選択されていることを確認します。

❸[背面へ移動] ボタンの▼をクリックします。

❹[テキストの背面へ移動] をクリックします。

Step 2 図形がテキストの背面へ移動したことを確認します。

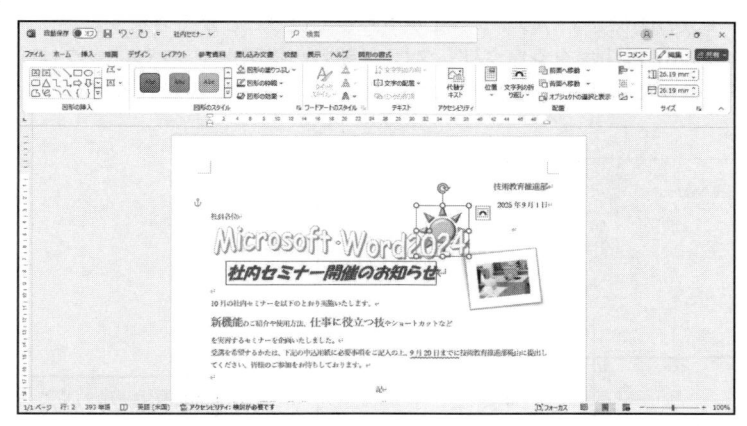

Step 3 [上書き保存] ボタンをクリックして文書を上書き保存します。

ヒント　テキストと図形の重なる順序

既に文字列が入力されている文書に図形を挿入した場合、後から挿入した図形が文字列の前面に配置されます。図形と文字列の重なる順序を変更するには、対象の図形を選択した状態で [背面へ移動] ～ [背面へ移動] ボタンまたは [前面へ移動] ～ [前面へ移動] ボタンの▼をクリックし、[テキストの背面へ移動] または [テキストの前面へ移動] をクリックします。

ヒント　テキストの背景にある図形を選択するには

図形がテキストの背面に隠れてしまって選択できない場合は、[ホーム] タブの [選択] ボタンをクリックして [オブジェクトの選択] をクリックします。マウスポインターの形状が ᨒ に変わり、テキストの背面に隠れた図形を選択できるようになります。元のマウスポインターに戻すには、再び [選択] ボタンをクリックして [オブジェクトの選択] をクリックするか、**Esc**キーを押します。

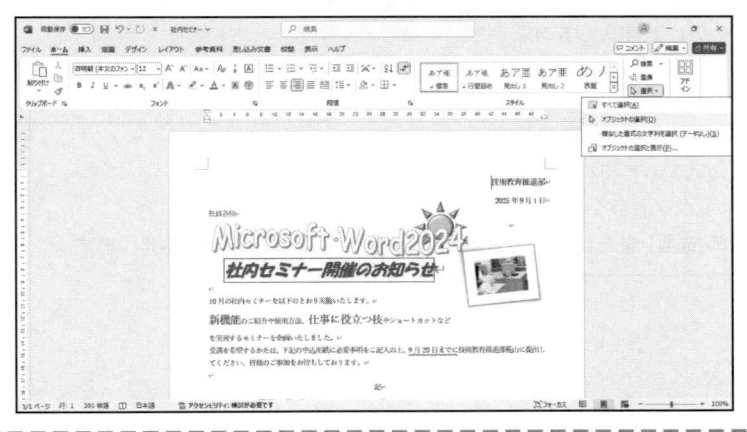

複数の図形を1つのオブジェクトとして扱うには

「描画キャンパス」を使うと、複数の図形を1つのオブジェクトとして扱うことができます。
描画キャンパスは、[挿入]タブの[図形]ボタンをクリックし、[新しい描画キャンパス]をクリックすると、表示されます。この描画キャンパスの中に挿入した図は1つのオブジェクトとして扱われるため、コピーや移動などを同時に行うことができます。

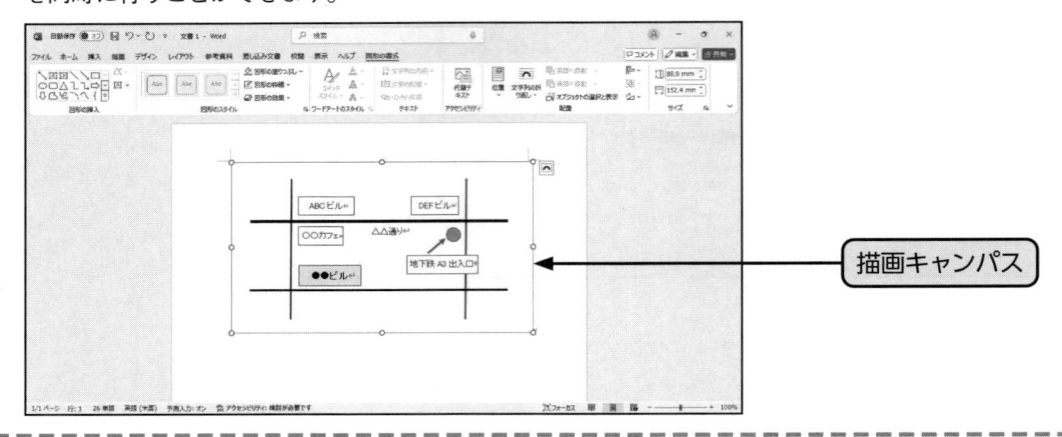

描画キャンパス

💡 ヒント

テキストボックス

文書に「テキストボックス」と呼ばれる矩形のオブジェクトを追加すると、文書内の任意の場所にテキストを入力したり、図形のように背景や輪郭、テキストの色を変更するなど、さまざまな効果を設定できるようになります。
テキストボックスは次の2つの方法で作成できます。

■ 文書にテキストボックスを挿入する
1. [挿入]タブの[テキストボックス]ボタンをクリックします。
2. 組み込みの一覧から選択するか、[横書きテキストボックスの描画]または[縦書きテキストボックスの描画]を選択します。
3. 組み込みの一覧から選択した場合は、選択したスタイルのテキストボックスが挿入されます。[横書きテキストボックスの描画]または[縦書きテキストボックスの描画]を選択した場合は、テキストボックスを挿入したい位置で斜め方向にドラッグして挿入します。
4. 挿入されたテキストボックスにテキストを入力します。

■ 入力済みの文章をテキストボックスに変換する
1. テキストボックスに変換したい文字列を選択します。
2. [挿入]タブの[テキストボックス]ボタンをクリックします。
3. [横書きテキストボックスの描画]または[縦書きテキストボックスの描画]を選択します。

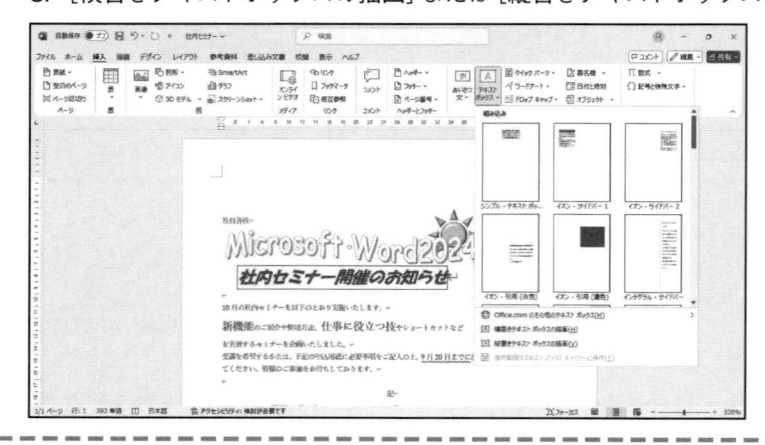

 **この章の確認**

- [ ] ワードアートを挿入できますか？
- [ ] ワードアートの形状を変更できますか？
- [ ] 画像を挿入できますか？
- [ ] 画像のサイズを変更できますか？
- [ ] 画像の文字列の折り返しの種類を変更できますか？
- [ ] 画像を移動できますか？
- [ ] 画像のスタイルを変更できますか？
- [ ] 図形を挿入できますか？
- [ ] 図形のサイズやスタイルを変更できますか？
- [ ] 図形に効果を設定できますか？
- [ ] 図形の重ね合わせの順番を変更できますか？

復習問題 問題 5-1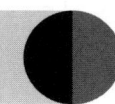

文書にワードアート、図形、画像を挿入して編集しましょう。

1. ［Word2024基礎］フォルダーの中の［復習問題］フォルダーから、ファイル「復習5-1　歓迎会」を開きましょう。

2. 5行目「歓迎会のお知らせ」を「塗りつぶし：オレンジ、アクセントカラー2；輪郭：オレンジ、アクセントカラー2」のワードアートに変換しましょう。

3. ワードアートに「三角形：上向き」の変形の文字の効果を設定しましょう。

4. ［復習問題］フォルダーから画像ファイル「お祝い」を挿入しましょう。

5. 画像を高さと幅が約30mmになるよう小さくしましょう。

6. 画像の文字列の折り返しを「四角形」にしましょう。

7. 画像に「透視投影、影付き、白」のスタイルに設定し、完成例を参考に移動しましょう。

8. 完成例を参考に、25行目の「切り取り線」の左右に「直線」の図形を挿入しましょう。

9. ［Word2024基礎］フォルダーの中の［保存用］フォルダーに、「復習5-1　歓迎会」という名前でファイルを保存しましょう。

10. ファイル「復習5-1　歓迎会」を閉じましょう。

2025 年 10 月 3 日←

関係者各位←

←

総務部□ 本田←

歓迎会のお知らせ

10 月の人事異動で、3 名が総務部に異動してきました。新しい仲間との親交を深めるため、下記のように歓迎会を開催したいと存じます。←
つきましては、下記フォームにご記入いただき 10 月 10 日（金）までに、本田（内線□4587）にご提出いただきたくお願いします。←

記←

日　時　→　2025 年 10 月 17 日（金）←

場　所　→　居酒屋「いっぺい」（みさき銀行となりのビル□1 階）←

Ｔ Ｅ Ｌ　→　☎03-1234-5678←

参加費　→　5,000 円←

HP アドレス←	http://ippei.example.com←

以上←

＜10 月に異動してきた方々＞←

吉田秀雄（新潟支社より異動）←

斉藤明人（大阪支社より異動）←

森崎一郎（名古屋支社より異動）←

―――――――――――――― 切り取り線← ――――――――――――――

氏名←

参加・不参加←

 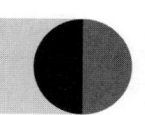

文書に画像を挿入して編集しましょう。

1. ［Word2024基礎］フォルダーの中の［復習問題］フォルダーから、ファイル「復習5-2　社員旅行」を開きましょう。

2. ［復習問題］フォルダーから画像ファイル「森林」を任意の位置に挿入しましょう。

3. 画像の高さを約30mmにしましょう。

4. 画像の文字の折り返しを「四角形」に変更しましょう。

5. 画像に「面取り、反射付き、白」のクイックスタイルを設定しましょう。

6. 完成例を参考に、画像を「日程」の右側に移動しましょう。

7. ［Word2024基礎］フォルダーの中の［保存用］フォルダーに、「復習5-2　社員旅行」という名前でファイルを保存しましょう。

8. ファイル「復習5-2　社員旅行」を閉じましょう。

福利厚生課
2025 年 10 月 3 日

社員各位

社員旅行のご案内

　今年も恒例の社員旅行の時期となりました。下記の通り社員旅行を実施いたします。今年は、現地集合とバスの参加が選べます。皆さま、是非ともご参加ください。

日程

◆→日　　　時：2025 年 11 月 15 日（土）～16 日（日）
◆→宿　泊　先：箱根レイクサイド・ビレッジホテル
　　（TEL☎□0120-2222-3333）
◆→担　当　者：三枝（福利厚生課□内線☎□1234）

料金および集合時間

集合方法	料金	集合場所および時間
バス	10,000 円（昼食、夕食、朝食付き）	本社 1 階玄関前に 8 時集合
現地集合	7,000 円（夕食、朝食付き）	17 時までにホテルチェックイン

参加申込書

部署名		社員番号	
氏名			
参加方法	バス・現地集合		

第6章

文書とはがきの印刷

- 印刷プレビューの確認
- 文書の印刷
- はがきの作成

印刷プレビューの確認

実際に印刷する前に、印刷したときのイメージを確認する画面のことを「印刷プレビュー」と呼びます。印刷前に文書の内容や印刷したときのイメージを確認することで、印刷ミスを防ぎ、印刷に要する時間や用紙の無駄を省くことができます。

[ファイル] タブの [印刷] を選択すると、印刷に関する設定項目と印刷プレビューが並んで表示され、設定を変更した場合の結果をすぐに確認することができます。印刷プレビューでは余白のマークや編集記号は非表示となり、実際に印刷される内容のみが表示されます。

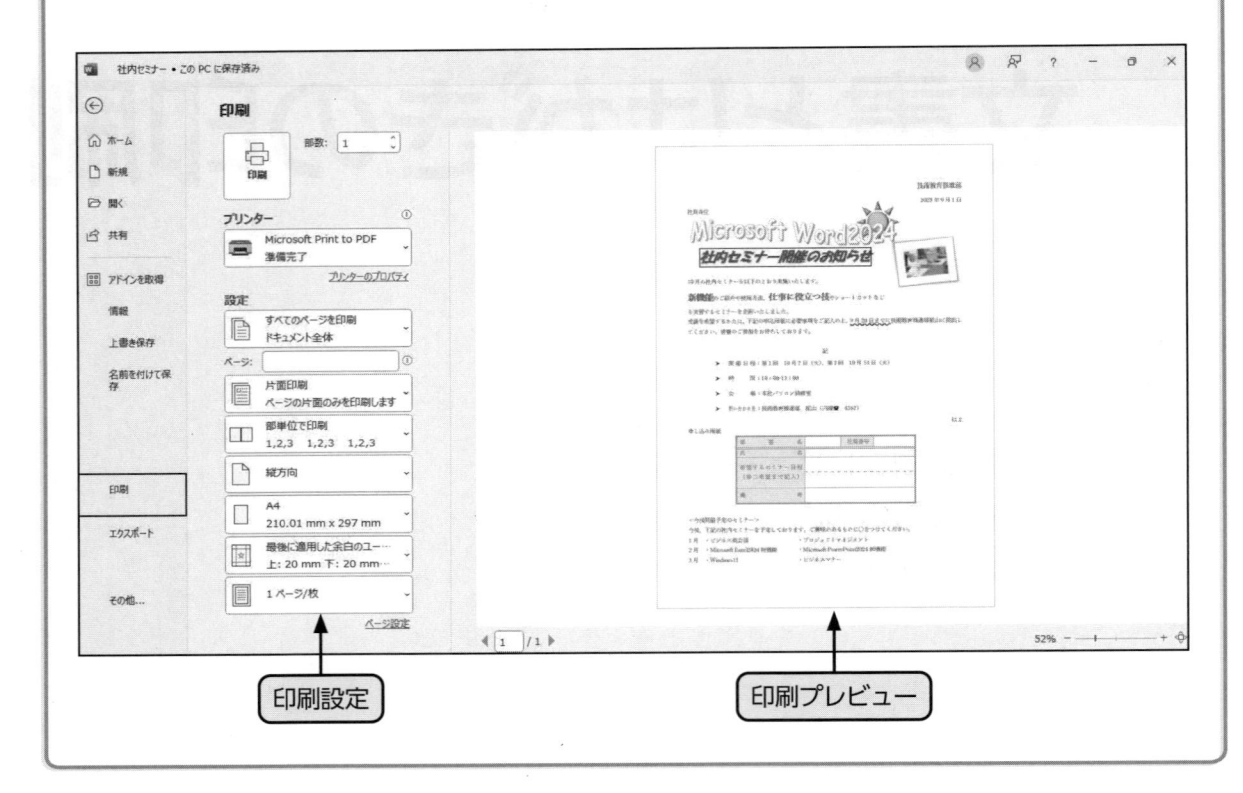

操作 👉 印刷イメージを確認する

Step 1 [保存用] フォルダーにある文書「社内セミナー」を開きます。本章から学習を開始する場合は、[Word2024基礎] フォルダーにある文書「6章_社内セミナー」を開きます。

Step 2 印刷イメージを表示します。

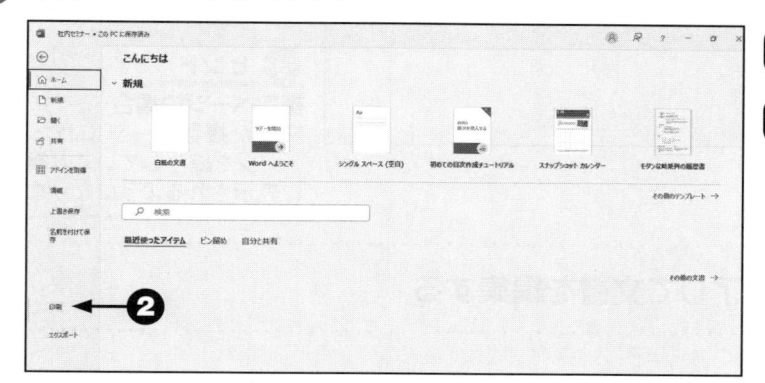

❶[ファイル] タブをクリックします。

❷[印刷] をクリックします。

Step 3 右側に印刷イメージが表示されます。

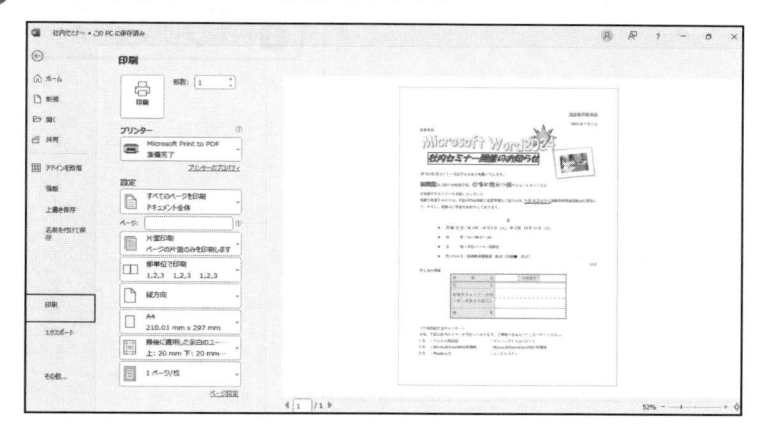

操作 👉 印刷イメージを拡大または縮小して確認する

Step 1 拡大された印刷イメージを確認し、印刷イメージを縮小します。

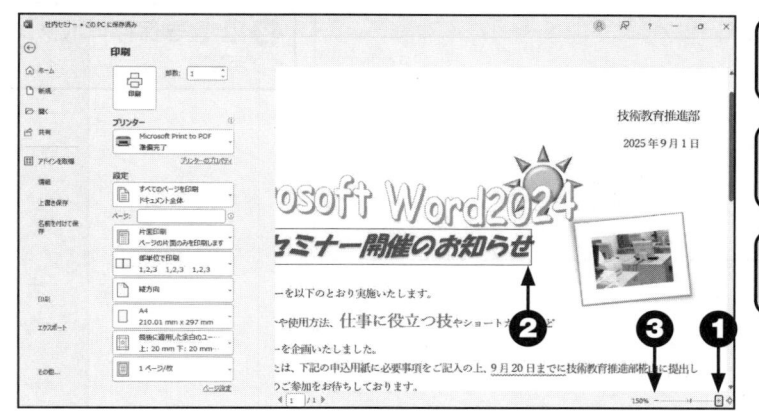

❶ズームスライダーの [拡大] ボタンを数回、クリックします。

❷文字が囲み線からはみ出していることを確認します。

❸ズームスライダーの [縮小] ボタンをクリックします。

Step 2 縮小された印刷イメージを確認します。

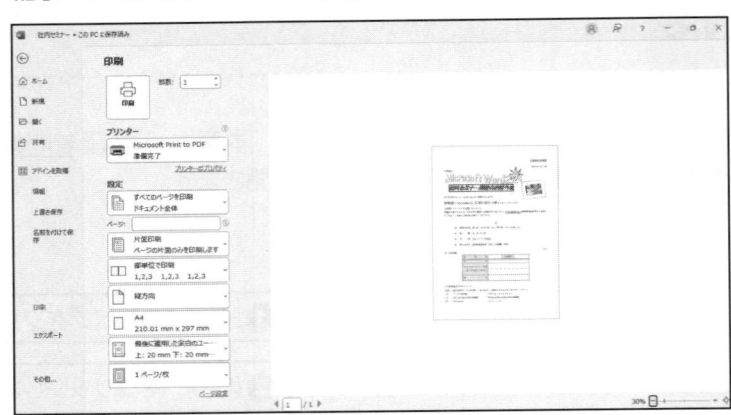

ヒント
ズームスライダー
ズームスライダーの［拡大］/［縮小］ボタンをクリックすると10％単位で、つまみを左右にドラッグすると細かい単位で表示倍率を変更することができます。右端の［ページに合わせる］ボタンをクリックすると画面に合わせて表示されます。

ヒント
複数ページの場合
文書が複数ページにわたる場合、印刷イメージを縮小していくと複数ページが同時に表示されるようになります。

操作 印刷プレビューを終了して文書を編集する

Step 1 印刷プレビューを終了します。

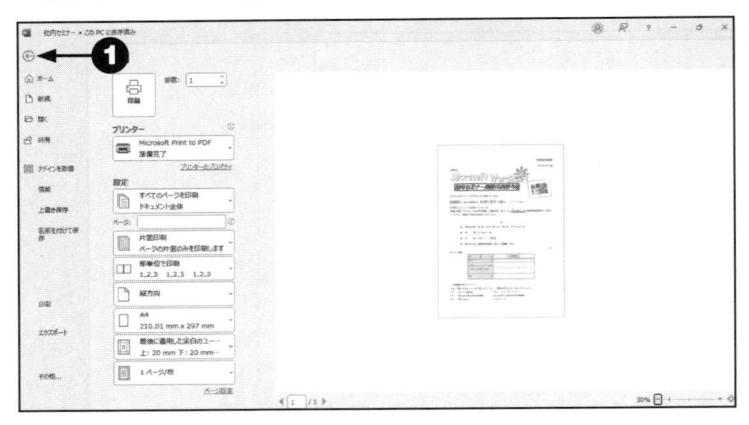

❶ ⬅をクリックします。

Step 2 文書を修正します。

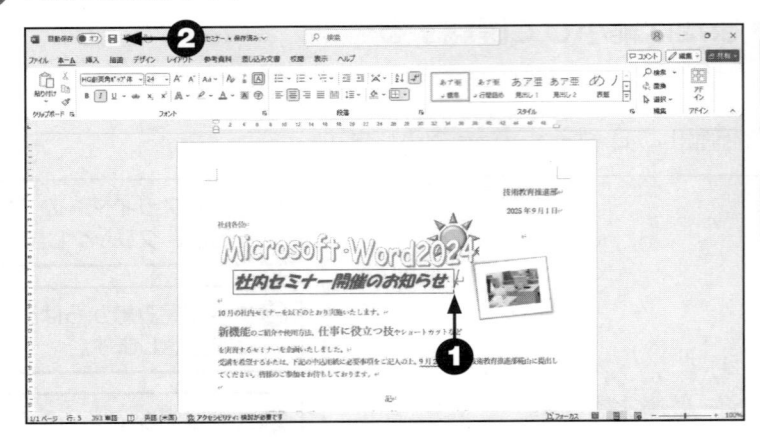

❶「社内セミナー開催のお知らせ」の後ろに半角スペースを1つ挿入します。

❷［上書き保存］ボタンをクリックします。

文書の印刷

文書の印刷時には、使用するプリンターや印刷する範囲、部数、拡大/縮小などを指定することができます。

印刷時のオプションは [ファイル] タブの [印刷] で設定します。

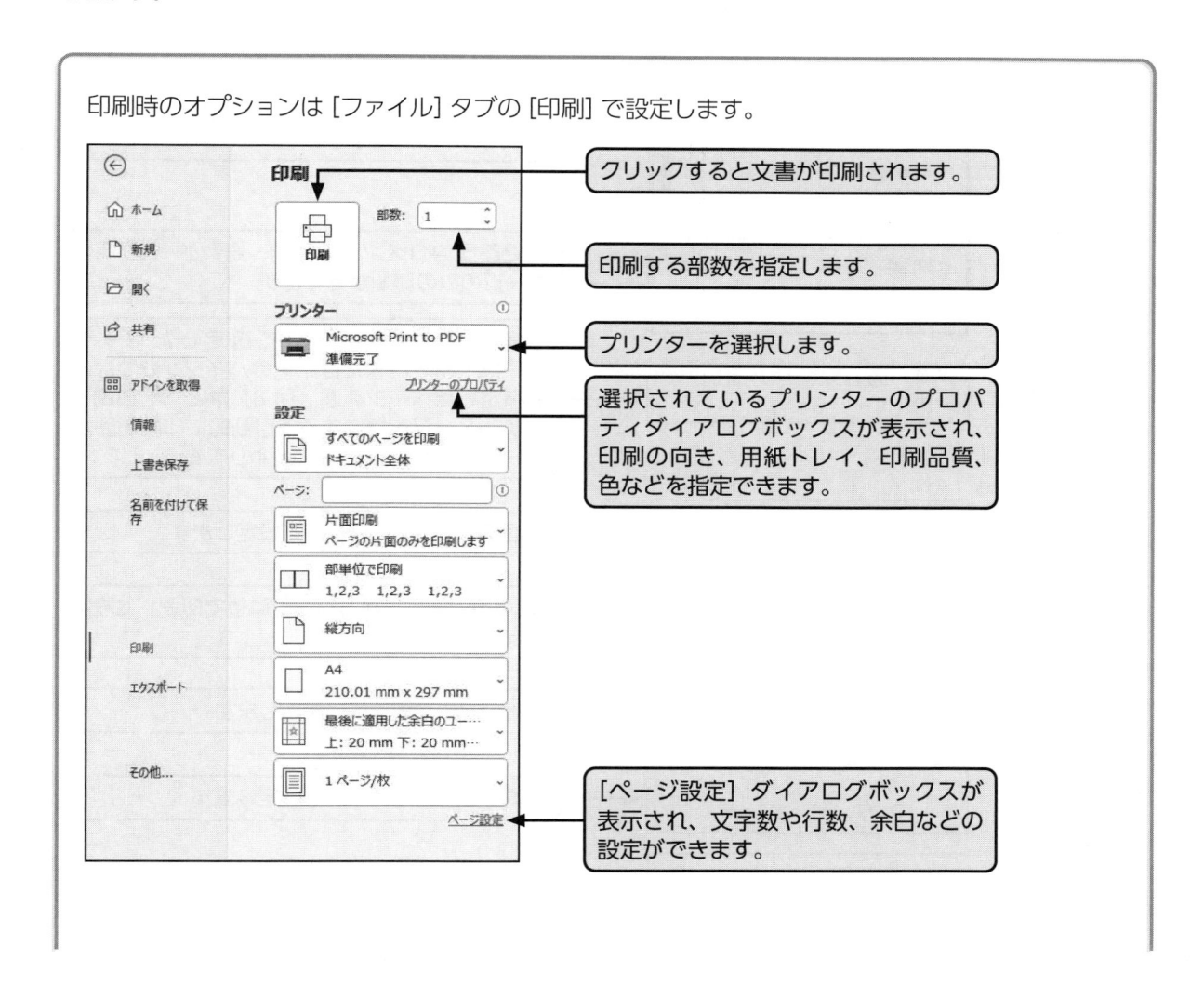

クリックすると文書が印刷されます。

印刷する部数を指定します。

プリンターを選択します。

選択されているプリンターのプロパティダイアログボックスが表示され、印刷の向き、用紙トレイ、印刷品質、色などを指定できます。

[ページ設定] ダイアログボックスが表示され、文字数や行数、余白などの設定ができます。

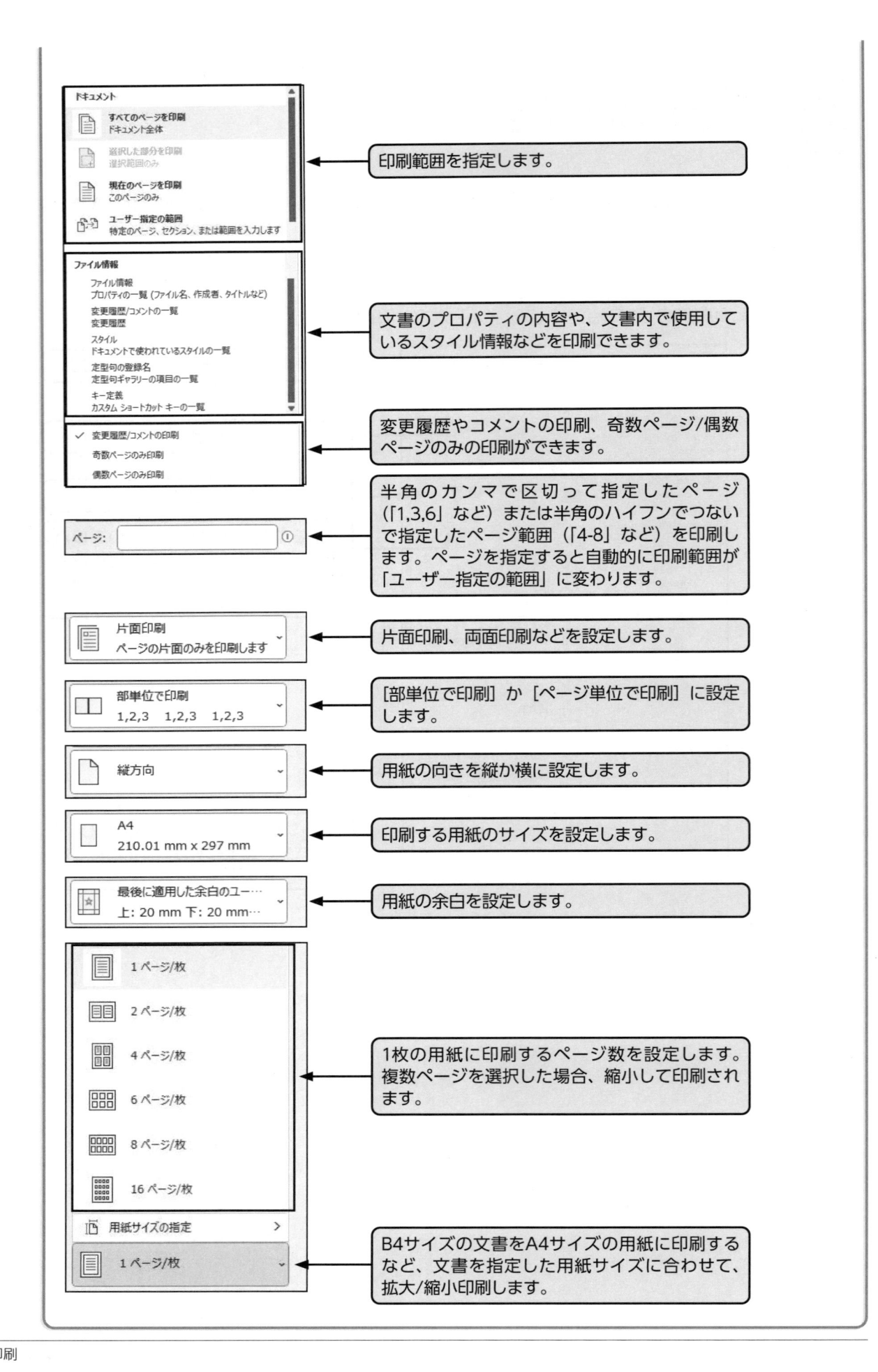

印刷範囲を指定します。

文書のプロパティの内容や、文書内で使用しているスタイル情報などを印刷できます。

変更履歴やコメントの印刷、奇数ページ/偶数ページのみの印刷ができます。

半角のカンマで区切って指定したページ（「1,3,6」など）または半角のハイフンでつないで指定したページ範囲（「4-8」など）を印刷します。ページを指定すると自動的に印刷範囲が「ユーザー指定の範囲」に変わります。

片面印刷、両面印刷などを設定します。

[部単位で印刷] か [ページ単位で印刷] に設定します。

用紙の向きを縦か横に設定します。

印刷する用紙のサイズを設定します。

用紙の余白を設定します。

1枚の用紙に印刷するページ数を設定します。複数ページを選択した場合、縮小して印刷されます。

B4サイズの文書をA4サイズの用紙に印刷するなど、文書を指定した用紙サイズに合わせて、拡大/縮小印刷します。

印刷オプションを確認し、文書を印刷しましょう。

Step 1 印刷画面にします。

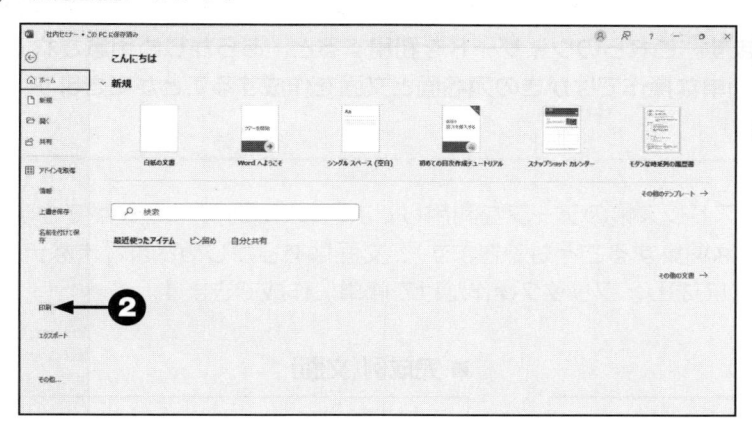

①[ファイル] タブをクリックします。

②[印刷] をクリックします。

Step 2 印刷オプションを確認後、印刷します。

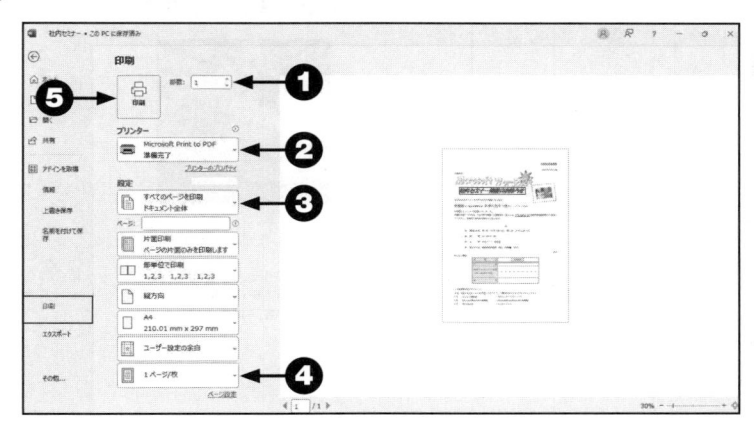

①[部数] が「1」になっていることを確認します。

②印刷に使用するプリンターが選択されていることを確認します。

③「すべてのページを印刷」になっていることを確認します。

④「1ページ/枚」になっていることを確認します。

⑤[印刷] をクリックします。

Step 3 [ファイル] タブをクリックし、[その他] をクリックして [閉じる] をクリックし、ファイル「社内セミナー」を閉じます。

💡 ヒント **クイック印刷**

クイックアクセスツールバーに[クイック印刷] ボタンを登録しておくと、クリックしたときに現在設定されている印刷オプションで印刷が実行されます。前回と同じ設定で印刷する場合、すぐに印刷処理を実行することができて便利です。

はがきの作成

はがきの宛名面と文面を作成するために、「はがき宛名面印刷ウィザード」と「はがき文面印刷ウィザード」が用意されています。これらのウィザードを利用すると、あらかじめ用意されているデザインや文章を利用して、簡単な操作ではがきの宛名面と文面を作成することができます。

宛名は作成しておいたアドレス帳のデータを利用してまとめて印刷することができます（アドレス帳を新規に作成または編集することもできます）。文面はあらかじめさまざまなデザイン、イラスト、文章が用意されており、クリック操作だけで簡単に作成できます。

■ **完成例（宛名面）**

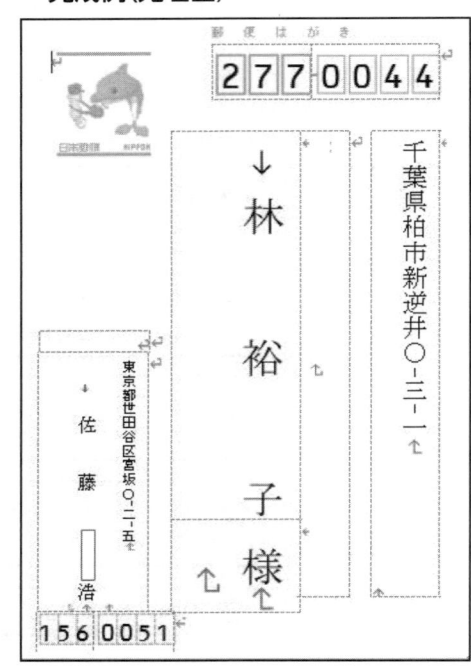

■ **完成例（文面）**

はがきの宛名面の作成

はがきの宛名面を作成するには、はがき宛名面印刷ウィザードを利用して宛名面のレイアウトを設定します。次に、住所や氏名などの宛名データをレイアウト内に挿入します。ここでは、「通常はがき」の宛名面を作成する方法を学習します。

はがきを利用する用途に応じて、次のようなはがきの宛名面を作成することができます。

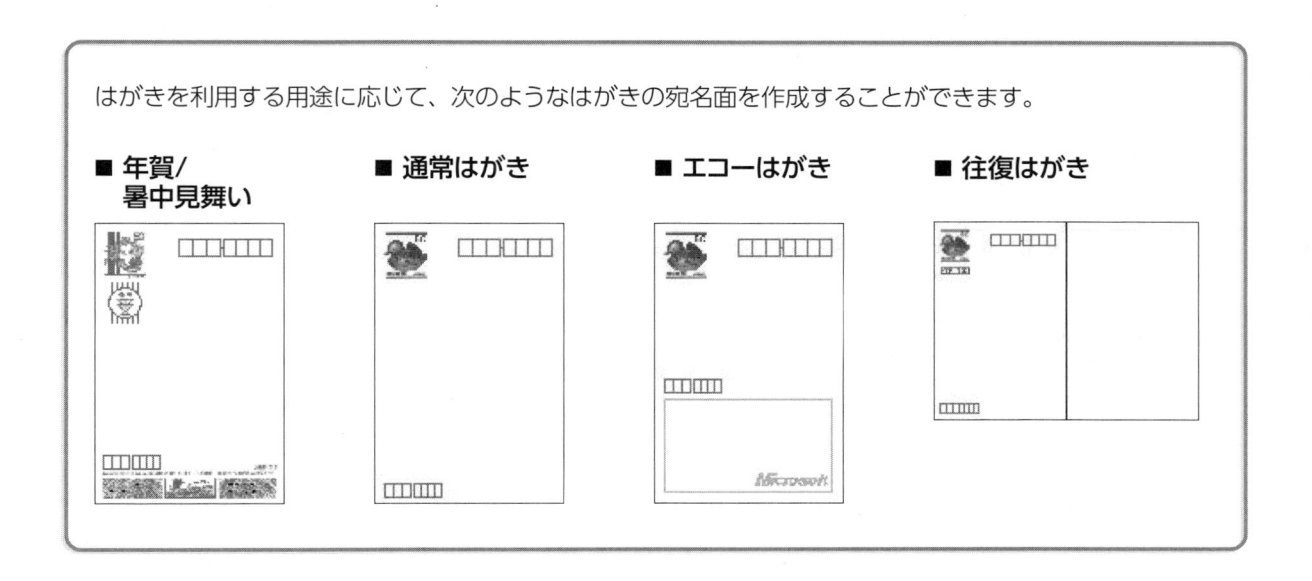

■ 年賀/
　暑中見舞い　　　　■ 通常はがき　　　　■ エコーはがき　　　　■ 往復はがき

操作☛ はがき宛名面印刷ウィザードで、はがきの宛名面を作成する

Step 1 新しい白紙の文書を作成します。

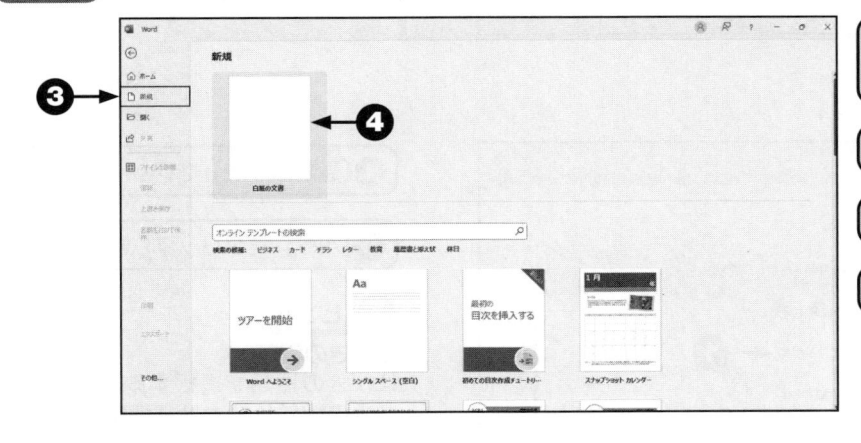

❶すべての文書が閉じていることを確認します。

❷［ファイル］タブをクリックします。

❸［新規］をクリックします。

❹［白紙の文書］をクリックします。

Step 2 はがき宛名面印刷ウィザードを起動します。

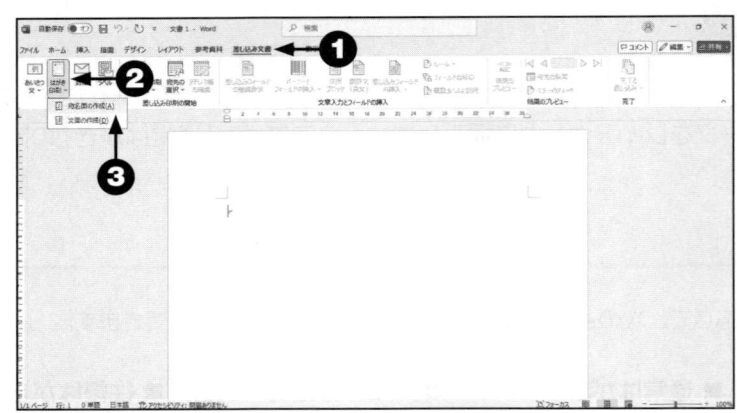

❶ [差し込み文書] タブをクリックします。

❷ [はがき印刷] ボタンをクリックします。

❸ [宛名面の作成] をクリックします。

💡 **ヒント**

セキュリティの警告が表示された場合

Wordのセキュリティの設定によっては、セキュリティの警告バーが表示される場合があります。その場合は [コンテンツの有効化] をクリックすると表示されなくなります。

Step 3 はがき宛名面印刷ウィザードが起動します。

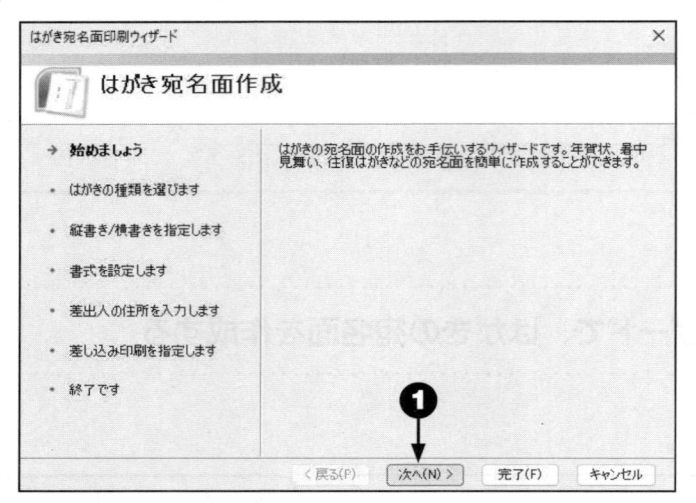

❶ [次へ] をクリックします。

Step 4 はがきの種類を選択します。

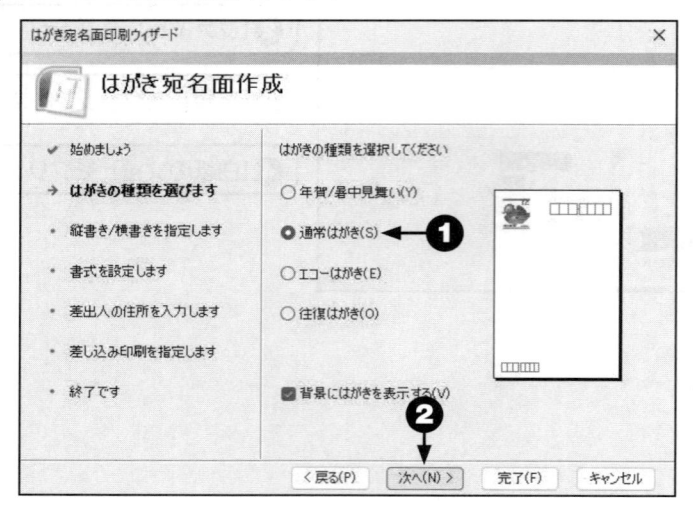

❶ [通常はがき] をクリックします。

❷ [次へ] をクリックします。

💡 **ヒント**

はがきの種類

はがきの種類を選択すると、選択したはがきの種類に合わせて背景のデザインがサンプルに表示されますが、実際には背景は印刷されません。

Step 5 宛名の様式を選択します。

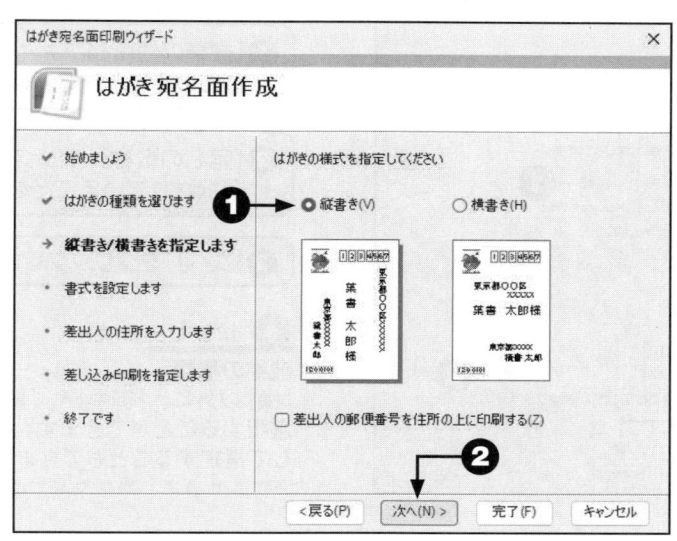

① [縦書き] が選択されていることを確認します。

② [次へ] をクリックします。

Step 6 宛名と差出人の書式を選択します。

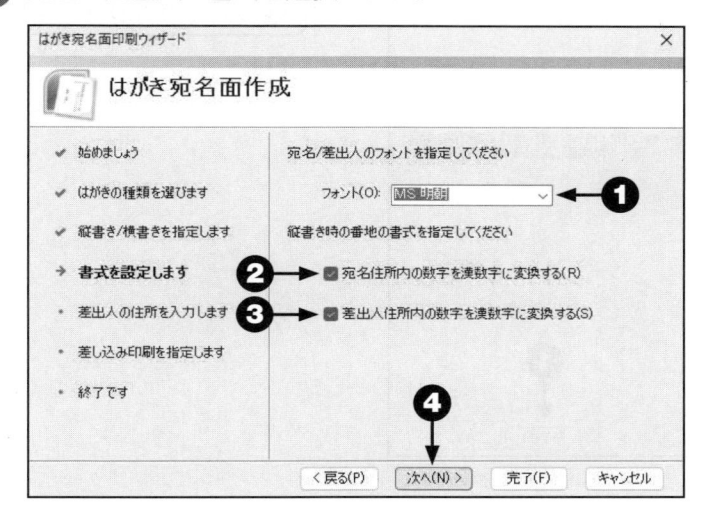

① [MS明朝] が選択されていることを確認します。

② [宛名住所内の数字を漢数字に変換する] チェックボックスがオンになっていることを確認します。

③ [差出人住所内の数字を漢数字に変換する] チェックボックスがオンになっていることを確認します。

④ [次へ] をクリックします。

Step 7 差出人情報を次のように入力します。以前に、はがき宛名面印刷ウィザードを実行していた場合は、そのときに入力した差出人情報があらかじめ入力されています。

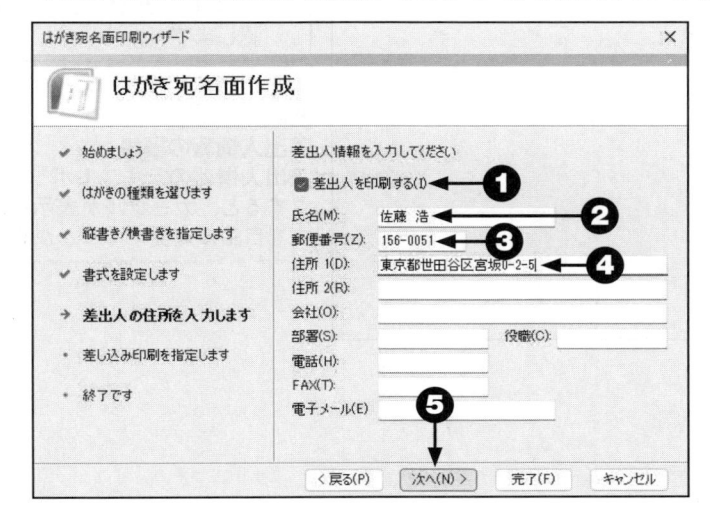

① [差出人を印刷する] チェックボックスがオンになっていることを確認します。

② [氏名] ボックスに「佐藤　浩」と入力します。

③ [郵便番号] ボックスに「156-0051」と入力します。

④ [住所1] ボックスに「東京都世田谷区宮坂0-2-5」と入力します。

⑤ [次へ] をクリックします。

Step 8 差し込み印刷の設定をします。

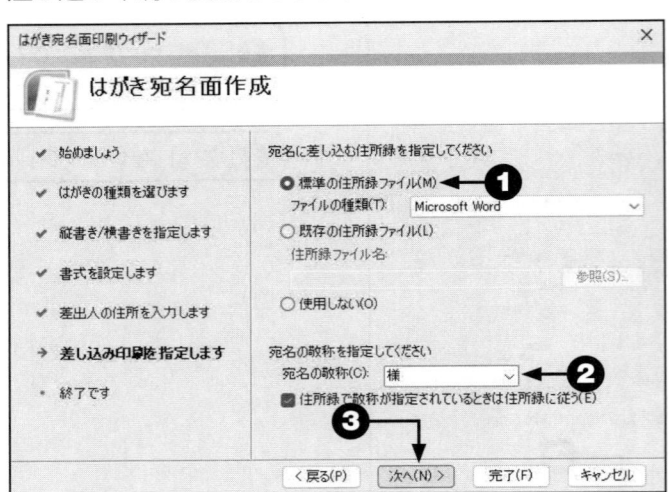

❶[標準の住所録ファイル] が選択されていることを確認します。

❷[宛名の敬称] ボックスで「様」が選択されていることを確認します。

❸[次へ] をクリックします。

💡 **ヒント**
敬称の種類
「様」以外に、「御中」や「殿」、「宛」などを選択することができます。また、直接入力して指定することもできます。

Step 9 はがき宛名面印刷ウィザードを終了します。

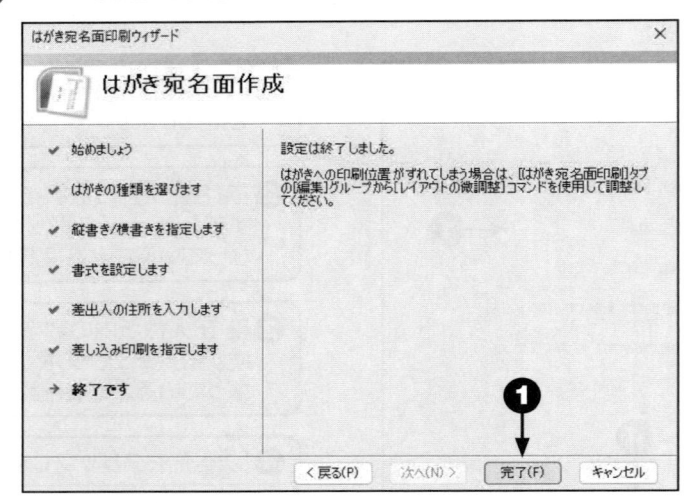

❶[完了] をクリックします。

Step 10 はがきの宛名面が表示されます。

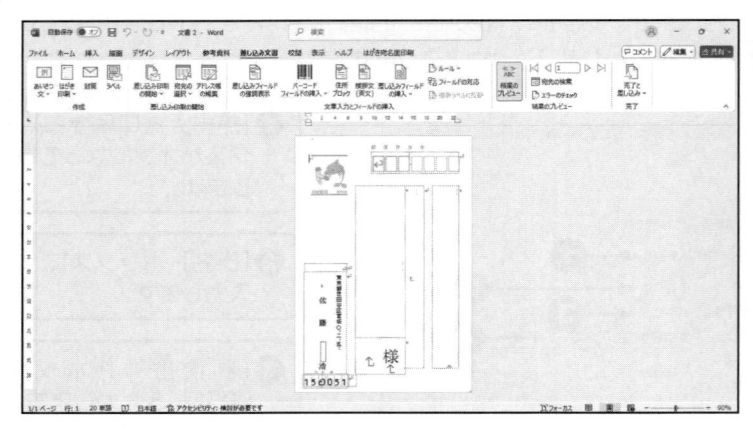

❶はがきの宛名面が作成され、差出人情報が表示されていることを確認します。

💡 **ヒント**
差出人情報の編集
差出人情報のテキストボックス内をクリックすると、カーソルが表示され、内容や書式を自由に変更することができます。

Step 11 郵便番号の位置を枠に合うように調整します。

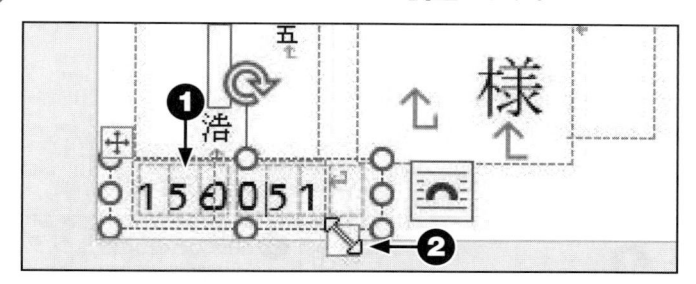

❶郵便番号をクリックします。

❷右下の□をポイントしマウスポインタの形状が◥に変わったら右方向へドラッグします。

Step 12 郵便番号の位置が枠内に調整されたことを確認します。

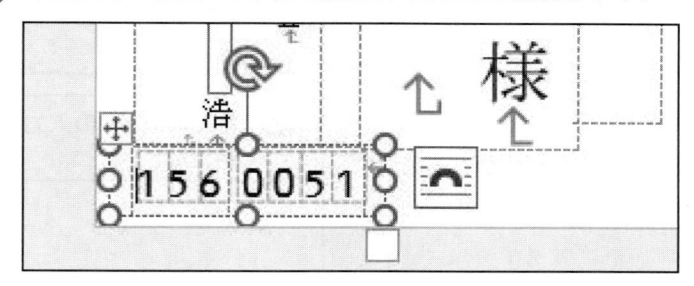

💡 **ヒント** **既存の住所録ファイル**

既に住所録ファイルを作成している場合は、Step8で [既存の住所録ファイル] を選択後 [参照] をクリックし、住所録ファイルを指定します。

💡 **ヒント** **[差し込み文書] タブ**

[差し込み文書] タブには、差し込み印刷（文書の指定した位置に異なるデータを差し込んで印刷する機能）に便利なボタンが集められています。

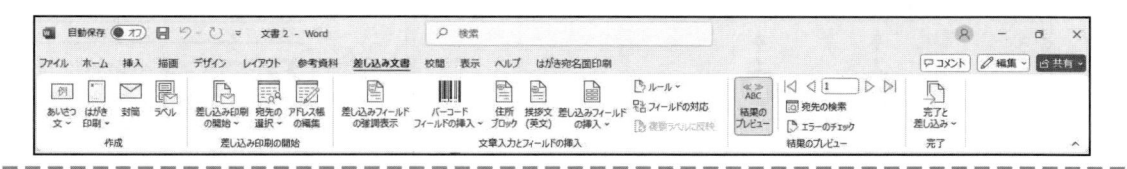

💡 **ヒント** **[はがき宛名面印刷] タブ**

はがきの宛名面印刷ウィザードの実行後に表示される [はがき宛名面印刷] タブでは、宛名住所を入力したり文面を作成するウィザードを実行したりすることができます。

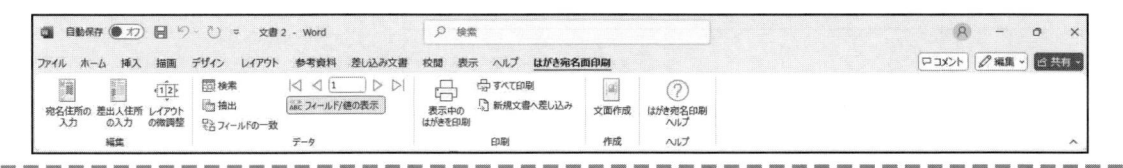

新しく宛先データを作成してはがきの宛名に設定しましょう。

Step 1 宛先の設定方法を選択します。

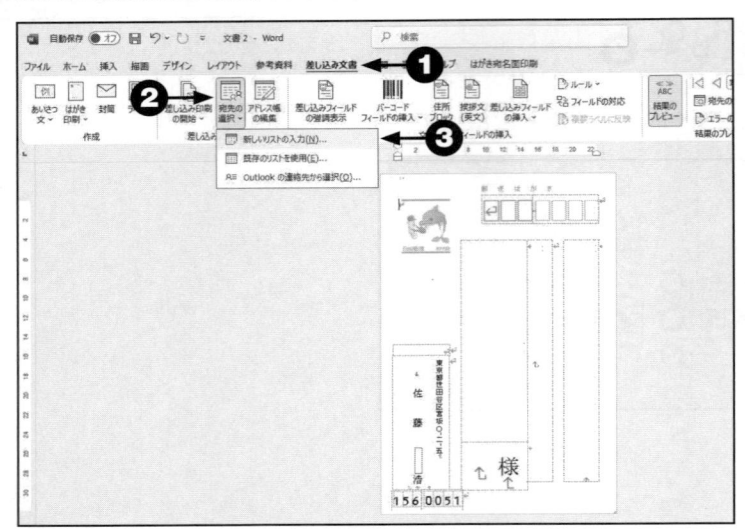

❶ [差し込み文書] タブが選択されていることを確認します。

❷ [宛先の選択] ボタンをクリックします。

❸ [新しいリストの入力] をクリックします。

Step 2 宛名として利用する1件目のデータを入力します。

名	姓	住所1	郵便番号
正志	斉藤	東京都北区田端新町0-1-1	114-0012

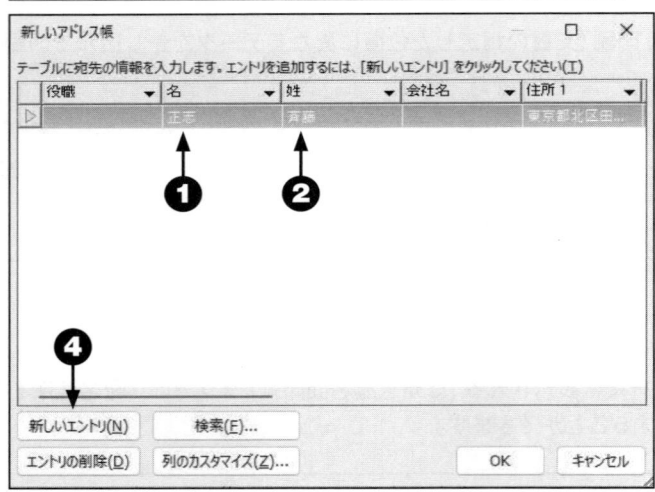

❶ **Tab**キーを押して [名] フィールドに「正志」と入力し、**Tab**キーを1回押します。

❷ [姓] フィールドに「斉藤」と入力し、**Tab**キーを2回押します。

❸ 同様に [住所1] フィールドと [郵便番号] フィールドを入力します。

❹ [新しいエントリ] をクリックします。

Step 3 宛名として利用する2件目のデータを入力します。

名	姓	住所1	郵便番号
裕子	林	千葉県柏市新逆井0-3-1	277-0044

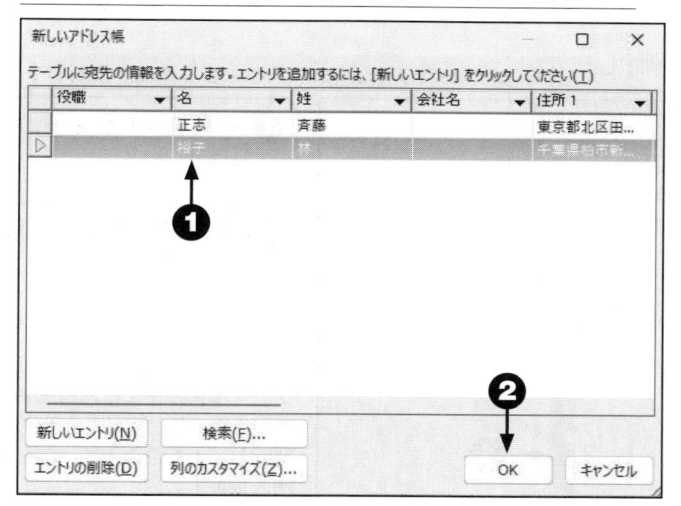

❶2件目のデータを入力します。

❷[OK] をクリックします。

Step 4 宛先として使用するデータを保存します。

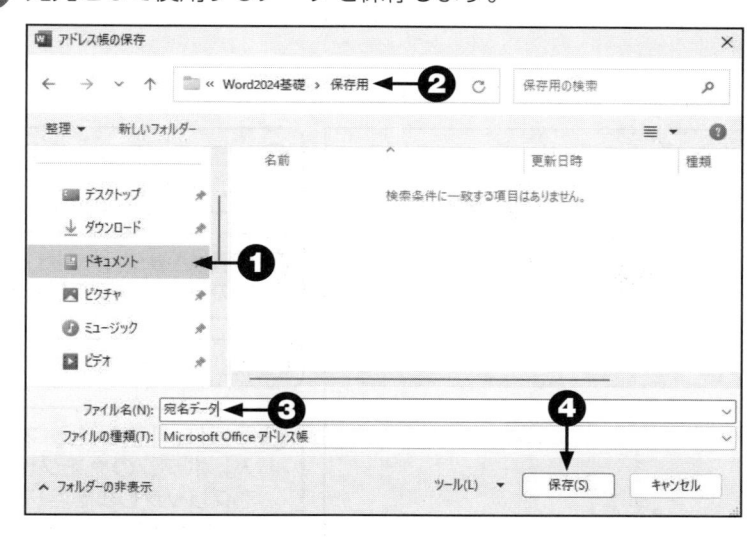

❶[ドキュメント] をクリックします。

❷[Word2024基礎] フォルダーの中の [保存用] フォルダーを開きます。

❸[ファイル名] ボックスに「宛名データ」と入力します。

❹[保存] をクリックします。

Step 5 宛先の各テキストボックスに差し込みフィールドが挿入されたことを確認します。

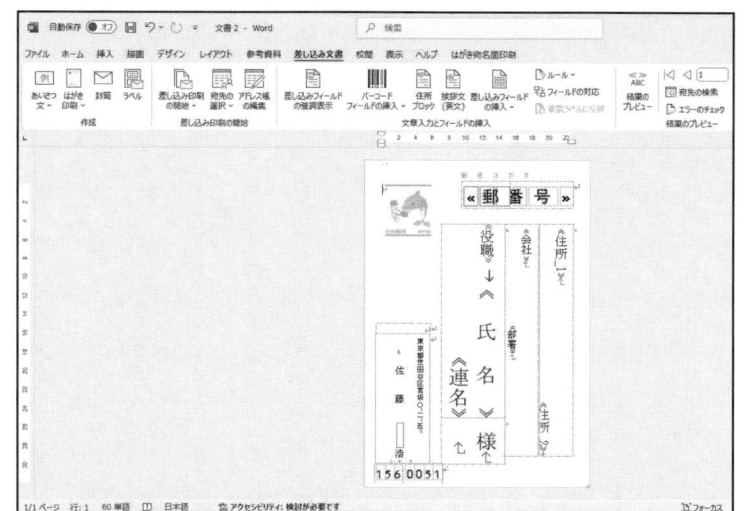

💡 ヒント

差し込みフィールドの表示
差し込みフィールドとは印刷時にリスト（ここでは住所録ファイル）のデータが印刷される項目です。「≪」と「≫」で囲まれて表示されます。

操作 ☞ はがきの宛名を差し込む

Step 1 差し込みフィールドの「氏名」を削除します。

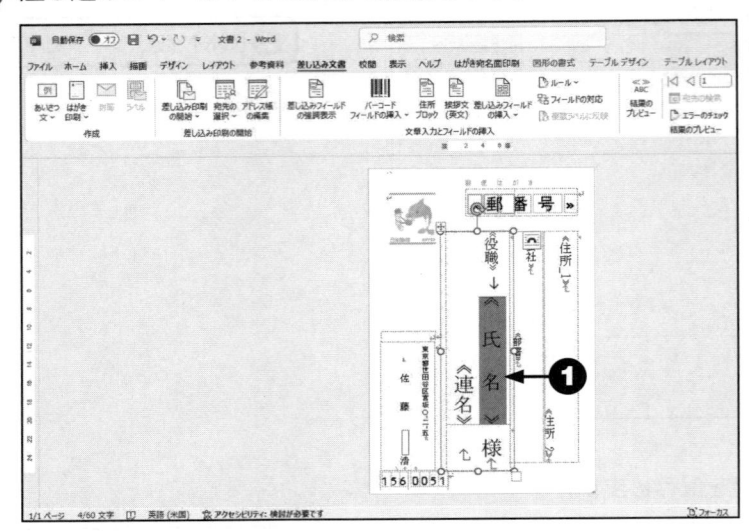

❶「≪氏名≫」フィールドを範囲選択します。

❷Deleteキーを押します。

💡 ヒント
「≪氏名≫」フィールド
今回使用する宛名データの場合、「≪氏名≫」フィールドのままだと姓のみが挿入されてしまうため、ここでは「≪氏名≫」フィールドを削除して「≪姓≫」と「≪名≫」フィールドを挿入します。

Step 2 差し込みフィールドの「≪姓≫」と「≪名≫」を挿入します。

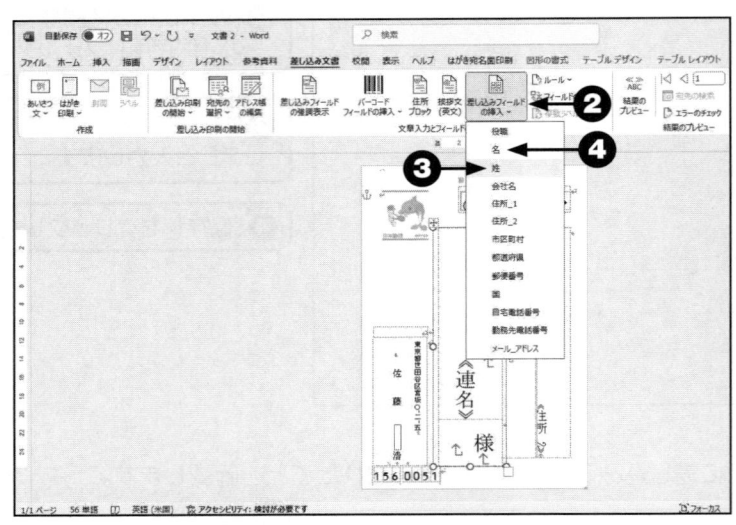

❶「≪氏名≫」フィールドが削除されたことを確認します。

❷[差し込みフィールドの挿入] ボタンの▼をクリックします。

❸[姓] をクリックします。

❹同様に、[差し込みフィールドの挿入] ボタンの▼をクリックし、[名] をクリックします。

Step 3 差し込みフィールド「≪姓≫≪名≫」が挿入されたことを確認します。

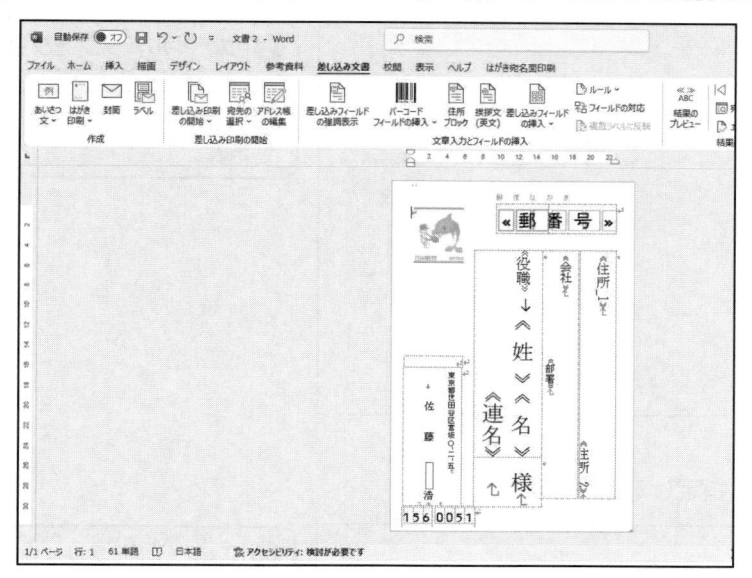

Step 4 差し込み結果をプレビューします。

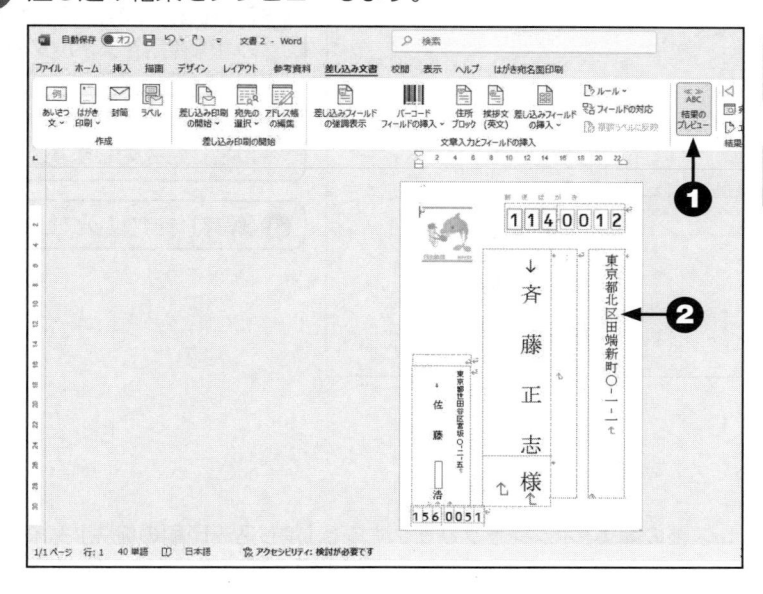

❶[結果のプレビュー]ボタンをクリックします。

❷1件目の宛名データが差し込まれたことを確認します。

Step 5 2件目の宛名に切り替えます。

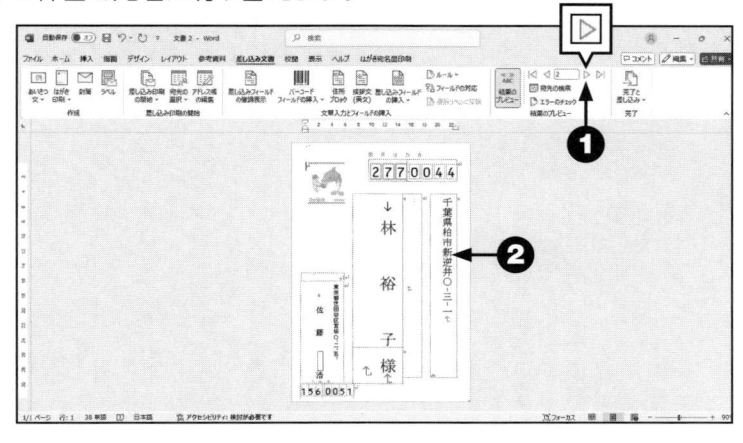

❶[結果のプレビュー]グループの[次のレコード]ボタンをクリックします。

❷2件目の宛名が差し込まれたことを確認します。

Step 6 はがきの宛名面の文書に名前を付けて保存します。

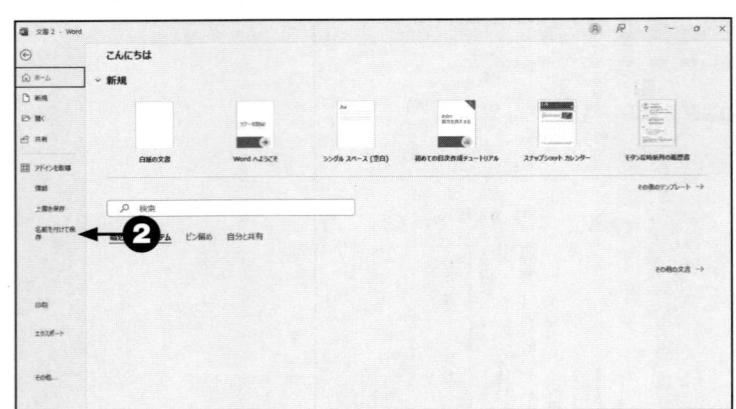

❶ [ファイル] タブをクリックします。

❷ [名前を付けて保存] をクリックします。

Step 7 フォルダーとファイル名を指定して保存します。

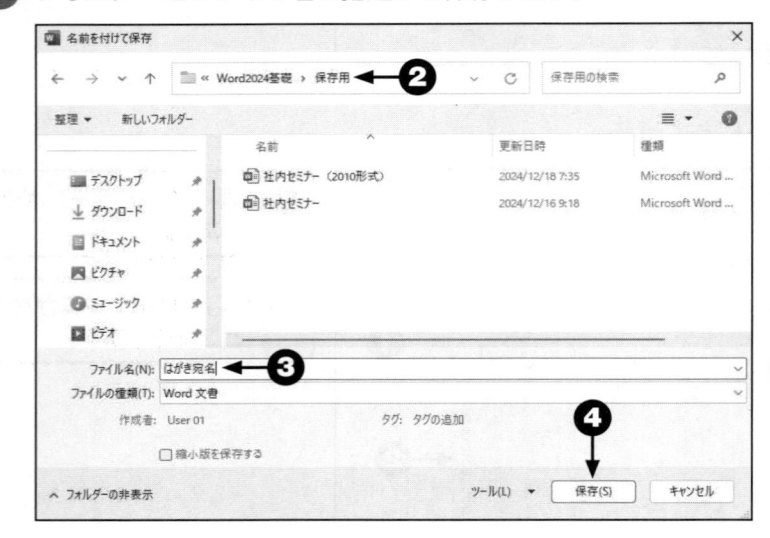

❶ [このPC] をクリックし、[ドキュメント] をクリックします。

❷ [Word2024基礎] フォルダーの中の [保存用] フォルダーを開きます。

❸ [ファイル名] ボックスに「はがき宛名」と入力します。

❹ [保存] をクリックします。

💡 ヒント **宛名データを編集するには**

[差し込み文書] タブの [アドレス帳の編集] ボタンをクリックすると [差し込み印刷の宛先] ダイアログボックスが表示され、宛名データを編集することができます。また、[はがき宛名面印刷] タブの [宛名住所の入力] ボタンをクリックして宛名データを編集することもできます。

💡 **ヒント** **既存の宛名データを差し込むには**

既に住所録ファイルを作成している場合、次の方法で宛名に差し込むことができます。

■ はがき宛名面印刷ウィザードで指定する

はがき宛名面印刷ウィザードの「宛名に差し込む住所録を指定してください」の画面で［既存の住所録ファイル］を選択して［参照］をクリックします。［住所録ファイルを開く］ダイアログボックスで住所録ファイルを選択してウィザードを終了すると、宛名が差し込まれた状態で結果のプレビューが表示されます。

■ ［宛先の選択］ボタンから指定する

［差し込み文書］タブの［宛先の選択］ボタンをクリックして［既存のリストを使用］をクリックし、［データファイルの選択］ダイアログボックスで住所録ファイルを選択します。宛先の各テキストボックスにフィールドが挿入されるので、必要に応じて［差し込みフィールドの挿入］ボタンでフィールドを挿入または不要なフィールドを削除します。

💡 **ヒント** **宛名面の文書に宛名データを差し込み印刷するには**

宛名面の文書に宛名データを差し込んで印刷するには、［差し込み文書］タブの［完了と差し込み］ボタンをクリックして［文書の印刷］をクリックするか、［はがき宛名面印刷］タブの［すべて印刷］ボタンをクリックします。［プリンターに差し込み］ダイアログボックスが表示されるので、印刷する宛名の範囲を指定して［OK］をクリックします。

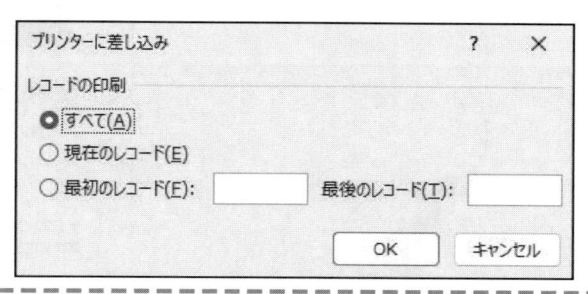

💡 **ヒント** **データが差し込まれた文書を開く**

宛名データを差し込んだ文書を保存して閉じると、次回その文書を開こうとしたときに、データを文書に挿入するかどうかを確認するメッセージが表示されます。

［はい］をクリックすると同じ宛名データが差し込まれた状態で文書が開きます。宛名データの名前や保存場所が変わっている場合や、他の宛名データを差し込みたい場合は、［いいえ］をクリックして［差し込み文書］タブの［宛先の選択］ボタンから使用する宛名を指定します。

はがきの文面の作成

はがきの文面を作成するには、はがき文面印刷ウィザードを利用します。ここでは、「招待状」の文面を作成する方法について学習します。

はがきを利用する用途に応じて、次のような文面を作成することができます。

■ 年賀状

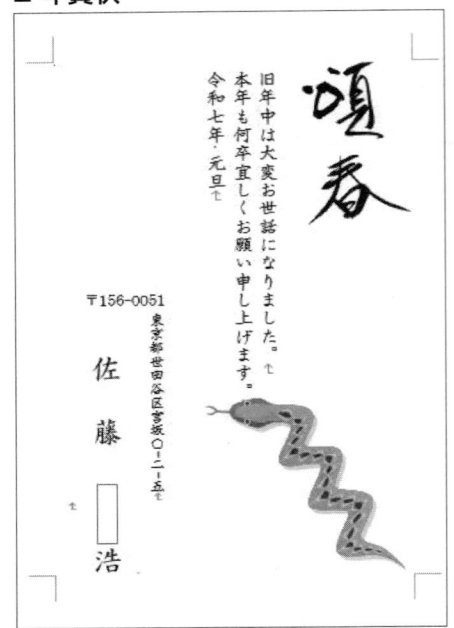

■ 暑中/残暑見舞い

■ 招待状

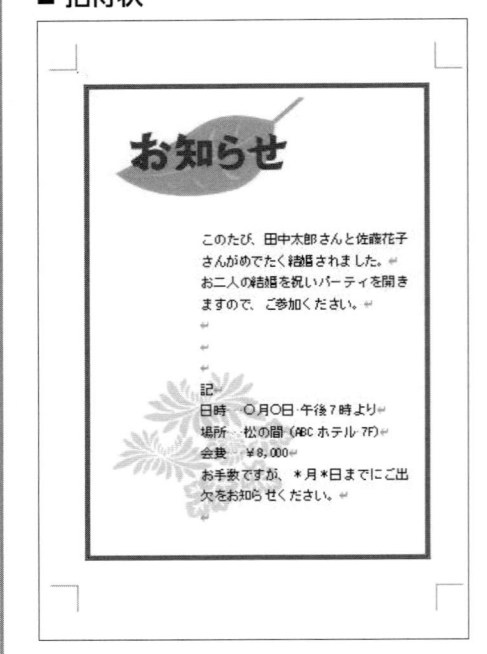

■ その他のあいさつ状

はがき文面印刷ウィザードで、はがきの文面を作成する

Step 1 はがき文面印刷ウィザードを起動します。

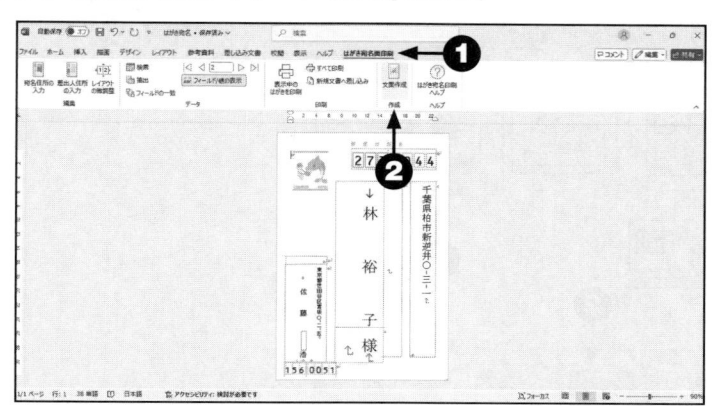

❶[はがき宛名面印刷] タブをクリックします。

❷[文面作成] ボタンをクリックします。

💡 **ヒント**

はがき文面印刷ウィザード
[差し込み文書] タブの [はがき印刷] ボタンをクリックして [文面の作成] をクリックしても、はがき文面印刷ウィザードを起動できます。

Step 2 はがき文面印刷ウィザードが起動します。

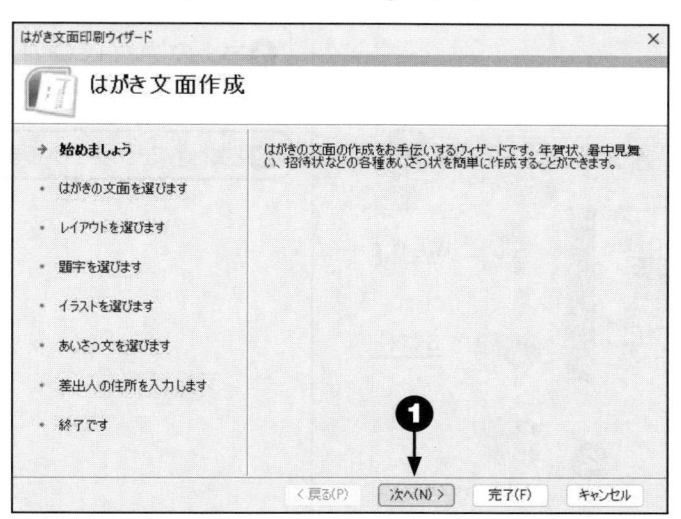

❶[次へ] をクリックします。

Step 3 文面の種類を選択します。

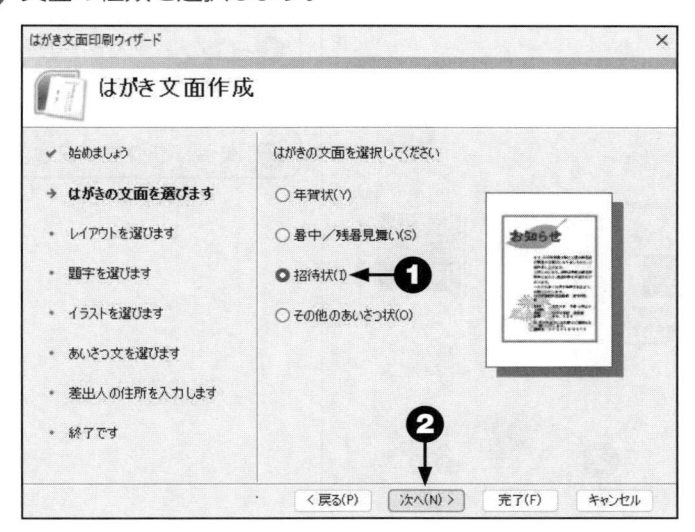

❶[招待状] をクリックします。

❷[次へ] をクリックします。

Step 4 文面のレイアウトを選択します。

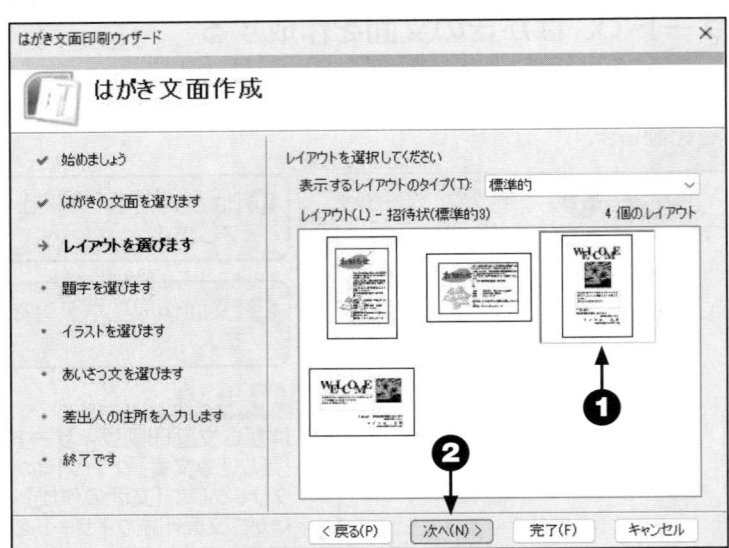

❶右上の［招待状（標準的3)］をクリックします。

❷［次へ］をクリックします。

Step 5 題字を選択します。

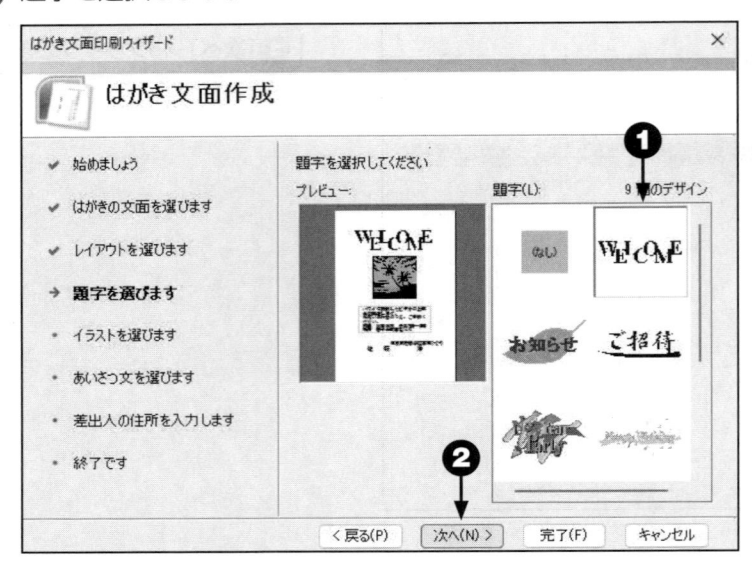

❶右上の「WELCOME」の題字が選択されていることを確認します。

❷［次へ］をクリックします。

Step 6 イラストを選択します。

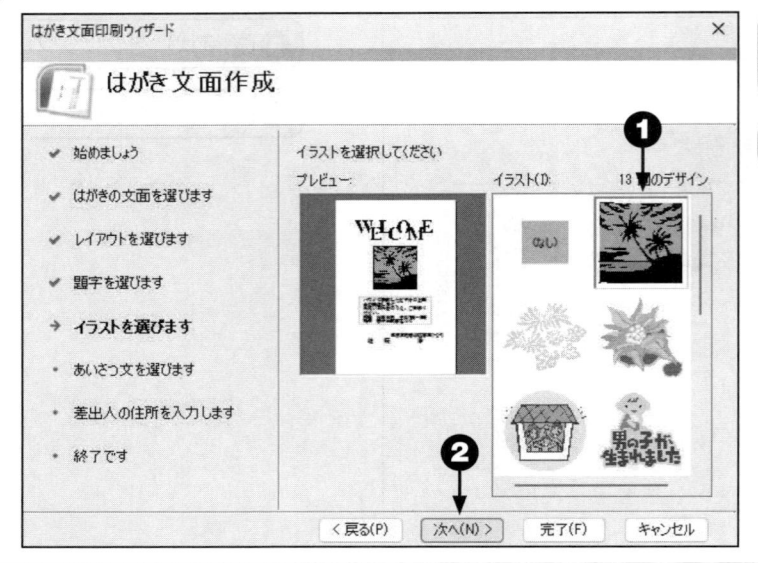

❶右上のイラストが選択されていることを確認します。

❷［次へ］をクリックします。

Step 7 あいさつ文を選択します。

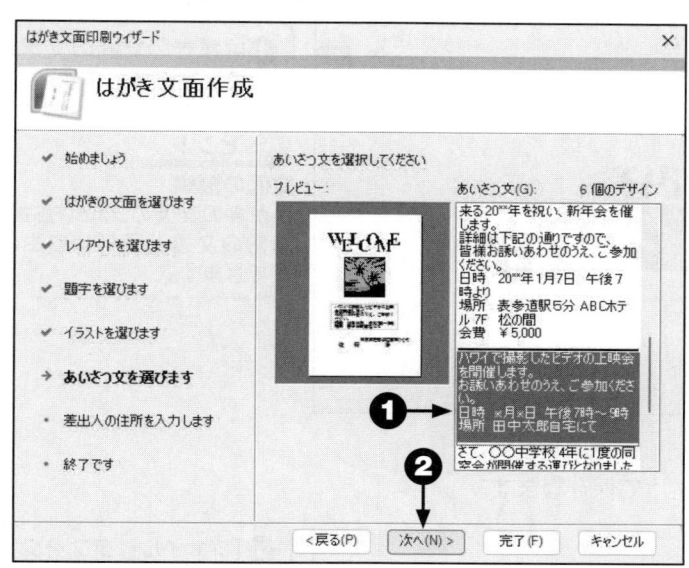

❶「ハワイで撮影したビデオの上演会を開催します。」のあいさつ文が選択されていることを確認します。

❷[次へ]をクリックします。

Step 8 差出人情報を設定します。

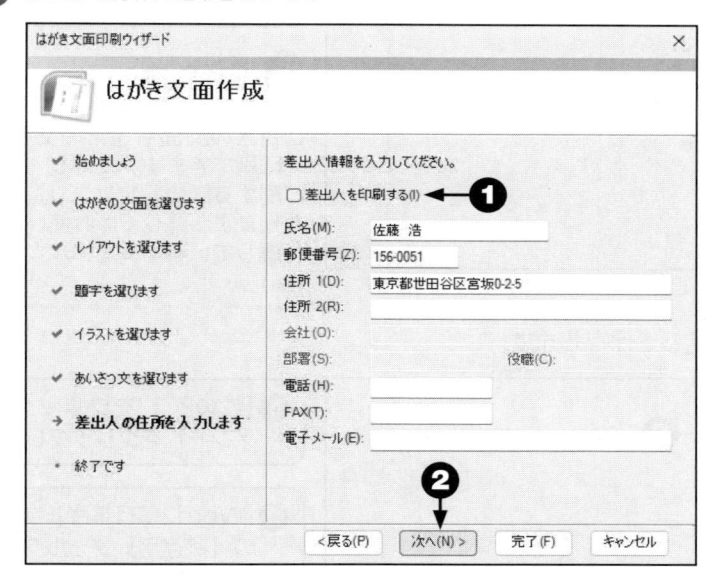

❶[差出人を印刷する]チェックボックスをオフにします。

❷[次へ]をクリックします。

💡 **ヒント**
差出人の印刷
今回は宛名面に差出人を印刷しているので文面には差出人情報を印刷しません。

Step 9 はがき文面印刷ウィザードを終了します。

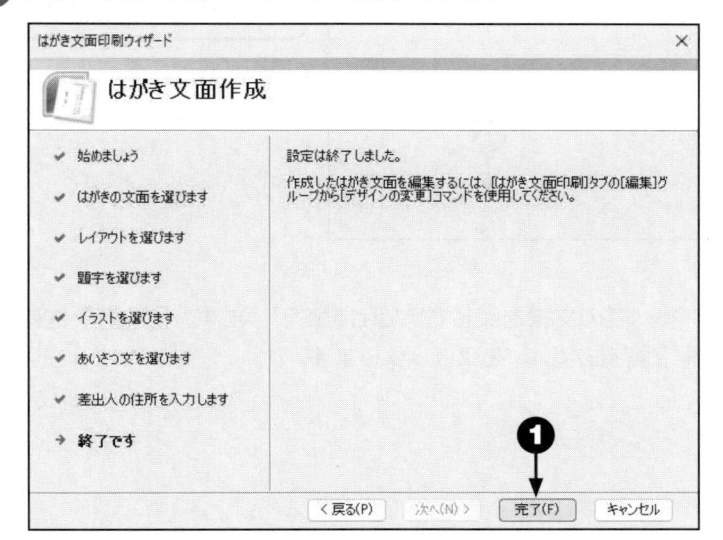

❶[完了]をクリックします。

Step 10 はがきの文面が作成されます。

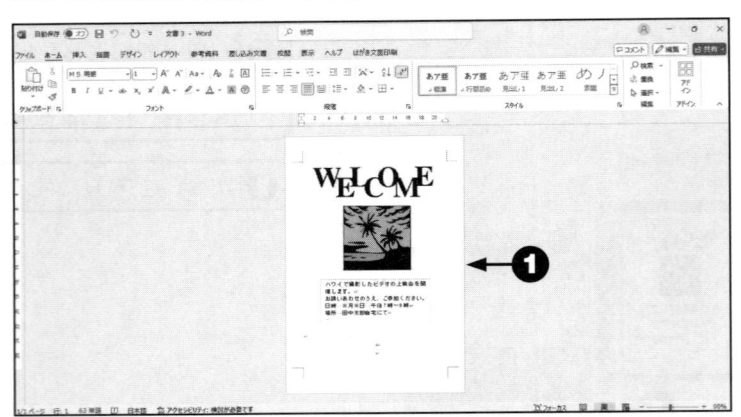

❶ はがきの文面の文書が作成された
ことを確認します。

💡 **ヒント**
文面の編集
はがきの文面の文章や書式、レイアウトは
通常の文書と同様に自由に編集すること
ができます。

Step 11 はがきの文面の文書に名前を付けて保存します。

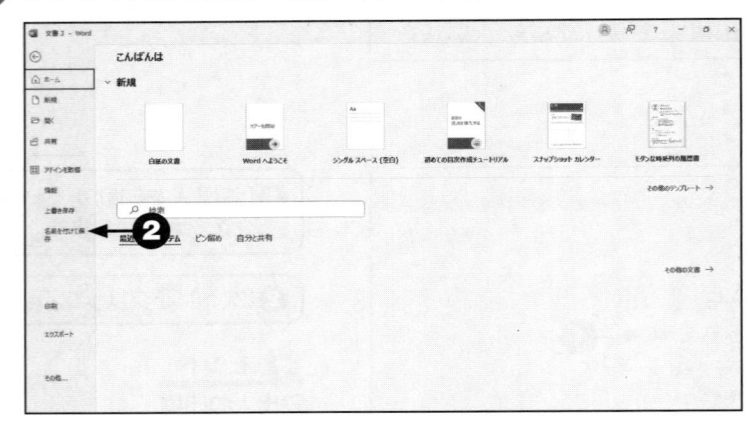

❶ [ファイル] タブをクリックします。

❷ [名前を付けて保存] をクリックし
ます。

💡 **ヒント**
はがきの文面の印刷
はがきの文面も通常の文書と同様の手順
で印刷できます。ただし、はがきサイズに
印刷する際の設定はプリンターによって異
なります。詳しくはお使いのプリンターに
付属しているマニュアルなどでご確認くだ
さい。

Step 12 フォルダーとファイル名を指定して保存します。

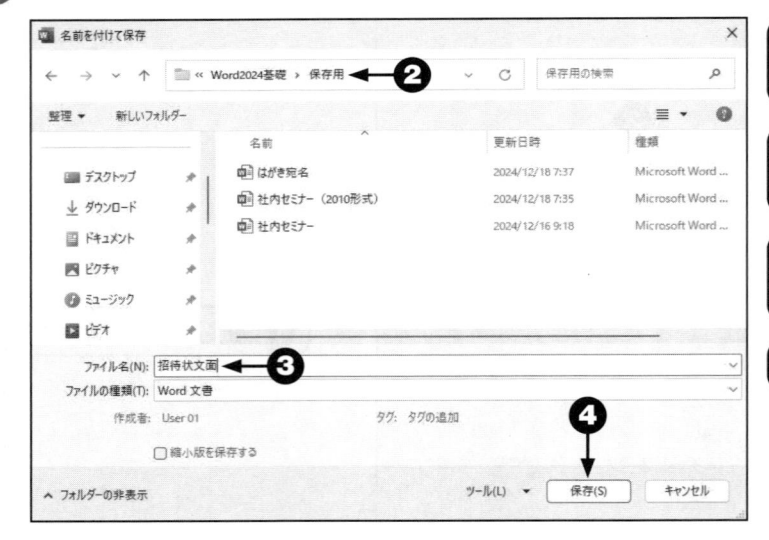

❶ [このPC] をクリックし、[ドキュ
メント] をクリックします。

❷ [Word2024基礎] フォルダーの中
の [保存用] フォルダを開きます。

❸ [ファイル名] ボックスに「招待状
文面」と入力します。

❹ [保存] をクリックします。

Step 13 [閉じる] ボタンをクリックし、すべての文書を閉じてWordを終了します。「文書1」を閉じる際に確認
メッセージが表示された場合は [保存しない] をクリックします。

178 はがきの作成

🛜 この章の確認

- ☐ 印刷イメージを確認できますか？
- ☐ 印刷イメージの拡大や縮小ができますか？
- ☐ 文書を印刷できますか？
- ☐ はがきの宛名面を作成することができますか？
- ☐ はがきに宛名データを差し込むことができますか？
- ☐ はがきの文面を作成することができますか？

復習問題 問題 6-1

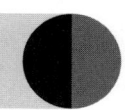

はがきの宛名面を作成し、宛名リストから宛名データを差し込んで表示しましょう。

1. はがき宛名作成ウィザードを利用して、はがきの宛名面を作成しましょう。次のように設定し、それ以外は既定のままにします。

はがきの種類	通常はがき	
差出人情報	氏名	吉田　妙子
	郵便番号	114-0022
	住所	東京都北区王子本町0-03-11
	電話	03-3333-4444
宛名に差し込む住所録	[Word2024基礎] フォルダーの中の［復習問題］フォルダーの「復習6-1　アドレス帳」のデータ	

2. 差し込み結果を確認し、2件目と3件目の宛名に切り替えて確認しましょう。

3. [Word2024基礎] フォルダーの中の［保存用］フォルダーに、「復習6-1　はがき宛名」という名前でファイルを保存しましょう。

4. ファイル「復習6-1　はがき宛名」を閉じましょう。

完成例

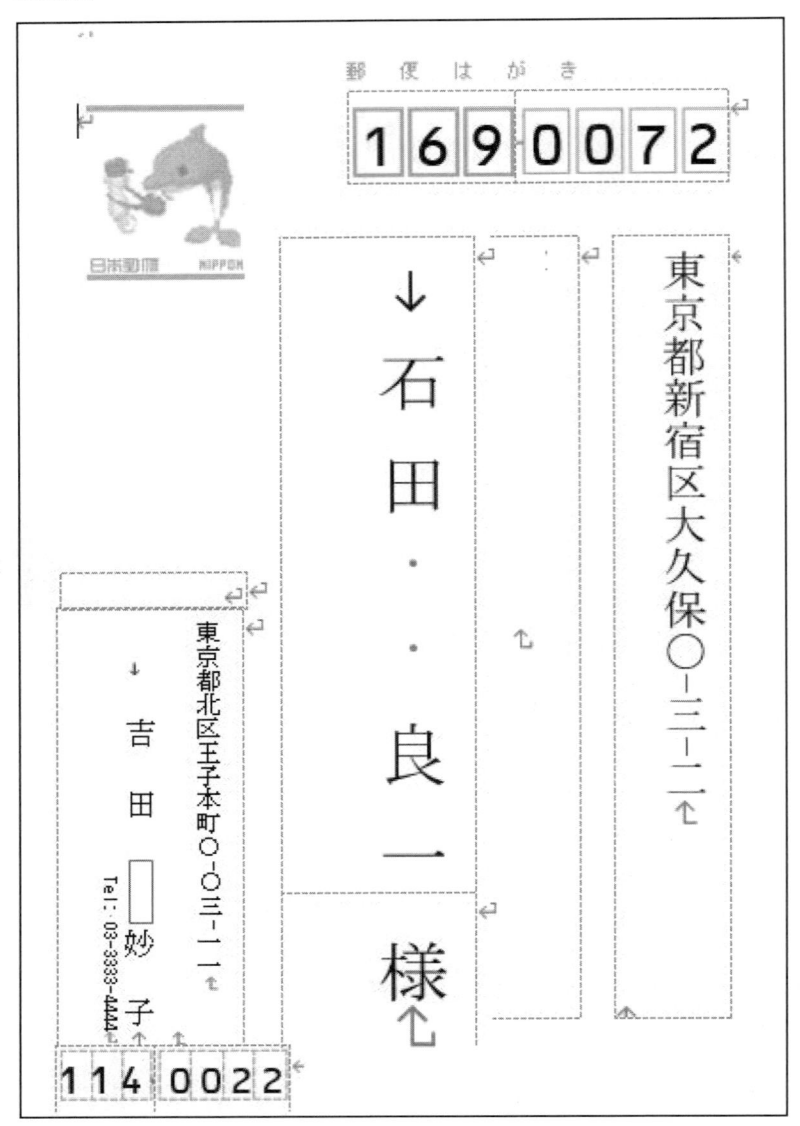

問題 6-2

文書を印刷プレビューで表示し、オプションを確認して印刷しましょう。

1. [Word2024基礎] フォルダーの中の [復習問題] フォルダーから、ファイル「復習6-2　社員旅行」を開きましょう。

2. 印刷プレビューを表示しましょう。

3. 印刷プレビューを拡大表示し、元に戻しましょう。

4. 印刷プレビューを終了しましょう。

5. 印刷オプションを確認し、文書を印刷しましょう。

6. ファイル「復習6-2　社員旅行」を閉じましょう。

総合問題

本書で学習した内容が身に付いたかどうか、
最後に総合問題で確認しましょう。

社内で海外研修員を募集するための通知文を作りましょう。

■ 入力しましょう。

1. [白紙の文書]に次の設定を既定値として設定し、文書を新規作成しましょう。
   [フォント]の設定　サイズ：10.5pt
   [段落]の設定　配置：両端揃え、段落後：0行、行間：1行
2. 次の文章を入力しましょう。

入力例

2025 年 10 月 3 日

従業員各位

人事部長□武田□正義

海外研修員募集のお知らせ

皆様の日頃の努力の甲斐もあり、お陰様で当社は、会社設立 50 周年を迎えました。その記念行事の一環として、情報ネットワークの技術者を育成するために、海外短期研修制度を設けることになりました。IT 先進国の状況を把握し、DX 推進の中心となって当社の発展に貢献する人材となっていただきたいと思います。詳細は下記のとおりとなっていますので、奮って応募してください。

なお、希望者は応募用紙に必要事項を記入のうえ、切り取り線より下の部分を切り取り、人事部宛に提出してください。

記

研修期間□□2026 年 4 月 1 日～30 日

対象者□□満 35 歳までの全従業員（2025 年 4 月 1 日現在）

応募締め切り□□2025 年 12 月 19 日（金）

選考日時□□2026 年 1 月 9 日（金）□14:30

問い合わせ先□□人事部□担当□森田（内線□□1234）

以上

・・・・・・・・・・・・・・・・・・・・・・・・切り取り線・・・・・・・・・・・・・・・・・・・・・・・・

海外研修員応募用紙

私は、海外研修員を希望いたします。

所属□□□□□□□□□□□□□□

役職□□□□□□□□□□□□□□氏名□□□□□□□□□□□□□□□□□□□□

■ 編集しましょう。

完成例

2025 年 10 月 3 日↵

従業員各位↵

人事部長□武田□正義↵

↵

海外研修員募集のお知らせ↵

皆様の日頃の努力の甲斐もあり、お陰様で当社は、会社設立 50 周年を迎えました。その記念行事の一環として、情報ネットワークの技術者を育成するために、海外短期研修制度を設けることになりました。IT 先進国の状況を把握し、DX 推進の中心となって当社の発展に貢献する人材となっていただきたいと思います。詳細は下記のとおりとなっていますので、奮って応募してください。↵
なお、希望者は応募用紙に必要事項を記入のうえ、切り取り線より下の部分を切り取り、人事部宛に提出してください。↵
↵

記↵

●→研 修 期 間□□2026 年 4 月 1 日〜30 日↵

●→対　　象　者□□満 35 歳までの全従業員（2025 年 4 月 1 日現在）↵

●→応募締め切り□□2025 年 12 月 19 日（金）↵

●→選 考 日 時□□2026 年 1 月 9 日（金）□14:30↵

●→問い合わせ先□□人事部□担当□森田（内線☎□□1234）↵

以上↵

↵
・・・・・・・・・・・・・・・・・・・・・・・・切り取り線・・・・・・・・・・・・・・・・・・・・・・・↵
↵

海外研修員応募用紙↵

私は、海外研修員を希望いたします。↵

所属□□□□□□□□□□□□□□□□↵

役職□□□□□□□□□□□□□□□□□氏名□□□□□□□□□□□□□□□□□□□□↵

1. ページの余白を「やや狭い」に設定しましょう。

2. ページの行数を35行に設定しましょう。

3. 1行目と3行目を右揃えにしましょう。

4. 2行目の「従業員各位」と、26行目の「所属」の後ろのスペース、27行目の「役職」と「氏名」の後ろのスペースに一重下線を引きましょう。

5. 5行目の「海外研修員募集のお知らせ」のフォントを「HG創英角ゴシックUB」に変更し、フォントサイズを18ポイントに変更して中央揃えにしましょう。

6. 15行目の「研修期間」、16行目の「対象者」、18行目の「選考日時」の文字列に6文字分の均等割り付けを設定しましょう。

7. 15～19行目の段落に1.5行の行間と約5文字分の左インデントを設定し、行の先頭に箇条書き記号「●」を付けましょう。

8. 19行目の「内線」の後に記号「☎」を挿入しましょう。

9. 24行目の「海外研修員応募用紙」を太字にしてフォントサイズを16ポイントに変更し、中央揃えにしましょう。

10. 25～27行目の段落の行間を2行に設定し、文字列のフォントサイズを12ポイントに変更しましょう。

11. 26～27行目の段落に約2文字分の左インデントを設定しましょう。

12. ［Word2024基礎］フォルダーの中の［保存用］フォルダーに「総合1　海外研修員募集」という名前でファイルを保存しましょう。

13. 印刷プレビューで全体のレイアウトを確認しましょう。

14. 印刷しましょう。

15. 文書を閉じましょう。

鶏から揚げの作り方を説明する文書を編集し、完成させましょう。

■ 編集しましょう。

完成例

鶏から揚げ

鶏から揚げは、子供から大人まで、また、おやつに酒のつまみにと、人気のあるおかずです。

～材料（4人分）～

● → 鶏もも肉　　　→　　2枚（600g くらい）
● → 醤油　　　　　→　　大さじ 2
● → 酒　　　　　　→　　大さじ 1
● → 白だし　　　　→　　大さじ 2
● → にんにく　　　→　　1 かけ
● → しょうが　　　→　　1 かけ
● → 塩　　　　　　→　　小さじ 1/2
● → 片栗粉　　　　→　　1 カップ

～作り方～

1. → 鶏もも肉は一口大に切ります。
2. → にんにくとしょうがをすりおろします。
3. → 鶏もも肉と片栗粉以外の材料を混ぜ合わせます。
4. → 合わせた調味料に切った鶏もも肉を30分ほど漬けます。
5. → 軽く調味料をきり、片栗粉をつけて約160度の油で5分ほど揚げます。
6. → 油の温度を180度にし、約1分間揚げます。
7. → お好みでレモンなどを添えます。

ポイント

一度 160 度で揚げた鶏もも肉をもう一度 180 度の油で揚げることで中まで火がとおり、表面はカリッと仕上げることができます。

1. ［Word2024基礎］フォルダーの［総合問題］フォルダーから、ファイル「総合2　鶏から揚げ」を開きましょう。

2. 1行目の「鶏から揚げ」を「塗りつぶし：オレンジ、アクセントカラー2；輪郭：オレンジ、アクセントカラー2」のワードアートに変換し、文字列の折り返しを「行内」に設定しましょう。

3. 5行目の「〜材料（4人分）〜」、15行目の「〜作り方〜」のフォントを「HG創英角ポップ体」に変更し、フォントサイズを14ポイント、フォントの色を「薄い青」に変更しましょう。

4. 6〜13行目と16〜22行目の段落に約6文字分の左インデントを設定しましょう。

5. 6〜13行目の段落の左揃えタブの位置を24字に設定し、行の先頭に箇条書き記号「●」を付けましょう。

6. 16〜22行目の段落の行の先頭に「1.」の形式の段落番号を付けましょう。

7. 25〜28行目のフォントを「HG創英角ポップ体」に変更しましょう。

8. 25行目の「ポイント」の先頭に「稲妻」の図形を挿入し、高さと幅を約9mmに変更して文字列の折り返しを「四角形」に設定しましょう。

9. ［Word2024基礎］フォルダーの中の［保存用］フォルダーに「総合2　鶏から揚げ」という名前でファイルを保存しましょう。

10. 印刷プレビューで全体のレイアウトを確認しましょう。

11. 文書を閉じましょう。

日帰りイチゴ狩りツアーの案内文を入力し、編集して完成させましょう。

■ **入力しましょう。**

1. ［白紙の文書］に次の設定を既定値として設定し、文書を新規作成しましょう。
   ［フォント］の設定　サイズ：10.5pt
   ［段落］の設定　配置：両端揃え、段落後：0行、行間：1行
2. 次の文章を入力しましょう。

入力例

> 総務部発- 第 5 号↵
> 2025 年 3 月 14 日↵
> 社員各位↵
> 総務部総務課↵
> 日帰りイチゴ狩りツアー↵
> ↵
> 寒かった冬が終わりに近づき、今年も甘いイチゴの季節到来です。そこで、総務部では下記のとおりイチゴ狩りの日帰りツアーを企画いたしました。皆様、奮ってご参加ください。↵
> ↵
> 　　　　　　　　　　　記↵
> 開催日：2025 年 4 月 19 日（土）、26 日（土）↵
> 目的地：木更津イチゴファクトリー↵
> 料金：大人 4,000 円□子供 2,000 円↵
> 集合場所：川崎駅バスロータリー（解散も同じ場所です）↵
> 時間：8 時集合、16 時解散予定（多少前後する可能性があります）↵
> 食事：昼食 1 回、その他（イチゴ食べ放題、イチゴのお土産付き）↵
> 問い合わせ先：総務部□内田（内線□4052）↵
> ↵
> 　　　　　　　　　　　　　　　　　　　以上↵
> ↵
> 切り取り線↵
> ↵
> 参加申込書↵
> ↵
> ↵

■編集しましょう。

完成例

総務部発･第 5 号
2025 年 3 月 14 日

社 員 各 位

総務部総務課

日帰りイチゴ狩りツアー

寒かった冬が終わりに近づき、今年も甘いイチゴの季節到来です。そこで、総務部では下記のとおりイチゴ狩りの日帰りツアーを企画いたしました。皆様、奮ってご参加ください。

記

- ◆→開 催 日：2025 年 4 月 19 日（土）、26 日（土）
- ◆→目 的 地：木更津イチゴファクトリー
- ◆→料　　　金：大人 4,000 円□子供 2,000 円
- ◆→集合場所：川崎駅バスロータリー（解散も同じ場所です）
- ◆→時　　　間：8 時集合、16 時解散予定（多少前後する可能性があります）
- ◆→食　　　事：昼食 1 回、その他（イチゴ食べ放題、イチゴのお土産付き）
- ◆→問い合わせ先：総務部□内田（内線□4052）

以上

————————✂切り取り線✂————————

参加申込書

氏名		社員番号	
部署名		内線番号	
同行者有無 ○で囲む	あり□・□なし ありの場合は人数、氏名		

1. 1行目、2行目、4行目を右揃えにしましょう。

2. 3行目の「社員各位」に7文字の幅の均等割り付けを設定し、11行目の「開催日」、12行目の「目的地」、13行目の「料金」、15行目の「時間」、16行目の「食事」、17行目の「問い合わせ先」に4文字の幅の均等割り付けを設定しましょう。

3. 5行目の「日帰りイチゴ狩りツアー」のフォントを「HG創英角ポップ体」に変更してフォントサイズを22ポイントに変更し、囲み線を設定して中央揃えにしましょう。

4. 11～17行目の段落に約6文字分の左インデントを設定し、行頭に箇条書き記号「◆」を付けましょう。

5. 11～17行目の段落の行間を1.5に設定しましょう。

6. 20行目の「切り取り線」の前後に記号「✂」を挿入し、中央揃えにしましょう。

7. 完成例を参考に、20行目の「✂切り取り線✂」の前後に直線の図形を挿入しましょう。

8. 22行目の「参加申込書」のフォントサイズを16ポイントに変更してフォントの色を「青」に変更し、太字と中央揃え、波線の下線を設定しましょう。

9. 24行目に3行4列の表を挿入しましょう。

10. 挿入した表に次のように文字を入力しましょう。

氏名		社員番号	
部署名		内線番号	
同行者有無 ○で囲む	あり □・□ なし	ありの場合は人数、氏名	

11. 表の1列目と3列目の列幅を26mm、2列目と4列目の列幅を50mmに変更しましょう。

12. 1～2行目の高さを10mmに変更し、完成例を参考に3行目の高さをマウス操作で広げましょう。

13. 3行目の2～4列目のセルを結合しましょう。

14. 表に「一覧（表）4-アクセント5」のスタイルを設定し、「縞模様（行）」のオプションのみを設定しましょう。

15. 1列目の1～3行目と3列目の1～2行目の文字列がセルの中央に表示されるように配置を変更しましょう。

16. 表をページの左右の中央に配置しましょう。

17. [Word2024基礎] フォルダーの中の [保存用] フォルダーに「総合3　イチゴ狩りツアー」という名前でファイルを保存しましょう。

18. 印刷プレビューで全体のレイアウトを確認しましょう。

19. 印刷しましょう。

20. 文書を閉じましょう。

バーベキュー大会のお知らせを編集し、完成させましょう。

■ 編集しましょう。

完成例

総務部発-10号←
2025年7月4日←

社員各位←

総務部総務課←
（内線□1234）←

バーベキュー大会のお知らせ←

長かった梅雨も終わり、今年も暑い夏がやってきました。皆様お待ちかねの毎年恒例のバーベキュー大会を今年も実施いたします。今年は趣向を変え、河川敷で行うことにしたため花火も用意する予定です。暑い夏に負けないよう、花火とバーベキューで盛り上がりましょう。←

←

記←

←

■ → 日時：2025年7月18日（金）（雨天時：8月1日（金））←

■ → 時間：18:00-21:00←

■ → 場所：桜橋下河川敷←

←

以上←

←

 お願い←
エコ活動のため、お箸、お皿、コップは使い捨てではないものをご持参ください。また、公共のゴミ捨て場があまり広くないため、ゴミの持ち帰りにご協力ください。←

←

1. ［Word2024基礎］フォルダーの中の［総合問題］フォルダーからファイル「総合4　バーベキュー大会」を開きましょう。

2. 1行目、2行目、4行目、5行目を右揃えにしましょう。

3. 7行目の「バーベキュー大会のお知らせ」に「塗りつぶし（グラデーション）、灰色」の文字の効果を設定し、フォントサイズを18ポイントに変更して中央揃えにしましょう。

4. 15行目の「雨天時：8月1日（金）」に波線の下線を引きましょう。

5. 15〜17行目に約6文字分の左インデントを設定し、箇条書き記号「■」を付けて行間を「1.5」にしましょう。

6. 22〜24行目のフォントを「HG創英角ポップ体」に変更し、フォントサイズを12ポイントに変更しましょう。

7. ［総合問題］フォルダーから画像ファイル「バーベキュー」を22行目先頭に挿入しましょう。

8. 画像の文字列の折り返しを「四角形」に変更し、完成例を参考にサイズを変更し移動しましょう。

9. ［Word2024基礎］フォルダーの中の［保存用］フォルダーに「総合4　バーベキュー大会」という名前でファイルを保存しましょう。

10. 印刷プレビューで全体のレイアウトを確認しましょう。

11. 印刷しましょう。

12. 文書を閉じましょう。

年賀はがきの文面と宛名を作成しましょう。

■ 宛名面を作成しましょう。

完成例

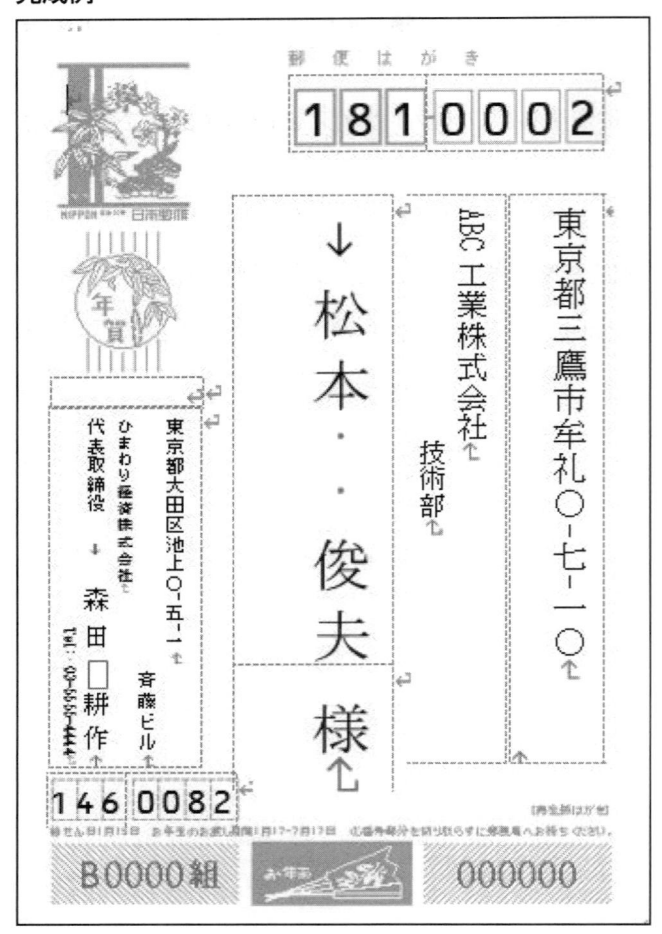

1. はがき宛名面印刷ウィザードを利用して、はがきの宛名を作成しましょう。次のように設定し、それ以外は既定のままにします。

はがきの種類	年賀/暑中見舞い	
差出人情報	氏　　名：森田　耕作	郵便番号：146-0082
	住　所　1：東京都大田区池上0-5-1	住　所　2：斉藤ビル
	会　　社：ひまわり経済株式会社	役　　職：代表取締役
	電　　話：03-5555-4444	
宛先に差し込む住所録	[Word2024基礎] フォルダーの中の [総合問題] フォルダーの「総合5　住所録」のデータ	

2. 差し込み結果を確認し、2件目のデータに切り替えて確認しましょう。

3. [Word2024基礎] フォルダーの中の [保存用] フォルダーに、「総合5　はがき宛名」という名前でファイルを保存しましょう。

4. 文書を閉じましょう。

■ 文面を作成しましょう。

完成例

1. はがき文面印刷ウィザードを利用して、はがきの文面を作成しましょう。次のように設定し、それ以外は既定のままにします。

文面の種類	年賀状
レイアウト	伝統的：レイアウト（L）-干支（伝統的4）
題字	賀正（右上のデザイン）
イラスト	干支の絵（右上のデザイン）
あいさつ文	旧年中は大変お世話になりました。 今年もよろしくお願いします。
差出人情報 ※右の情報を追加	印刷する 電子メール：morita@example.com

2. 干支のイラストを削除しましょう。

3. [総合問題] フォルダーから画像ファイル「たこ」を挿入し、文字列の折り返しを「内部」に設定して「四角形、右下方向の影付き」のスタイルを設定しましょう。

4. 完成例を参考に、挿入した画像の位置とサイズを変更しましょう。

5. 印刷プレビューで表示を確認しましょう。

6. [Word2024基礎] フォルダーの中の [保存用] フォルダーに「総合5　はがき文面」という名前でファイルを保存しましょう。

7. Wordを終了しましょう。

索引

数字/英字

1行目のインデント	81
IMEパッド	41
Microsoftアカウント	5, 6, 8
OneDrive	5
PDF	4, 48
PDF形式で発行	48
SmartArt	3
Webレイアウト	17
Word 2010形式で保存	46
Wordの画面構成	10
Wordの起動	6
Wordの終了	21
XPS	4, 49

あ行

アウトライン	17
宛先の設定	168
宛名データの編集	167, 172
移動	61, 137, 141
印刷オプション	159
印刷の向き	29
印刷プレビュー	156
印刷レイアウト	17
インデント	80
エクスプローラー	9
閲覧の再開	4
閲覧モード	17, 18

か行

カーソル	11, 39
拡張子	45
囲み線	68
箇条書き	86
下線	69
画像	3, 134
画像のサイズの変更	138
画像のスタイル	142
画像の挿入	134
画像の編集	136
記号の入力	40
行送り	35

行間の変更	89
行数	28, 35
行の削除	107
行の選択	59
行の挿入	105
行の高さの変更	110
行番号の表示	19
均等割り付け	72
クイックアクセスツールバー	22
グラフィックスの移動とコピー	137
グラフィックスの回転	137
グラフィックスの拡大/縮小	137
グラフィックスの選択	136
クリップボード	60, 62
罫線の変更	118
互換性	46, 48
コピー	62, 137

さ行

最近使ったアイテム	7, 12
サインイン	6, 8
差し込み印刷	3, 173
差し込みフィールド	170
字送り	35
下書き	17
斜体	67
書式設定	70
書式のクリア	71
書式のコピー	71
新規文書の作成	26
ズーム	11, 15, 157
スクロール	14
図形	3, 144
図形の重なる順番	148
図形の効果	148
図形のサイズの変更	146
図形のスタイル	147
図形の選択	149
図形の挿入	144
図形の編集	146
[スタート] ボタン	6
スタイル	2
ステータスバー	10, 19
図の背景を削除	143
スマートタグ	61
セル内での文字の配置	116

セルの結合 …………………………………………… 111	プロポーショナルフォント ………………………… 66
セルの分割 …………………………………………… 112	文書パーツ ……………………………………………… 2
	ページ罫線 …………………………………………… 121
	ページ設定 ……………………………………… 25, 34
	ページレイアウト …………………………………… 28
	編集記号の表示 ………………………………… 36, 83

た行

タイトルバー ………………………………………… 10	
タブ …………………………………………………… 83	
段落書式 ………………………………………… 33, 76	
段落の並べ替え ……………………………………… 91	
段落番号 ………………………………………… 86, 88	
中央揃え ………………………………………… 78, 79	
テーマ ………………………………………………… 2	
テキストボックス ………………………………… 150	
テンプレート ………………………………………… 27	

ま行

右揃え ………………………………………………… 78	
ミニツールバー ……………………………………… 64	
文字飾り ……………………………………………… 67	
文字数 …………………………………………… 28, 35	
文字の効果 …………………………………………… 68	
文字の選択 …………………………………………… 58	
文字列の折り返しの種類 ………………………… 139	
文字列を表に変換 ………………………………… 101	
元に戻す ……………………………………………… 56	

な行

ナビゲーションウィンドウ …………………………… 4	
名前を付けて保存 …………………………………… 44	
入力オートフォーマット …………………………… 38	
入力支援機能 ………………………………………… 2	

や行

用紙サイズ ……………………………………… 28, 29	
余白サイズ ……………………………………… 28, 30	

は行

配置ガイド ………………………………………… 141	
はがき宛名面印刷ウィザード ……………………… 163	
はがき文面印刷ウィザード ………………………… 174	
範囲選択 ……………………………………………… 57	
ハンドル …………………………………………… 136	
左インデント ………………………………………… 81	
左揃えタブ …………………………………………… 83	
表 ………………………………………………… 3, 99	
描画キャンバス …………………………………… 150	
表示選択ショートカット ……………………… 11, 17	
表示倍率 ……………………………………………… 15	
表示モード …………………………………………… 17	
表のスタイル ……………………………………… 113	
表の選択 …………………………………………… 104	
表の挿入 ……………………………………………… 99	
表の配置 …………………………………………… 122	
ファイルを閉じる …………………………………… 20	
ファイルを開く ……………………………………… 7, 9	
フォント ………………………………………… 63, 65	
フォントサイズ ………………………………… 31, 63, 65	
ぶら下げインデント ………………………………… 80	

ら行

リアルタイムプレビュー …………………………… 64	
リーダー ……………………………………………… 85	
リボン ……………………………………………… 2, 10	
リボンの表示 ………………………………………… 18	
ルーラー ………………………………………… 10, 81	
レイアウトオプション …………………………… 139	
列の幅の変更 ……………………………………… 109	

わ行

ワードアート …………………………………… 3, 129	
ワードアートの挿入 ……………………………… 129	
ワードアートの編集 ……………………………… 131	
ワードアートの文字の効果 ……………………… 133	

■ 本書についての最新情報、訂正、重要なお知らせについては下記Webページを開き、書名もしくはISBNで検索してください。

https://bookplus.nikkei.com/catalog/

■ 本書に掲載した内容についてのお問い合わせは、下記Webページのお問い合わせフォームからお送りください。電話およびファクシミリによるご質問には一切応じておりません。なお、本書の範囲を超えるご質問にはお答えできませんので、あらかじめご了承ください。ご質問の内容によっては、回答に日数を要する場合があります。

https://nkbp.jp/booksQA

Word 2024 基礎 セミナーテキスト

2025年 3月17日　初版第1刷発行

著　　　者：株式会社日経BP
発　行　者：中川 ヒロミ
発　　　行：株式会社日経BP
　　　　　　〒105-8308　東京都港区虎ノ門4-3-12
発　　　売：株式会社日経BPマーケティング
　　　　　　〒105-8308　東京都港区虎ノ門4-3-12
装　　　丁：折原カズヒロ
制　　　作：クニメディア株式会社
印　　　刷：大日本印刷株式会社

・本書に記載している会社名および製品名は、各社の商標または登録商標です。なお、本文中に™、®マークは明記しておりません。
・本書の例題または画面で使用している会社名、氏名、他のデータは、一部を除いてすべて架空のものです。

ISBN978-4-296-05069-7　Printed in Japan